岳飞

一曲高歌"满江红"

郭宏文 ◎ 编著

民主与建设出版社
·北京·

© 民主与建设出版社，2024

图书在版编目（CIP）数据

岳飞：一曲高歌"满江红"/ 郭宏文编著 .－－北京：民主与建设出版社，2024.7
　　ISBN 978-7-5139-4629-2

　　Ⅰ.①岳…　Ⅱ.①郭…　Ⅲ.①岳飞（1103-1142）-传记　Ⅳ.① K825.2

中国国家版本馆 CIP 数据核字（2024）第 107717 号

岳飞：一曲高歌"满江红"
YUE FEI YIQU GAOGE MANJIANGHONG

编　　著	郭宏文
责任编辑	顾客强
封面设计	留白文化
出版发行	民主与建设出版社有限责任公司
电　　话	（010）59417749　59419778
社　　址	北京市海淀区西三环中路 10 号望海楼 E 座 7 层
邮　　编	100142
印　　刷	北京建宏印刷有限公司
版　　次	2024 年 7 月第 1 版
印　　次	2024 年 7 月第 1 次印刷
开　　本	710 毫米 × 1000 毫米　　1/16
印　　张	19.25
字　　数	240 千字
书　　号	ISBN 978-7-5139-4629-2
定　　价	68.00 元

注：如有印、装质量问题，请与出版社联系。

前言

提起岳飞，许多人都会情不自禁地朗诵起他的那首气势恢宏的《满江红》：

怒发冲冠，凭栏处、潇潇雨歇。抬望眼、仰天长啸，壮怀激烈。三十功名尘与土，八千里路云和月。莫等闲、白了少年头，空悲切。

靖康耻，犹未雪。臣子恨，何时灭。驾长车踏破、贺兰山缺。壮志饥餐胡虏肉，笑谈渴饮匈奴血。待从头、收拾旧山河，朝天阙。

岳飞，字鹏举，南宋时期抗金名将，位列南宋"中兴四将"之首。他治军有方，军纪严明，锤炼了一支敢打敢拼、百战不殆的岳家军，为陷于战乱之中的南宋朝廷立下了赫赫战功，为国家赢得了尊严，保护了百姓安宁。他精忠报国的情操、克己无私的品德、高瞻远瞩的韬略、正大光明的言行、磊落博爱的胸怀、流传百世的雄文，无不垂范后世，照耀千古。他用卓尔不群的言行、振聋发聩的强音、传奇跌宕的人生，诠释了爱国爱民的高尚境界，展示了一位抗金英雄的无限风采。

乾隆皇帝在评价岳飞时这样写道："如武穆之用兵驭将，勇敢无敌，若韩信、彭越辈类皆能之。乃加之以文武兼备，仁智并施，精忠无二，则虽古名将亦有所未逮焉。"

百善孝为先，岳飞堪称尽孝的典范。金兵入侵南宋之地，岳飞的家乡沦陷。由于军务繁忙，他曾先后十八次派人去看望自己的母亲，最终将母亲接到了江南。母亲患病后，岳飞尽管军务在身，但只要不出兵，他就会守在母亲身边侍候，并亲自为母亲调药换衣，照顾得无微不至。当宋朝大军克复襄汉六郡后，岳飞因为母亲病重，便立即上奏朝廷，恳请暂解他的军务。母亲去世时，岳飞悲痛至极，一连三天三夜水米不进，始终守在母亲的灵前。

岳飞成为精忠报国的一代英雄，主要是他在抗击金军入侵南宋的宋金战争中，以大无畏的忘我牺牲精神，身先士卒，一马当先，锻造了一支让入侵的金军胆寒的岳家军，为南宋江山的稳固立下了汗马功劳。

岳飞从军以后的精忠报国历程，主要体现在三方面的军事行动上：一是平定流窜于南宋统治区域内的李成、曹成等军贼、游寇；二是平定虔、吉地区的十大王和湖湘地区的杨幺等农民起义军；三是抗击一再南侵的金军，收复失地，报国仇，雪国耻。这三方面的军事行动，最后一项是岳飞立定的志向所在，也是他精忠报国的内涵所在。

岳飞和岳家军在抗金战争中所做出的贡献，是远远超出于保卫南宋朝廷这一较小的目标的。岳飞的抗金斗争，尽管并不完全符合宋高宗赵构的心意，但其结果，对于南宋朝廷能够得以持续存在起到了决定性作用。

岳家军的显赫战绩，足以证明岳飞是一个伟大的军事家。一是岳家军的风纪之好，为南宋诸军之冠，在中国古代历史上也少有；二是岳飞对于各地人民抗金的武装力量具有深切的认识，对这些力量非常重视。

岳飞庄重严肃，不苟言笑，也不随口说长道短。遇到僚属们犯了过失时，他只略示微意，加以启发，而不进行苛责。但受到告诫的人，无不心悦诚服地接受，并认真加以改正。他处事坚定果断，很少犹豫不决。他谦逊平和，善于听取部下的意见和建议。他总能与部下将士同甘共苦，征战沙场，处处为将士们做表率。

　　岳飞所处的时代，是国家和民族处于危亡关头的时代。危难之时，岳飞挺身而出，把精忠报国的强大精神动力注入自己的生命之中，置生死于度外，勇敢地投身于抗金斗争的洪流之中，使南宋得以"偏安"，让百姓得以生存，更让社会文明得到了保全。

目 录

第一章 生于乱世,铸就英雄本色

01 出生飞来大鹏鸟 / 2
02 洪水之厄巧脱险 / 4
03 读书识字早启蒙 / 6
04 从师学习文武艺 / 9
05 娶妻李氏伴终身 / 11
06 韩家庄客得历练 / 13
07 岳母刺字激壮志 / 16

第二章 应招从军,忠愤建言朝廷

01 投军请缨抗入侵 / 20
02 义军头目被收服 / 22
03 两次杀敌得晋升 / 25
04 跟随宗泽救开封 / 27
05 学习兵法悟其道 / 30
06 建言北伐遭革职 / 32

第三章 痛悼宗泽,难阻开封沦陷

01 投奔张所升统制 / 38
02 主动出击克新乡 / 40
03 辞别王彦打游击 / 43
04 再投宗泽得原谅 / 45
05 再次晋升当统制 / 47
06 宗泽去世亲扶灵 / 50
07 大破金军汜水关 / 52
08 违心出兵战张用 / 55
09 "苗刘之变"留祸患 / 57
10 建言杜充守开封 / 60

第四章　宜兴修整，锻造抗金主力

- 01 耻辱进驻建康府 / 64
- 02 力谏杜充固江防 / 66
- 03 痛击李成骑兵队 / 68
- 04 杜充降后独领军 / 71
- 05 率部南下广德军 / 73
- 06 困境之下拢军心 / 75
- 07 进驻宜兴受欢迎 / 77
- 08 平定盗匪保平安 / 80

第五章　听命朝廷，泰州险些失守

- 01 夺回常州振军威 / 84
- 02 强势攻占清水亭 / 86
- 03 一战扬名建康城 / 89
- 04 果断决策除刘经 / 91
- 05 押解战俘献高宗 / 93
- 06 平定戚方除祸害 / 96
- 07 出任通泰镇抚使 / 98
- 08 救援楚州三连胜 / 101
- 09 愤怒之下斩傅庆 / 103
- 10 泰州失守请治罪 / 105

第六章　剿寇平叛，接连大获全胜

- 01 金国扶植建伪齐 / 110
- 02 秦桧归宋得重用 / 112
- 03 秦桧被罢宰相位 / 115
- 04 一鼓作气灭李成 / 117
- 05 立功升迁都统制 / 119
- 06 岳家军讨平曹成 / 122
- 07 剿灭土寇受嘉奖 / 124

第七章　襄阳大捷，掌控长江上游

- 01 携岳云朝见高宗 / 130
- 02 派幕僚潜入伪齐 / 132
- 03 扩实力收编牛皋 / 134
- 04 请缨复襄阳六郡 / 136
- 05 得诏令准备北伐 / 138
- 06 克复郢州赢首战 / 141
- 07 攻李成收复襄阳 / 144
- 08 士气盛再克三州 / 147

09 派精干驻守六郡 / 149　　　　10 怒发冲冠贺兰山 / 152

第八章　软硬兼施，瓦解湖湘寇匪

01 得敌情速报朝廷 / 156　　　　05 杨钦出降岳家军 / 165
02 岳家军驰援庐州 / 158　　　　06 斩杀杨幺平盗匪 / 167
03 奉命剿湖湘匪寇 / 160　　　　07 晋升少保受妒忌 / 169
04 软硬兼施降黄佐 / 162　　　　08 毫不手软剿匪盗 / 171

第九章　北伐中原，赢连胜传佳讯

01 梁兴慕名来投奔 / 176　　　　05 第二次北伐告捷 / 185
02 拜见张浚谋北伐 / 178　　　　06 无奈班师回鄂州 / 187
03 临安府朝见高宗 / 180　　　　07 第三次北伐速胜 / 189
04 移孝作忠返军营 / 182　　　　08 功绩卓著升太尉 / 192

第十章　抵制议和，进谏赤胆忠心

01 平江府论马高宗 / 196　　　　06 奏请立储惹高宗 / 208
02 信心满满乞出师 / 198　　　　07 伪齐被废盼恢复 / 211
03 愤然请求辞兵权 / 201　　　　08 北伐计划再搁浅 / 213
04 公辅上奏劝高宗 / 203　　　　09 临安府屈辱求和 / 216
05 淮西兵变自请缨 / 206　　　　10 一封谢表讽议和 / 218

第十一章　郾城抗敌，大军直逼开封

01 朝廷笼络愤难抑 / 224　　　　03 抗金潮空前高涨 / 229
02 跋文表意斥议和 / 226　　　　04 金兵来袭得信赖 / 231

3

05 第四次北伐出征 / 233
06 顺利袭取蔡州城 / 236
07 拔取三府连奏凯 / 238

08 郾城战空前大捷 / 241
09 逼近开封待决战 / 243

第十二章　被诏班师，功业废于一旦

01 金牌急令催班师 / 248
02 无奈撤回鄂州城 / 250
03 临安府郁愤请辞 / 252
04 受诏命驰援淮西 / 255
05 濠州失守遭诽谤 / 257

06 兵权被蓄意罢黜 / 259
07 为正义得罪张俊 / 262
08 全力搭救韩世忠 / 264
09 岳飞愤慨提辞呈 / 267

第十三章　惨遭赐死，酿成千古奇冤

01 乞求议和再启动 / 272
02 议和带来杀身祸 / 274
03 无中生有遭诬陷 / 277
04 离奇被囚大理寺 / 279
05 何铸审案秉公心 / 282

06 守忠节拒绝自诬 / 284
07 狱中强行遭斩首 / 287
08 冤案最终被昭雪 / 289
09 精忠千古铸忠魂 / 292

主要参考书目 / 296

第一章

生于乱世,铸就英雄本色

岳飞：
一曲高歌"满江红"

01　出生飞来大鹏鸟

宋哲宗元符三年（1100年）正月十二日，北宋比较有作为的皇帝赵煦病逝于汴京（今河南省开封市），他的弟弟赵佶即位，是为徽宗。赵佶即位后，极尽骄奢淫逸之能事，生活的糜烂程度，在中国历代皇帝中都是少有的。

徽宗即位仅仅过了不到三年，北宋王朝就出现了严重的财政赤字，全年的财赋课税收入，仅仅能够满足朝廷八九个月的支出。而此时，朝廷的一些王公大臣却倚仗权势，掠夺百姓田园宅第，贪污金银财宝，百姓怨声载道，民不聊生。

俗话说，乱世出英雄。就在北宋陷入混浊不堪的政治旋涡之时，果然诞生了一位盖世英雄。

徽宗崇宁二年（1103年）二月十五日，注定是一个非同寻常的日子。就在这一天的晚上，河北真定府（今河北省正定县）西路相州（今河南省安阳市）汤阴县永和乡孝悌里的一户农家院里，一位中年孕妇即将生产。"孝悌里"的字面意思是以孝悌而闻名的村庄。

此时，年近四十的男主人岳和一直在院子里踱来踱去，期待着自己的妻子姚氏能够顺利分娩。

岳和与妻子姚氏都已年近四十了，结婚快二十年了，可膝下只有一个女儿。夫妻俩一直有一个心愿，就是老天能够垂青于岳家，让他们中年得子，以便延续岳氏宗族的香火。为了梦想成真，夫妻两个积德行善，心里总是默默地祈祷。正应验了那句"好心必得好报"，姚氏果然怀孕了，夫妻俩高兴得不得了。

第一章
生于乱世，铸就英雄本色

经历了十月怀胎，姚氏在北屋的卧室即将分娩。岳和请来的接生婆，正在紧张地做着各种准备工作。

正在等待之中，岳和突然看见院落的东南方向，飞过来了一只大鸟，还发出"嘎、嘎"的叫声。岳和忙指给站在身边的女儿说："快看，那边飞过来一只大鸟。"女儿瞬间高呼起来："看到了，看到了，是一只大鹏鸟。"说话间，大鸟已经飞到他们的头顶上了。岳和仰着头对女儿说："孩子，这大鹏鸟就是大雁。"

岳和的话音刚落，就听见北屋的卧室里发出了响亮的婴儿啼哭声，而且哭声要比天上那只大鸟的叫声大得多。不多时，卧室里又传出了接生婆的喊声："岳当家的，你的夫人生了一个大胖儿子。"

话音未落，岳和就飞快地跑进了屋子里。他看着裹在襁褓中的儿子，嘴里一个劲儿地叨叨着："我有儿子了！我有儿子了！这下岳家可有后了！"

看着岳和乐得傻乎乎的样子，接生婆笑着说："你这儿子，不仅脑袋挺大的，而且方脸大耳，眼睛明亮，与一般的小孩明显不一样。这孩子长大了，一定不是一般的人物。"

听了接生婆的话，岳和随之一怔，好像忽然想起了什么。他匆忙跑出卧室，来到了院子里。他仰望天空，显然是在寻找刚才飞过来的那只大雁，但所能看见的，只有那一轮明月和稀疏的星光，那只大雁已经不见踪影，声音也消失了。

回到卧室里，岳和马上把看见大鸟的事跟妻子和接生婆说了，他的女儿也证实自己看到了那只体格很大的大鹏鸟。听了父女俩的话，接生婆激动地说："在孩子没出生之前，我也听到了大鸟清脆的叫声。根据叫声可以断定，你们看到的那只大鸟，就是一只大雁。"

岳和看着自己的儿子，心里想：刚才的那只大雁在我家屋顶上飞过去，而且鸣叫的声音非常洪亮。它飞来了，自己的儿子就降生了，这无疑是一

个吉祥之兆。这只大鸟"嘎、嘎"地飞过,是不是预示着自己的儿子将来会鹏程万里呢?想着想着,岳和就满心欢喜地给自己的儿子取名为"飞",字"鹏举"。

这一传说出自《宋史》《岳飞传》,书中是这样记载的:"飞生时,有大禽若鹄,飞鸣室上,因以为名。"《宋史》是由元朝丞相脱脱、阿鲁图先后主持修撰的官修正史,《岳飞传》是其中的一篇。《岳飞传》主要记录了岳飞和他的儿子岳云领兵抗金、精忠报国、最后被奸臣所害的历史事件,集中反映了元朝的官方观点,给予岳飞以极高的评价。

当然,史书上关于岳飞出生时的记载也属传闻,后来,岳飞真的成了家喻户晓的抗金英雄,成为南宋杰出的一代名将。

02 洪水之厄巧脱险

查阅岳飞的家庭出身,他并没有什么值得特殊炫耀的资本。他的曾祖父叫岳成,祖父叫岳立,都靠耕种农田为生。在当时的宋代,这样的家庭属于地道的平民阶层。到了岳飞的父亲岳和这一代,家里依然靠耕种农田来维持一家人的生活。

当时,河北真定府一带由于多次遭遇荒年,收成减少,吃不上饭的饥民非常多。岳和天性纯朴厚道,为人善良,经常接济讨饭的饥民。岳和不但纯朴厚道,而且心胸豁达,从不与人计较,深得同乡人的敬重。

岳飞的出生,给中年得子的岳和夫妇带来了无尽的幸福和欢乐,也让同乡的亲戚朋友欢喜不已。但好景不长,黄河的突然决口,险些给岳和一家带来灭顶之灾。

据岳飞之孙岳珂在《鄂王行实编年》中记载:"未弥月,黄河决内黄西,

第一章
生于乱世，铸就英雄本色

水暴至。姚氏仓皇襁抱，坐巨瓮中，冲涛而下，乘流灭没，俄及岸，得免。"

据《鄂王行实编年》所记，岳飞出生还未满月，内黄县的黄河决口了，黄河水咆哮着袭入了与内黄县西临的汤阴县，大肆淹没田园，冲毁房屋。

大水很快进入了岳和的家里，并迅速将床铺淹没。看着眼前的情景，岳和简直吓傻了。姚氏抱着还不满一个月的岳飞，急得直哭。这时，姚氏看见一口大缸漂了进来，便急中生智，抱着岳飞就坐进了大缸之中，任由大缸在水中漂流。

也不知漂流了多长时间，姚氏忽然觉得大缸停了下来。她睁开眼睛，看见大缸的周边站着不少人。姚氏这才知道，她们母子二人已经被人救上了岸。这时，有一位老者把他们母子扶出大缸。这位老者看上去五十多岁，中等身材，敦厚善良写在他的脸上。眼前站着的这个人，就是搭救姚氏母子的王明王员外。

看到洪水来袭，王员外一直在下游的岸边查看险情，伺机救人，碰巧看到了姚氏母子俩乘坐的那口大缸漂了过来，姚氏母子才得以脱险。王员外将姚氏母子带回家中，王员外的夫人赵氏将姚氏母子安排在后院的三间草房中住下，并送去部分衣物。一日三餐，王员外一家人吃啥，姚氏也跟着吃啥。

待洪水退去，姚氏对王员外夫妇进行了一番诚挚的感谢，然后平安地返回了家中，与丈夫和女儿团聚。

岳飞出生后遭遇洪水之说，《岳飞传》也同样有记载："未弥月，河决内黄，水暴至，母姚抱飞坐瓮中，冲涛及岸得免，人异之。"

但是，对于这场洪灾，当代一些研究岳飞及宋史的知名学者，有持否定态度的，也有持肯定态度的。

以已故的北京大学历史系教授、著名学者邓广铭为代表的一派，所持的就是否定态度，断定岳珂所记载的黄河决口是不存在的。邓广铭认为："这个故事全部是由岳珂虚构的。因为：一则北宋末年的黄河，并不经行内黄县境之内；二则在夏历的二三月内，也绝非黄河可能决口之时；三则在许多种记述北宋一代水旱灾情的史书中，全都没有说黄河在这一年曾在河北地区决口的事。这就足可把这一故事断然加以否定了。"

而以中国社会科学院研究员、岳飞后裔联谊会常务副会长、著名学者岳楚渔为代表的一派却持肯定态度，认为这场洪水确实发生过。岳楚渔认为，有史书明确记载，宋代的黄河流经内黄县，并且在夏历二三月内有黄河决口的史实。《宋史·五行上》中记载："太平兴国四年（979年）三月，河南洛水涨七尺，坏民舍"；"端拱元年（988年）二月，博州（今山东聊城）水害民田；皇祐元年（1049年）二月甲戌，河北黄、御二河决"。《新元史·志》中记载：从元英宗至治二年（1322年）至元顺帝至元四年（1338年）的十六年间，夏历十二月至次年二月，黄河下游发生决口或大水竟达六次之多。由此，岳楚渔认定岳珂在《鄂王行实编年》中所记载的"未弥月，黄河决内黄西，水暴至"是实际存在的。

否定也好，肯定也罢，无非就是为了验证岳飞小时候是否经历了黄河决堤的那场磨难。但无论如何，岳飞的出生和成长是不争的事实。

03 读书识字早启蒙

对于岳飞品学才能的形成原因，《宋史·岳飞传》中有着较为详细的记载。其一，他父亲岳和的品德对他的正面影响很大："父和，能节食以济饥者。有耕侵其地，割而与之；贳其财者不责偿。"其二，他有武将之天赋："生有神力，未冠，挽弓三百斤，弩八石。"其三，他勤奋好学："家贫力学，尤好《左氏春秋》、孙吴兵法……学射于周侗，尽其术，能左右射。"

第一章
生于乱世，铸就英雄本色

岳飞出生时，岳家的经济情况非常一般。岳家拥有的土地比较贫瘠，每年的耕种所得，甚至还不能保证一家人都吃得饱、穿得暖。在这样的家庭背景下，童年的岳飞有了一定的劳动能力后，就开始力所能及地帮父母做一些事情。白天，岳飞经常到野地里去拾柴、割草，柴用来烧饭，草用来饲养牲畜。而每到晚上，岳飞就在父亲岳和及母亲姚氏的指导下识字读书，还经常听父母讲一些历史上英雄人物的感人故事。

岳飞的记忆力惊人，理解力也很强。凡是读过的书和听过的故事，他不但都能记住，而且还能恰到好处地从中体会出某些道理来。他对儒家的"四书""经传"等典籍无所不读，尤其喜欢读《左氏春秋》《孙子兵法》和《吴子兵法》等。

岳飞在读书方面是与众不同的，他不拘泥于死记硬背书中的一些章句，而是致力于领会书中的要领。他写文章时，总是精心构思，确保内容明辨是非，剖析义理，令人敬佩。

在《鄂王行实编年》和《宋史·岳飞传》中，都提到了岳飞在父母的身边，经历过一定的、系统的文化学习，而且其文和书法都非常出众，最终成长为一代文武双全的军事统帅。

一些学者基于片面的史学观点，认为岳飞出身农家，而且是世世代代都以务农为生，少年时代必然缺乏读书和做学问的条件，最终导致岳飞自身的文化水平不高，难以称得上文韬武略。这样的观点，是极其片面的。第一，岳飞虽然出身农家，祖上三代以农立家，但是，岳飞的父亲岳和拥有薄田数百亩，还经常借钱物给别人，并救济饥民，这些至少说明岳和家虽是宋代的一个平民家庭，却不是一贫如洗的贫民，不至于让孩子读不起书。第二，没有任何史料证明岳飞的父亲岳和、母亲姚氏没有文化、不识字。相反，从大量的史料来看，岳和、姚氏都是纯朴善良、深明大义的。第三，史料提到岳飞曾跟多个射箭武师学艺，还经外公姚大翁推荐向著名枪手陈广学习枪法，一县无敌。其四，根据现有史料可以肯定一点，就是岳飞从他母亲姚氏那里得到了一些很好的教导，包括岳飞童年的启蒙教育，以及为人处世的品德、修养、文化学习等。岳飞对他的母亲有着非常深厚的感情，终其一生都念念不忘母亲的养育之恩。宋高宗绍兴六年（1136年）四月十二日，岳飞在给南宋朝廷的《乞终制札子》中写道："伏念臣孤贱之迹，幼失所怙，鞠育训导，皆自臣母……"

岳飞在童年时代接受文化教育的环境也是客观存在的。宋代的教育是比较先进的，童蒙教育也普遍得到重视。宋朝是中国历史上最繁荣的时代之一，其政治制度、社会经济、文化艺术等都是世界之最。宋朝自建立伊始，就把"以文治国"作为基本国策，并一以贯之，形成了学校、家庭和社会多管齐下的童蒙教育系统。

父母最初的教育辅导，为岳飞获取文化知识奠定了基础。后来，岳飞骄傲地说："鞠育训导，皆自臣母。"关于岳飞的文化水平，岳珂在《金佗续编》中这样写道："起自诸生，经通谊明，笔妙墨精。"南宋末期大臣、文学家、抗元英雄文天祥是这样赞誉岳飞书法的："岳先生，我宋之吕尚也。建功树绩，载在史册，千百世后，如见其生。至于笔法，若云鹤游天，群鸿戏海，尤足见干城之选，而兼文学之长，当吾世谁能及之。"

《宋史·岳飞传》中记载："飞北伐，军至汴梁之朱仙镇（今属河南省开封市），有诏班师，飞自为表答诏，忠义之言，流出肺腑，真有诸葛孔明之风！"还有岳飞所作的传诵后世、万古不朽的诗词《满江红·怒发冲冠》《小重山·昨夜寒蛩不住鸣》等，都足以彰显岳飞深厚的文化素养。而他的父母，就是他很好的启蒙老师。

第一章
生于乱世,铸就英雄本色

04 从师学习文武艺

岳飞在跟随父母读书识字的过程中,身体也在健康地发育着。少年岳飞似乎命中注定就是一个不平凡的人,未成年时就具备了一个超级武将的天赋,拥有惊人的臂力和非凡的射箭技艺。年纪轻轻的岳飞,就能拉得开吃力三百斤的劲弓,而且能引发八石的腰弩。(古代的一石大约为120斤。)

在岳飞的家乡,有个叫周侗的人,在私塾教书。平时,人们只知道周侗是一个有学问的人,而且武艺高强,但对他的身世却都不了解。其实周侗曾为宋军的将领,在战场上为国家冲锋陷阵。但因其看不惯朝廷的所作所为,才隐居到汤阴县永和乡的孝悌里。

在孝悌里,周侗有三个比较顽皮的弟子,一个是王贵,另一个是汤怀,还有一个是张宪。这三个孩子,都是岳飞的好朋友。尽管这三人都是富贵人家的子弟,但除了比较顽皮一点外,人品还是不错的。

由于岳和没钱给儿子交学费,岳飞无法进入周侗的私塾学习。于是,王贵就给岳飞出了一个主意,让岳飞打扮成他们三个人的小厮,在墙外旁听。(古代的小厮专指男性奴仆。)这样,周侗就会认为岳飞是一个仆人,不会撵他。

一天,周侗给他们三个各布置了一道题目,就出去了。随即,王贵就把岳飞叫过来说:"这件事,就拜托你来代劳吧!"

当周侗回来收作业时,一下子被三个学生的文章惊呆了。他怎么也没想到,王贵他们三个捣蛋鬼,一下子进步得这么快。周侗越想越觉得不对头,就盯着三个学生,想要问个究竟。很快,三个学生都不敢作声,而且

岳飞：
一曲高歌"满江红"

都低下了头。

经过一番盘诘，周侗才知道三个人的文章都是岳飞写的。就这样，周侗记住了岳飞的名字，并且对岳飞产生了浓厚的兴趣。当周侗发现岳飞在炎炎烈日下，用木棍在沙地上专注地练字时，他即刻决定：免费收岳飞为徒。

收了岳飞这个学生后，周侗即刻感到了自己责任的重大。他站起来，从自己的书案上拿起一本书说："你们四个听着，从今天起，你们白天习武，晚上习文，我一定把我毕生所学的武艺和知识都传授给你们。"

从此，少年岳飞就开始跟从周侗学习射箭等武艺。一天，周侗当着这四个学生的面表演自己的箭法。只见他连发三箭，箭箭射中靶心。之后，他就指着箭靶对岳飞说："达到这个水平，才能谈论射箭。"岳飞谦逊地行礼，说道："请让我试一下吧！"结果，引弓一发，居然射破周侗的箭筈。（箭筈就是箭尾。）再射一箭，又射破周侗的箭筈。此时，周侗大惊，立即将两张心爱的弓赠送给了岳飞，以示奖励。没多久，岳飞就学会了周侗的全部射箭技艺。后来，岳飞经过更加努力的练习，能够左右开弓，随手发箭，并且百发百中。

未成年的岳飞天生神力，在周侗的悉心指导下，武艺冠绝一时。

此时，岳飞的外公姚大翁对他这个少年外孙的勇力也十分赞赏，便又叫岳飞跟一个有名的枪手陈广去学习"技击"，又使得岳飞在使枪的技术上也成了一个"一县无敌"的人。

宋朝时，汤阴县每年都要举行武童大赛，借比武的机会来为国家挑选人才。

在周侗的带领下，他们师生五人一起来到校场应试。

三声号炮响后，乡试比武正式开始。进场的武童们先后进行了比试，但大都表现平平，让知县不断地摇头，显然不太满意。

这时，校阅武官喊了岳飞的名字。当岳飞走进校场时，威武堂堂的相貌一下子引起知县的注意："好威武的后生，不知是哪个庄的。"

岳飞信心满怀地走到台前，两臂轻轻一张，弓开箭出，三箭全部穿透靶心。顿时，全场欢声雷动，周侗和他的学生们更是大声叫好。岳飞的表现一下子让知县惊呆了，连连夸赞道："好箭法！好箭法！"

岳飞在这次武童比试中，一举夺得了第一名。

看到儿子的表现，岳和感觉岳飞确实是一个重情重义的男子汉。他对儿子说："倘若将来你能够获得报效国家的机会，一定会成为一个不惜为国捐躯的忠臣义士，那样我就放心了。"

05 娶妻李氏伴终身

岳飞在汤阴县武童比试中得了第一名后，知县亲自给岳飞披红戴花，并面带喜色地把岳飞看了又看。知县名叫李春，为人和善，体恤百姓，是个备受百姓尊重的好官。李春见岳飞不但武艺超群，而且相貌堂堂，威武之中透着英俊，心里不禁十分喜爱。

此时，李春心想，自己已经年纪大了，而且体弱多病，中年丧妻之后，身边只有一个女儿。如果将女儿许配给岳飞，不仅女儿有了终身寄托，自己将来也就有了依靠。

李春回到府里，就把自己的想法对女儿李娃说了。李娃打小就长得眉清目秀，端庄大方，一直跟父亲李春读书识字，是个勤俭贤淑、好学知礼的姑娘。当她听父亲说要把自己许婚给岳飞时，脸一下子就羞红了，不知道说什么才好。李春看得出，女儿李娃已经同意了他的许婚。于是，李春就吩咐衙役把岳飞师徒请到知县府中做客。

李春在知县府内盛情款待了周侗和岳飞，并开诚布公地说明了自己的

岳飞：
一曲高歌"满江红"

想法。听了李春的话，岳飞不知如何是好，只好低头不语。而岳飞的师傅周侗认为，岳飞与李家小姐年龄相当，岳飞是文武奇才，李娃是大家闺秀，可谓是美满姻缘。于是，周侗就以师傅的身份，替岳飞应下了这门亲事。

宋徽宗重和元年（1118年）的一天，河北真定府西路相州汤阴县永和乡孝悌里岳家锣鼓齐鸣，喜气盈门，岳和与妻子姚氏在家里张灯结彩，为儿子岳飞举办婚礼。当天，亲朋好友都来贺喜，整个村庄笼罩在喜庆吉祥的气氛之中。

在这个吉祥之日，十六岁的岳飞迎娶了比他大两岁的新娘子李娃。李娃，字孝娥。从这一天起，李娃就与岳飞成了恩爱不渝、相濡以沫、祸福与共、不离不弃的夫妻。李娃伴随着岳飞度过二十多年的风雨人生，而且一直以相夫教子为己任，堪为人妻人母的光辉典范。

在中国古代，人们的结婚年龄一般为男子十五六岁，女子十三四岁。那时，由于战乱频繁，造成黎民涂炭，从而导致人口锐减。为此，中国古代国家一直倡导增殖人口，并制定鼓励早婚生育的政策。春秋时期，齐桓公就曾下令："丈夫二十而室，妇人十五而嫁。"西汉惠帝六年（公元前189年），朝廷甚至规定女子如果十五岁至三十岁不嫁，要按五倍缴纳成年人的人头税。唐太宗贞观元年（627年）正月，朝廷发布了《令有司劝他庶人婚聘及时诏》，其中规定："男年二十、女年十五以上，及妻丧达制之后，孀居服纪已除，并须申以媒媾，命其好合。"唐玄宗开元二十二年（734年），朝廷提出："诏男十五、女十三以上得嫁娶。"

妻子李娃虽然从一而终，但学界一直有着"岳飞前妻刘氏"的说法。

岳飞思想研究会会长、岳飞的第二十八代嫡孙岳朝军认为，关于岳飞夫人问题，历来有两种说法：第一种说法是终一结发妻李氏；第二种说法是原配刘氏，后因战乱失散，岳飞又续配李氏。

第一种说法，源出岳珂著述。岳珂在宋宁宗嘉泰三年（1203年）编著《金佗粹编》及《金佗续编》中，只记载了岳飞夫人李娃。《金佗宗谱·李夫人传》明确记载："(李夫人)名娃，字孝娥，年十八，归于王，时政和八年戊戌也，敬事尊嫜，懋著闺德。越己亥（1119年）长子云生……"李氏夫人卒于宋孝宗淳熙二年（1175年）冬月二十六日，寿年七十五岁。

第二种说法，源出南宋史学家李心传于宋宁宗嘉定元年（1208年）所著《建炎以来系年要录》。书中记载："(绍兴)八年（1138年）六月十三丁卯，飞又奏：'臣始从陛下至北京，留妻刘氏侍臣老母。'"又记载："(绍兴八年六月)初，湖北、京西宣抚使岳飞之在京师也，其妻刘氏与飞母留居相州。及飞母渡河，而刘改适。至是在淮东宣抚处置使韩世忠军中，世忠谕飞复取之，飞遗刘钱三百千。丁卯，以其事闻，具奏'臣不自言，恐有弃妻之谤'，诏答之。"

岳朝军通过对"李氏说"和"刘氏说"所依据的史料进行一番探究、比较后，认为岳飞的唯一妻子是李娃，不存在刘氏一说。

岳飞与李娃结婚一年后的宋徽宗宣和元年（1119年）七月十四日，岳飞的长子岳云降生。岳云长大后，成为中国历史上少有的少年将军。

06 韩家庄客得历练

岳飞成家以后，由于家庭条件有限，养家糊口成为岳飞面临的现实问题。为了尽到一个男人的责任，岳飞只好走出家门，谋求赚钱的出路，以贴补家庭的日常支出。因为有着一手超乎寻常的射箭和使枪技艺，经人介绍和推荐，岳飞到韩魏公的府中去做庄客。

所谓"庄客"，指的是田庄中佃农和雇农的通称。地主占有土地，按照阡陌相连的一片，组成一个农业生产单位，通称为庄。汉魏称园，东晋、

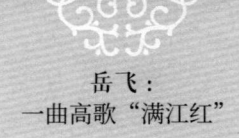

岳飞：
一曲高歌"满江红"

南北朝也称墅、坞等。唐中期以后，均田法废弃，庄田成为主要的占地形式。失去土地的农民或受雇于田庄，或租种庄主的田地。宋代以后，庄客除了负责耕种外，还要服役，保卫田庄。

韩魏公就是韩琦，字稚圭，自号赣叟，北宋政治家、词人。韩琦与北宋杰出的政治家、文学家范仲淹一起率军防御西夏，在军中享有很高的威望，史称"韩范"。韩琦的一生，历经北宋仁宗、英宗和神宗三朝，亲身经历和参与了许多重大历史事件。在仕途上，韩琦有着为相十载、辅佐三朝的辉煌时期，也有被贬在外前后长达十几年的地方任职生涯。但无论在朝中任职宰相，还是在外任职地方官，韩琦始终替朝廷着想，可谓忠心报国。

北宋刘斧所著的《青琐高议》中《韩魏公》一文中，详细记载了这样一个故事：韩琦在任北都行政长官时，他的一个表兄弟献给他一只玉盏，说是耕地的人进入破损的坟墓得到的，玉盏从里到外找不到一点瑕疵，是一个绝无仅有的好东西。韩琦用百两金子答谢他，视为珍宝加以收藏。为此，他打开醇酒，召集负责水运粮食的显要官员，特意准备了一桌饭菜，铺上了绣花的布，把玉盏放在上面，并用它为在座宾客敬酒。过了一会儿，一个小吏不小心碰倒了桌子，玉盏摔得粉碎，在座的客人都很惊愕，那个小吏趴在地上等着发落。但韩琦神色平静，笑着对在座的宾客说："东西也有它破损的时候。"他又对那个小吏说："你只是不小心，不是故意的，又有什么罪呢？"韩琦的度量让在座的人敬佩不已。

韩府也称昼锦堂，是韩琦亲手修建的一所厅堂宅院。韩琦是在回到自己的家乡做官时，才修建了这所厅堂，指富贵而归故乡，所以就取名为昼锦。后来，韩琦长子韩忠彦成为宋徽宗朝的宰相。岳飞在韩府做庄客时，正是韩琦的孙子与曾孙无限风光的时候。韩琦的曾孙韩肖胄，在宋徽宗政和八年（1118年）秋季作为使臣出使辽国，去祝贺辽国皇帝的寿辰。

当时，大大小小的农民起义队伍在河北地区普遍出现，世代官宦的大

第一章
生于乱世，铸就英雄本色

户韩家，随时可能遭受起义队伍的攻击。在这个节骨眼上，岳飞到韩家做庄客，除了从事正常的农业劳动外，还兼管保卫韩家宅院的事务。而凭岳飞擅长使用劲弓、腰弩的能力，保卫韩家安全还是绰绰有余的。

有一天，昼锦堂来了一伙抢劫的匪徒，有一百余人，匪徒的头目叫张超，他们气势汹汹地包围了昼锦堂，声称要打劫韩家的财物。这时，韩府的老老少少都不知所措，整个宅院里乱成一团。

面对劫匪的嚣张气焰，岳飞不慌不忙地爬上院墙的墙头。只见他冷静地骑在墙头上，开弓就是一箭，恰好射中了匪首张超的咽喉，张超瞬间一命呜呼。看到头目中箭身亡，所有的匪徒都吓得四散逃窜，韩家的生命和财产没受到任何的威胁。从此之后，韩府里的人都对岳飞另眼相看。

在做韩家庄客过程中，岳飞得以经常和韩家的子弟密切接触。在长年累月的接触中，岳飞不仅可以从他们的口中听到一些国政和时事之类的消息，还可以通过谈话提高自己的文化知识水平。尤其在道德观念和伦理规范方面，许多正面的事例造成的印象都深深地印在了岳飞的脑海中，让他在日后考虑和处理相关问题时，不再从一个农民立场出发了，这是岳飞做庄客时的最大收获。

岳飞刚满二十岁的那年，就不再做韩家的庄客了。因为岳飞被身边的好心人推荐，到相州的某个市镇担任一名弓手。弓手是宋代职役中的最低一级，由第四等户担任，其职责为逐捕盗贼。

此时，受过韩家子弟长期熏陶的岳飞，支配他的思想已不再是农民的阶级意识。而当他摆脱了弓手这一职役之后，他毅然决然地选择了应募从军。

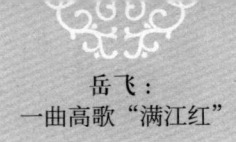

岳飞：
一曲高歌"满江红"

07 岳母刺字激壮志

最早记载岳母刺字故事的，是明代万历十六年（1588年）彰德府司里张应登所编的《忠武王传》："飞至孝，靖康初，始见高宗，母涅其背曰：'精忠报国（一作"尽忠报国"）！'既而飞留妻养母，从高宗渡河。"

宋徽宗政和五年（1115年）正月，女真人头领完颜阿骨打在会宁府（今黑龙江省哈尔滨市阿城区南部）称帝，取国号大金，以会宁府为国都。

金国崛起后，好大喜功的宋徽宗决定联合金国一起去覆灭辽国。宣和二年（1120年）秋，金国占领了辽国的首都上京临潢府（今内蒙古自治区赤峰市巴林左旗林东镇）后，宋金两国商定：金军攻取长城以北的大定府（今内蒙古自治区赤峰市宁城县大明镇），宋军攻取长城以南的燕云十六州，双方军队以长城为界，都不得越过长城。双方还约定：覆灭辽国后，北宋把此前每年交纳给辽国的岁币，如数交与金国。这一约定，就是著名的"海上之盟"。

宣和四年（1122年）五月，在金国的催促下，徽宗派童贯领兵十万进攻辽国占据的燕京等地，但童贯所统领的宋军缺乏战斗力，先后两次被辽军击败，损失惨重。宋军惨败的消息传来，临近燕京的真定府西路相州一带的军民极度恐慌，担心辽军乘胜追击，涂炭生灵。

真定府知府刘韐为了防患辽军乘胜来袭，下令临时招募一批"敢战士"，以备抵挡辽军的入侵。

岳飞看到知府贴出的招募榜文后，立即赶回家里，对自己的母亲姚氏说："我大宋朝廷在征辽的战争中惨败，辽国的军队如果乘胜来袭，入侵

第一章
生于乱世，铸就英雄本色

我中原，大宋国就要受到黎民涂炭的威胁。我已经练就了一身武艺，应该加入'敢战士'去保家卫国。"

姚氏听了岳飞的话，心里非常高兴。她说："你已经练就了一身好武艺，就应该精忠报国，拯救国家危难。娘支持你的主张，就只管放心地去当'敢战士'吧！"

于是，岳飞很快就到真定府报名投军。知府刘韐在检阅应募者时，看到岳飞方脸大耳，极其壮实，生就一副雄赳赳的勇士气概，一下子就喜欢上了他，当即任命他为"敢战士"的小队长。

后来，辽军乘胜来袭的事情没有发生。于是，刘韐就用这支"敢战士"的队伍去镇压相州的一股"剧贼"。这股"剧贼"的首领是陶俊和贾进，经常攻打县镇，杀掠吏民，屡败官军，祸害一方。在岳飞的请求下，刘韐派他率二百名"敢战士"去镇压"剧贼"。

经过一番精心筹划，岳飞率领的"敢战士"队伍一举俘虏了陶俊、贾进，"剧贼"被平定。

"剧贼"被镇压后，相州的知州王靖为岳飞保举了一个从九品的承信郎。而就在朝廷的任命书即将下来时，岳飞的父亲岳和突然一病不起，没多久就去世了。岳飞哀痛至极，连忙赶回汤阴，为父守孝。

宣和七年（1125年），金国在覆灭辽国之后，竟然撕毁合约，大举南下，进攻宋国。由于镇守燕山府的宋将郭药师投降金军，致使金军自河北路长驱直入，迅速逼近大宋都城开封。这一局势，导致宋徽宗惊惶南逃，将皇位传给了长子赵桓，是为宋钦宗。

宋钦宗即位后，贪生怕死，刚愎自用，与金军订立了"城下之盟"，答应割让太原府（今山西省太原市）、中山府（今河北省定州市）、河间府（今河北省河间市）给金国，并奉献大批金银。

面对金军的入侵和朝廷的无能，岳飞的心中不禁爆发了一股强大的力量。他走进母亲的房间，拜倒在地，失声痛哭。

姚氏扶起自己的儿子，郑重地说："娘理解你的心情，但不能哭泣。如今，国家有难，你身为大宋朝的热血男儿，一定要挺身而出，杀敌灭寇，精忠报国，救百姓于水火中。"

听了母亲的话，岳飞擦干了眼泪，不住地点头。

姚氏又深情地对岳飞说："为了让你时刻牢记'精忠报国'信念，今天，娘要将'精忠报国'四字刻在你的身上，让这四个字永远地伴随着你，激励你报效国家，为国尽忠。"

于是，姚氏叫儿媳李娃拿来一根钢针，让岳飞脱下衣服，露出后背。岳飞双膝跪下，背对母亲。姚氏先用毛笔在岳飞的背上写下"精忠报国"四个大字，然后，就用钢针将四个大字一针一针地刺进了皮肉里。

岳飞咬着牙，跪在地上一动不动，任凭豆大的汗珠滑落下来。当姚氏将最后一个"国"字刺完时，她的脸上都已经挂满了泪珠，站在一旁的李娃也已泪流满面。

母亲的良苦用心没有白费，岳飞在自己后来的人生旅途中，用实际行动很好地诠释了这四个字。

第二章
应招从军，忠愤建言朝廷

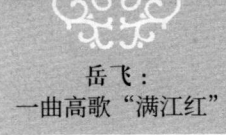

岳飞：
一曲高歌"满江红"

01 投军请缨抗入侵

宋徽宗宣和七年十二月，金国军队兵分两路大举入侵宋国，东路主攻燕山府（今北京市昌平区一带），西路围攻太原府。金兵入侵、国家危在旦夕之际，徽宗却依旧沉迷于吃喝玩乐，不顾江山社稷和百姓死活。为了修建宫殿，他抓了数万人强迫他们干活，还把人拴在绳子上，以防他们逃跑。

岳飞在家里听到逃难的百姓说了这些事后，心里非常着急。他觉得，自己作为一名身怀武艺的人，要急国家之所急、想百姓之所想，救国救民，实现"精忠报国"的远大理想。精忠报国，也是母亲对他的期望。于是，岳飞下决心去投军，抗击金国的入侵者。

很快，由完颜阿骨打次子完颜宗望率领的金国东路军渡过了黄河，直奔北宋都城东京（今河南省开封市）。徽宗见势不妙，忙把皇位传给了太子赵桓，自称太上皇，带着两万亲兵逃往南方避难。

宋钦宗靖康元年（1126年）年初，在诚惶诚恐中登上皇位的赵桓，面对金兵烧杀抢掠，整日如坐针毡。他召集朝廷大臣商议如何对付来犯之敌，最后决定命康王赵构和资政殿大学士王云出使金营议和。

赵构、王云等一行人马在前往金营议和路过磁州（今河北省磁县）时，磁州知州宗泽竭力劝阻赵构不要去议和。宗泽说："金人性情狡诈，不可相信。如今，他们大举入侵我大宋江山，而且气焰汹汹，狼子野心不小，怎么肯轻易和谈？在此之前，肃王赵枢前往金营进行和谈时，就已经被金军扣留了。现在，他们又让王爷前往金营议和，显然是故技重施，以谎言做诱饵，设下陷阱，从而达到扣留王爷的目的，王爷千万不能去！"

第二章
应招从军，忠愤建言朝廷

此时，磁州的百姓也得到了赵构和王云前去金营议和的消息，就集结在一起，拦住了康王赵构的马，不让他们前往金营。百姓以为主张前去议和的王云是金国的奸细，不仅心里非常痛恨他，还一起动手将王云活活打死了。

就这样，本就惧怕前往议和会被金兵扣留的赵构，借故打了退堂鼓，悄悄地留在了磁州，去金营议和之事只好不了了之。不久，康王赵构又被相州知州汪伯彦接到了相州。

由于宋朝的腐败无能，金兵抓住战机，乘虚而入。敌人一面虚张声势与宋廷议和，一面集中兵力迅速向开封进发，北宋首都开封城很快就被金兵包围。

钦宗得到首都开封被包围的消息后，心急如焚，顿觉形势非常严峻，即刻命令敢死之士秦仔等四人秘密突围，火速到相州给康王赵构送蜡书密谕，希望赵构募集宋军打退金兵，以解开封被围困之急，确保住在开封的君王和皇室安全。

靖康元年闰十一月，赵构接到了秦仔等四人辗转送来的蜡书。钦宗在蜡书密谕中命令，让康王赵构担任河北兵马大元帅，汪伯彦、宗泽担任副元帅，立即征调河北的全部军队，火速来京城开封救援。

赵构遵照宋钦宗蜡书密谕，于靖康元年十二月初一，在相州开设大元帅府，并宣布自己出任河北兵马大元帅，调集、征募河北军队，准备救援国都开封城。赵构还命令武翼大夫刘浩负责在相州州治安阳城里招募义士。

此时，岳飞正在自己的家乡相州等待时机入伍参军，投入消灭金兵、保家卫国的战斗中。当得知赵构以"天下兵马大元帅"名义招募义士的消息后，岳飞的心情非常激动。他觉得，为国尽忠的机会终于来了。回想起离家前母亲刺字的情景，更是让他倍感身上的责任重大。

于是，岳飞趁天还没亮，就来到了赵构军营的帷帐下。岳飞见到武翼大夫刘浩后，迫不及待地自我介绍说："我是汤阴的岳飞，曾经在真定府军中担任过'敢战士'小队长一职，亲自讨平过相州的陶俊和贾进两个'剧贼'。后来，又在平定军中担任偏校一职，斩杀了很多的金兵将领，并有幸升任进义副尉。再后来，平定军被数万优势金兵攻陷，我拼死血战，带领部下冲出重围。现在，我听说刘大人招兵抗敌，特意前来投军，精忠报国，不杀退金贼，誓不罢休！"

武翼大夫刘浩见岳飞说话慷慨激昂，谈吐不凡，而且胸怀国家，有"精忠报国，不杀退金贼，誓不罢休"的远大志向，又曾在军中立过战功，非常看重他。刘浩满心欢喜地对岳飞说："我看你英姿勃勃，一定有超人的胆识。这样吧，相州自今年正月被金兵攻破之后，各地饥民纷纷揭竿而起，安阳一带有一股义军，首领名叫吉倩。这支队伍有三四百人，经常打劫州县，若不及早收服，将来后患无穷。因此，我命你带领一百名骑兵前去招抚吉倩，使其成为抗金的力量。若能成功，定当重用。"

靖康元年十二月，岳飞应武翼大夫刘浩的招募，在相州参加了大元帅府的部队，从此走上了从军卫国的道路。

02 义军头目被收服

岳飞加入康王大帅府的军队后，在武翼大夫刘浩的引荐下，得到了赵构的赏识。随后，赵构就拨给岳飞百名骑兵，让他去收服在当地聚众起义的义军头目吉倩。

当时，大宋王朝正处于内忧外患、民不聊生的状态。加之金兵入侵，到处烧杀抢掠，除各地集结起来的义军势力不断扩大外，社会上的一些贼寇也乘虚而入，各自为战，袭扰百姓。特别是相州一带，一股以吉倩为首

第二章
应招从军，忠愤建言朝廷

领集结起来的义军迅速扩大，队伍有三四百人之多。这支队伍一边抗击着金兵的入侵，一边对州县进行打劫，掠夺财物。

时任武翼大夫的刘浩认为，如果对吉倩这股势力放任自流，不及早收服，将来一定后患无穷。

岳飞投军入伍后，虽然归属于赵构所领导的大帅府，但实际上是刘浩的直接部下。刘浩见岳飞气宇轩昂，志向高远，内心欢喜得不得了。岳飞加入大帅府部队的第一项任务，就是在刘浩的指派下去收服义军头目吉倩。

俗话说：养兵千日，用兵一时。岳飞觉得，领命去收服吉倩正是精忠报国的大好时机。身为一名将士，一定不能辜负武翼大夫刘大人对他的厚望，不收服吉倩及其所部誓不罢休。

就这样，岳飞精心挑选了一百名骑兵，悄悄地向吉倩驻扎的大本营进发。

一路上，岳飞对手下的将士要求十分严格。岳飞提出，将士们在行军的路上一定要小心谨慎，不能糟蹋百姓的一草一木。到傍晚太阳下山时，岳飞的人马顺利抵达了吉倩所驻扎的营寨附近。为了不打草惊蛇，队伍找了一个宽敞而且相对僻静的地方搭起了帐篷，安营扎寨，生火做饭。

队伍吃过晚饭后，岳飞又召集所有将士宣布了队伍的纪律，要求将士必须听从指挥，不准擅自离开营地，在休息中做好战斗准备。一切安排妥当后，岳飞带着四名精锐骑兵，直奔吉倩所驻的营寨。

只一会儿工夫，岳飞等人就来到了吉倩的营帐前。当吉倩手下的将领听说岳飞只带了四名骑兵前来时，都感到岳飞有着非同一般的胆量，心里既害怕又钦佩。岳飞等人的突然出现，把吉倩弄得丈二和尚摸不着头脑。在此之前，吉倩就多次听到过岳飞的名字，知道他不仅足智多谋，而且武艺精湛，骁勇善战，曾经率领二百兵马一举剿灭了安阳悍匪陶俊、贾进等数百人。这次看到岳飞仅带领四名骑兵前来，更让他对岳飞由衷地叹服。

吉倩看到岳飞并无交战之意，便断定岳飞另有目的。于是，他吩咐手

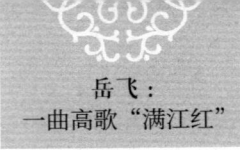

岳飞：
一曲高歌"满江红"

下的头领对岳飞等一行五人要以礼相待。

岳飞来到营帐之内，神情自若地扫视了一下营内义军的将领，语重心长地对他们说："现在金兵正在进犯我大宋国土，黎民百姓惨遭劫难，祖国的大好河山一点一点地在沦陷，国家危在旦夕。而你们，却不以大局为重，去奋勇杀敌，保家卫国，报效朝廷，反而落草为寇，打劫州县，还有没有一点儿感恩和报国之心？难道你们都是一些狼心狗肺的人不成？今天，我受河北兵马大元帅康王赵构之命，将你们收编入伍，然后一起去抗击金兵，保家卫国。我想，这正是你们转祸为福、立功赎罪的大好时机。"

吉倩等人听了岳飞的肺腑之言，都被他的爱国热情所感动。他们又知道岳飞的名声威震四海，都纷纷表示归附朝廷，并设酒宴款待岳飞，以表谢意。

岳飞为了表示招抚的诚意，进一步打消他们的顾虑，就坐下来和他们一起开怀畅饮。推杯换盏之中，吉倩还是对归顺一事有所顾虑，就用试探的口气对岳飞说："我们曾打劫过州县，如今归顺朝廷，我们的所作所为恐怕还是要被定罪，甚至还会不免一死吧？"岳飞见吉倩还有顾虑，就再三开导他们，让他们放心，并表示一定既往不咎。听了岳飞的话，吉倩和部下才放心地表示愿意听命招安。

说话间，营寨之中有个头领突然站起，想趁岳飞不备进行偷袭。不承想，岳飞眼疾手快，急速一侧身避开了那个头领的攻击。随后，岳飞挥起一掌向那个头领打去，正好击中了那个头领的面颊。那人被岳飞一掌击中后，便应声倒地。而后，那个头领突然觉得自己的咽喉冰凉，用手一摸，才知道岳飞的剑已抵住了他的咽喉。此时，他已经被吓得面色发白，连连向岳飞求饶。

见此情景，吉倩等众人早已被岳飞的无比神勇和凛然正气所吓倒，都惊慌失措地跪倒在岳飞面前，请求他饶恕那名头领的性命，并纷纷放下武

第二章
应招从军，忠愤建言朝廷

器愿意归降。

就这样，岳飞没动一兵一卒，没费吹灰之力，就一举收服了吉倩和他手下将士三百八十多人。岳飞得胜回营后，刘浩立即向兵马大元帅赵构禀报并请功，岳飞因此晋升借补承信郎一职。

03 两次杀敌得晋升

宋钦宗赵桓即位后，面对金兵的入侵，把一切希望都寄托在了康王赵构的身上，因为赵构是他同父异母的弟弟。俗话说：打虎亲兄弟，上阵父子兵。在钦宗的心中，无论是从宋朝的江山社稷考虑，还是从兄弟亲情考虑，赵构都应该真心实意地帮助他抗击金军入侵。

从表面上看，赵构遵照皇兄钦宗的蜡书密谕，在相州声势浩大地开设了大元帅府，并亲自统领一万军队。但金军入侵后，赵构早被吓得不知所措，几乎达到了魂飞魄散的程度。此时，赵构只考虑如何来保护自身的安全，根本没真正考虑遵照皇兄的蜡书密谕，前往开封破敌来救援圣上。他所做的，就是派兵分头去侦察金军敌情，以备自己伺机向安全地带转移，从而确保自己的安全。

赵构象征性地成立了大元帅府后，刘浩出任大元帅府的前军统制。由于岳飞用智取的方式收复了义军头目吉倩，一举收编了吉倩所部的人马，使自己队伍的实力得到了明显的壮大。刘浩对岳飞的英勇大加褒奖，将岳飞晋升为借补承信郎，然后把岳飞的队伍编入了他所领导的大元帅府前军之中。

随着金军攻势的加强，前方的战事越来越吃紧。面对宋军接连溃败的局势，康王赵构早就惶惶不可终日，总是担心自己有朝一日被金军所掳。

岳飞：
一曲高歌"满江红"

虽然赵构畏敌如虎，但借补承信郎岳飞却是精神抖擞，求战的欲望非常强烈。他总是急切地盼望着能够奔赴前线，有一个施展抱负的机会。

有一天，岳飞奉武翼大夫、前军统制刘浩之命，带领三百名骑兵前往大名府（今河北省大名县）魏县李固渡侦察。一路上，整个骑兵队伍军容整齐，英姿飒爽，气概豪迈，令人敬畏。

当岳飞的队伍雄赳赳气昂昂地前往目的地时，在侍御林一带突然遭遇了一支金军。俗话说，踏破铁鞋无觅处，得来全不费工夫。

仇人相见，分外眼红。岳飞大喝一声："将士们，报效国家的时机到了，操起刀枪，给我杀！"

整个骑兵队伍心领神会，一起高喊："杀！"强大的喊声震耳欲聋，队伍随之奔向金军阵营。

看到岳飞的队伍杀过来，金军一下子被震住了。以前，金军所看到的宋军都是非降即逃，从没遇到过顽强的抵抗。而今天，这支区区几百人的骑兵队伍却在强大的金军面前，毫无惧色，不但喊杀声如雷，而且直面出击，这样的气势一下子让金军乱了阵脚。

就在金军感到惊诧之际，岳飞所率领的骑兵队伍迅速杀入敌群，以迅雷不及掩耳之势杀得金军丢盔卸甲，敌人迅速溃败，逃命而去。

在这次战斗中，岳飞仅仅带领三百名骑兵就一举大破金兵，并在战斗中将金军的一位枭将斩首。这次胜利，是宋军抗击金军入侵所取得的第一次重大胜利，不仅极大地打击了金军的锐气，更是极大地鼓舞了宋军的士气。

岳飞胜利归来后，河北兵马大元帅府锣鼓喧天，喜气洋洋，举行了一场别开生面的庆功大会。兵马大元帅赵构当即宣布，对得胜而归的将士们论功行赏，升岳飞为正九品的成忠郎。当时，由于岳飞的曾祖父名叫岳成，为了回避祖上名讳，赵构特将授职改为"寄理保义郎"。岳飞的名声不仅

第二章
应招从军，忠愤建言朝廷

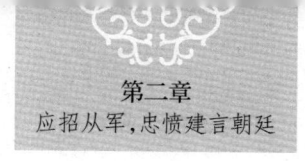

在大元帅府一下子传开了，更是在金军之中也传开了。

不久，岳飞又奉赵构之命，跟从前军统制刘浩前往滑州（今河南省滑县）南部一带，去抵御入侵的金军。

为了更好地抵御入侵的金兵，刘浩把自己心爱的骏马借给了岳飞，让他率领一百名骑兵在坚固的河冰上面操练。当时，天气非常严寒，整条河流都被坚冰覆盖着。

果然，对岸的一支数百人的金军突然踏冰而来，与岳飞所训练的骑兵遭遇。在敌众我寡的情况下，岳飞镇定自若地指挥着自己的骑兵队伍出击迎敌。在金军面前，他大声喊道："将士们，敌军虽多，却还不知道我军虚实，趁敌军还没有决定战斗或撤离之际，迎头痛击，我们就可以击溃敌人！"随即，岳飞一马当先，向着金军冲去。这时，只见一名金军枭将舞刀而来，迎面劈向了岳飞。岳飞以刀相迎，只听"当"的一声响，岳飞的刀将金军枭将的刀砍出一个大缺口。金军枭将顿吃一惊。就在对方惊愕的一瞬间，岳飞挥刀再击，刀光闪处，只听"扑通"一声，金军枭将已人头落地。岳飞率领骑兵队伍乘势追击，杀得金军大败而去。

这次战斗，不仅歼敌众多，而且还缴获了许多的战马。岳飞凯旋后，又被赵构晋升为从八品的秉义郎。

04 跟随宗泽救开封

在宋金交战时期，两军之中扛旗的将士通常被称为旗头。"旗头本执持大旗，麾众当先者。"也就是说，旗头是一支队伍中最骁勇善战的人。在双方交战时，旗头将发挥号召和引领本方将士冲锋陷阵的作用。俗话说：人无头不走，鸟无头不飞。旗头，就是行军队伍的头。"旗进则众进，旗

岳飞：
一曲高歌"满江红"

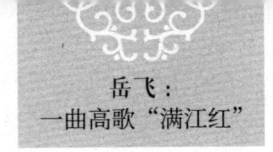

退则众退"，在厮杀激烈的战场上，处于众目睽睽之下的旗头，很容易成为对方军队重点攻击的对象，因此，担当旗头是一件非常危险的事情。

虽说担当旗头是一件非常危险的事情，可岳飞却以担当旗头为荣，内心没有丝毫的惧怕。在抗击金兵的战斗中，岳飞多次主动请缨，在宋军队伍中担任旗头。

战斗中，身为从八品秉义郎的岳飞率先垂范，带领手下的将士冲锋陷阵，多次在战场上攻坚克难，打败不可一世的金国军队，从而赢得战斗的胜利。后来，即使在岳飞身居更高级别的职务时，他依旧是身先士卒，带头冲锋在前，以大无畏的英雄气概与金军展开激烈的拼杀。为了救国救民，岳飞早已把生死置之度外。

在一次战斗中，岳飞的参谋黄纵亲眼看见了岳飞作为旗头，带领将士们奋勇杀敌的激烈场面。作为与岳飞并肩战斗的战友与部下，黄纵非常担心岳飞的安危，经常极力劝阻岳飞不要担任旗头。黄纵说："秉义郎大人，金国的军队十分狡诈，你若亲自当旗头去指挥作战，一旦被敌人认出，就会把所有的进攻目标都指向你，如果他们万箭齐发，你就会遭到不测，精忠报国也就成了一纸空话。"

岳飞知道黄纵的良苦用心。他非常重视黄纵的劝告，但他并没有按照黄纵的劝阻去做。他觉得，自己从小学习武术，练就了一身本事，为的就是能在战场上冲锋陷阵，报效祖国。面对金军入侵，此时不用，更待何时？更何况，自己亲身经历过数十次大大小小的征战，深知军中头目在指挥作战、破阵杀敌时担负着重大责任。因此，在后来的征战中，岳飞依旧以从八品秉义郎的身份主动充当旗头，冲杀在前，以此来鼓舞全军将士的斗志，激励将士奋勇杀敌。

此时，作为河北兵马大元帅的康王赵构，却怀着一种贪生怕死、无比自私的心态。他虽然肩负救援开封的重任，却生怕河北兵马大元帅的名声

第二章
应招从军，忠愤建言朝廷

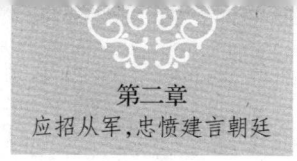

过大，招来金兵的攻击，从而危及自己的人身安全。于是，他绞尽脑汁，谋求与金军讲和。他所信任的副元帅汪伯彦，也是一个贪生怕死、没有担当的懦夫，只知道一味地溜须拍马，围着赵构转，缺乏军事上的雄才大略。汪伯彦早已摸透了赵构的心理，便竭力劝说赵构，及早离开战事频仍的相州，迁移到相对比较安全的地方避难。

在选择逃避处的问题上，汪伯彦与赵构几乎是心有灵犀。两个人经过一番精心谋划，将转移逃避的目的地确定在北京大名府。赵构首先大张旗鼓地对外声称，要派刘浩率军做先锋部队，领兵南下溶州（今河南省浚县）和滑州，去解开封之围。但实际上，这只是为了迷惑金军，赵构真正的目的是以此来掩护他们向大名府的转移。

靖康元年十二月十四日，宋军的大部队在刘浩的率领下从相州出发，声称去救援被宋军围困的开封。部队出发时，赵构和汪伯彦仍然对已经出师的军队隐瞒实情，谎称南下汤阴。但是，部队很快调整了行军路线，朝着临漳县方向进发。行军方向出现的巨大偏差，让宋军将士无不感到莫名其妙。就这样，赵构和汪伯彦率部避开李固渡的金军大营，悄悄转移到了大名府。

赵构到达大名府后，立即下令河北各路兵马到此集结。河北兵马副元帅宗泽首先率领自己所部两千兵马赶来。出生于宋仁宗嘉祐五年（1060年）的宗泽已经六十六岁高龄了，是宋朝的一员功勋老将。他字汝霖，汉族，婺州义乌（今浙江省义乌市）人，是宋朝著名的抗金将领。

宗泽见到赵构后，就极力劝说他派兵去解救被困已久的京城开封。让宗泽感到失望的是，赵构对他的劝说根本不屑一顾。不久，信德府（今河北省邢台市）知府梁扬祖率领张俊、苗傅、杨沂中及三千人马也赶到了大名府，河北路的其他几支宋军也都来会合，刘浩所部也在其中。由于宗泽的直言相劝惹恼了赵构，赵构非常讨厌宗泽，借故不让他参与大臣议事，并假意派他去解救开封，以远离自己。

宗泽满怀一腔热血，毅然承担起了救援开封的重任。他以武显大夫陈淬为都统制，将所部一万兵马分为前、后、中、左、右五军。由于刘浩担任宗泽大军的前军统制，岳飞也顺其自然地列入了前军编制。从此，岳飞有幸成为宗泽的一员部将。

05 学习兵法悟其道

靖康二年（1127年）正月，宗泽率部进军开德府（今河南省濮阳市），并派遣前军统制刘浩率领岳飞等骁将，去袭击一支金军。刘浩率军逼近金军阵营，命岳飞所部率先出击。岳飞一马当先，面对金军弯弓搭箭，只片刻工夫，就连发两箭，金军两名旗头先后被射中亡命。岳飞乘势率军突击，一举打败了金军，还缴获了一批军械物资。因为此战大获全胜，岳飞被晋升为正八品的修武郎。

靖康二年二月，宗泽命刘浩引领前军奔赴曹州（今山东省菏泽市），再次与金兵交战。岳飞作为刘浩前军的首领，与金兵展开了一场非常激烈的战斗。战斗中，岳飞一马当先，奋勇杀敌。宋军将士被岳飞的英雄气概所带动，士气大振。顷刻之间，岳飞所部就突入金军阵中，一举大破金军。岳飞又率部乘胜追击，一直追杀出了数十里，最终凯旋。曹州之战，岳飞再立新功，被晋升为七品的武翼郎。

岳飞跟随大元帅府兵马副元帅宗泽参加救援开封的战斗，每一次出战都是一马当先，奋勇杀敌。岳飞的勇猛，极大地鼓舞了宋军士气，一举扭转了宋军在金军面前屡战屡败的颓势。

看到岳飞的勇猛表现，宗泽喜出望外，开始对岳飞另眼相看。他觉得，

第二章
应招从军，忠愤建言朝廷

自己已经六十六岁了，培养接班人已经成为当务之急。岳飞的出现，令他眼前一亮，他似乎找到了培养的目标。

经过几次战斗，宗泽发现岳飞的身上存在明显的缺陷，不免让他纠结。宗泽觉得，岳飞勇猛无比，屡立战功，但每一次出战在组织上都显得比较仓促，看不出具有兵法方面的素养。宗泽认为，岳飞在军事谋略上的欠缺是致命的，必须加强这方面的学习和历练，只有这样才有望担当大任。于是，宗泽决定对岳飞加以重点培养，全面提高岳飞的军事才能。

一天，宗泽趁战事不紧，把岳飞叫到自己的大帐之中。这是岳飞第一次单独进入兵马副元帅的大帐，内心不免有些忐忑，不知道宗泽叫他来干什么。

一个简短的见面礼仪之后，宗泽把自己多年收集保存下来的兵家阵图交给岳飞。宗泽语重心长地对岳飞说："这些兵家阵图，非常值得学习和研究。目前来看，你的智慧和武艺，都是军中的佼佼者，几乎无人能比。有些方面，与古代有名的英雄相比，也毫不逊色。但是，你一向喜欢野战，虽然非常骁勇，锐不可当，但是所用的作战方法，明显不如古代名将的作战方法。那些古代的名将，既果敢骁勇，又善于谋略，在智勇兼备之中摧敌破寇，所向披靡。现在，你只喜欢野战强攻，缺乏以智取胜的战术。这一条件，作为裨将还可以，但如果以后你做了大将，恐怕就难以达到智勇双全、兼顾并用的高度了。在有勇有谋这一方面，你还显得比较薄弱。所以，你应该尽快加强学习，取长补短。"

听了宗泽的话，岳飞很受感动，深知这位老将军的用心良苦。辞别宗泽后，岳飞就开始利用一切闲暇时间，认真钻研那些兵法阵图。一时间，这些兵法阵图简直让他着了迷，他学到了很多作战的方法和技巧，内心感到豁然开朗。从此，他对宗泽老将军充满了感激和感恩之情。

过了几天，宗泽再次在自己的帐中单独召见岳飞。当宗泽问岳飞对那些兵法阵图研究到什么程度、有哪些收获时，岳飞回答说："古代的兵法阵图确实有许多妙处，很值得学习和借鉴。可我经过认真思考，觉得那些兵法阵图有的拘泥于一些固有定式，缺乏创新变化。目前，如果我在带兵打仗时，每次都按一定的阵势排开，就等于变相向敌人暴露了我方的虚实。因此，我认为，临战不必苛求必须遵循一定的阵法兵图。兵家制胜克敌的根本，在于出奇制胜。按照古代的阵法排兵布阵，然后作战，那是兵法的常规。而兵法的巧妙运用，在于将领的临阵发挥，相机变化，也就是兵法阵图所说的'阵而后战，兵法之常，运用之妙，存乎一心'。"

听了岳飞的回答，宗泽连连点头称是，内心倍感欣慰，觉得岳飞是一个可以托付大事的人。

刘浩带领岳飞进驻广济军定陶县（今山东省菏泽市定陶区）后不久，便接到了康王赵构的命令，让他率领的人马听从黄潜善指挥，不再听从老将军宗泽指挥。于是，岳飞暂时不归宗泽调遣。

黄潜善原本是河间府知府，他率兵数千赶到东平府（今山东省东平县）来追随康王赵构，立即得到了赵构的宠信，很快被任命为宋军兵马副元帅。黄潜善这个人私心很重，一味按兵不动，保存自己的实力。就这样，失去刘浩和岳飞的宗泽，马上陷入了孤军作战的境地。

06 建言北伐遭革职

在康王赵构的心里，根本没有真心实意解救开封的念头。在他身边的文武大臣，也都看出了他的心思。赵构想的是，一旦开封被解救，大宋朝廷还是他的哥哥宋钦宗说了算，他依旧是个王爷而已。钦宗即位以来，赵构不止一次地埋怨父皇宋徽宗偏心，把皇位传给了哥哥赵桓，而没传给他。

第二章
应招从军，忠愤建言朝廷

赵构受钦宗之命去解救开封，无非就是走走形式，摆摆样子。等老将宗泽带领岳飞英勇杀敌，并连战连捷时，赵构马上任命黄潜善为大元帅府兵马副元帅，位置排到了宗泽之前，不给宗泽冲锋杀敌的机会。

由于赵构救援开封不力，直接导致了宋军的溃败。靖康二年四月初，金军攻陷开封，将徽宗、钦宗两位新老皇帝，加上后妃、公主、宗室，部分文武官僚三千多人，又将京城开封的各种文物、图书、档案、天文仪器、金银珠宝等许多财物，全部一起"打包"，押运至金国国都会宁府。至此，北宋政权宣布灭亡。

就在金军撤离之前，北宋前宰相张邦昌被金军看中，让他接管北宋沦陷区疆域人口，并册立他为"大楚皇帝"，国号为楚。金军将黄河以南所攻陷的区域，交给张邦昌管辖，而河北、河东被金军攻陷的大片地域，则归金国直接管辖。

北宋新老皇帝虽然被掳，但钦宗的弟弟康王赵构还在，一些皇家的宗室还在，各地州府官吏及军队还在，在人们的心里，大宋国还没彻底灭亡。张邦昌作为傀儡皇帝，其政权很不得人心，几乎无人听令于他。迫于当时形势的重压，张邦昌不得不将北宋的传国玉玺送到济州（今山东省巨野县），迎奉康王赵构为皇帝。

其实，赵构早就等不及了。在赵构的眼里，这个皇帝早就应该是他的。靖康二年四月二十一日，赵构起身前往南京应天府（今河南省商丘市）即位。出发前，赵构将元帅府所属五军进行了重新编组，武翼郎岳飞被任命为中军的一名偏裨武将，显然，岳飞已经进入了赵构的人事构建框架之中。

靖康二年五月初一，康王赵构在应天府即位，是为宋高宗，改年号为建炎。

高宗即位后，专门设置御营司来主管军政。高宗任命黄潜善兼任御营使，汪伯彦为副使，王渊为都统制，刘光世提举一行事务，韩世忠为左军

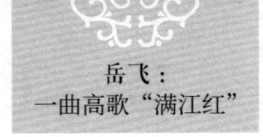

统制，张俊为中军统制。而不被高宗和汪伯彦欣赏的刘浩，则外任为大名府兵马钤辖。但岳飞作为刘浩的部将依然被留在御营司军中，隶属于张俊。

高宗即位之初，迫于当时严酷的形势，不得不起用德高望重的李纲担任宰相。李纲上任后，极力倡议招抚河北，收复失地。但他的抗金方略，受到了执政大臣黄潜善、汪伯彦等人的极力阻挠。黄潜善、汪伯彦等人只想偏安享乐，主张迁都东南，放弃河北与河东，与金国划河为界，议和修好。而懦弱的高宗恰恰与黄潜善、汪伯彦的偏安思想十分一致，于是，应天府很快传出了高宗将前往扬州（今江苏省扬州市）躲避的消息。

宋高宗建炎元年（1127年）七月，二十五岁的岳飞得知高宗意欲前往扬州的消息后，以非凡的胆识和勇气，满怀着一腔爱国热忱，亲笔给高宗写了一封建言书，提出了强烈的抗金建议，劝说高宗不要前往扬州躲避。

岳飞在建言书中说："陛下即皇帝位使得天下万民有了领袖，社稷有主，这就足以打破敌人的奸谋了。如今，勤王的大军日夜不停地从四面八方赶来，兵势渐渐强盛。乘徽、钦二圣蒙尘未久、敌方尚未稳固之际，陛下亲率大军，渡过黄河，大举北伐，则天威所至，将帅一心，士卒作气，中原之地指日可复。"

这是岳飞第一次正式批评朝廷的投降政策。当时，抗战派和投降派斗争的焦点，就是实行北伐策略还是实行南逃策略、是进驻开封还是退居扬州。岳飞在建言之中严厉抨击了投降派，表现出了超人的远见卓识。

岳飞作为一个下等偏将给皇帝上疏，在当时无疑是凤毛麟角，甚至是绝无仅有的。在建言书中，岳飞能够一针见血地批评朝廷中存在的苟安退缩的思想，充分展示了他的远谋大略。

宋朝的规矩是重文制武，有意贬低和压抑武人。岳飞不过是一个从七品的下级小武官，在一个鄙视武夫的时代里，他居然敢于上疏规谏皇帝，实属非同一般。

第二章
应招从军，忠愤建言朝廷

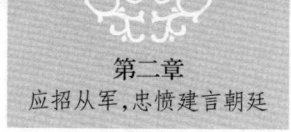

但遗憾的是，岳飞的建言书不但没有被高宗重视，反而触怒了当朝大臣黄潜善和汪伯彦。两个人看到岳飞的《南京上皇帝书》后，表现出异常的羞怒，认为岳飞的批评语言绝对不可容忍。黄潜善和汪伯彦当即以"小臣越职，非所宜言"加以论处，将岳飞革掉官职，削除军籍，赶出军营。

建炎元年十月，高宗如愿地带领他的南宋朝廷，南迁到了扬州，当起了避难皇帝。

第三章

痛悼宗泽，难阻开封沦陷

岳飞：
一曲高歌"满江红"

01　投奔张所升统制

岳飞以从七品这一低等小官的身份，向皇帝建言北伐，是一件很正常的事，本不必大惊小怪。在当时的环境下，作为一名年轻的武将，又怀有精忠报国之志，提出自己的正义主张不但不应受到处分，还应受到鼓励和褒奖。但结果却恰恰相反，岳飞不但被罢了官，还被撵出了军营，连当一名普通士兵的资格，都被御营使黄潜善等人给剥夺了，而且还差点引来杀身之祸。

面对黄潜善等人的排斥和打击，岳飞没有就此消沉。国家遭受侵略，百姓遭受磨难，徽宗、钦宗二帝被掳为人质，羁押在异乡，岳飞的心中，熊熊燃烧的是精忠报国的火焰，念念不忘的是光复河山的壮志。岳飞觉得，自己是大宋的子民，理应为大宋的江山社稷效犬马之劳。

建炎元年八月，岳飞毅然抛开个人荣辱，直奔北京大名府投奔河北西路招抚使张所。张所是钦宗朝的监察御史，有才气，有谋略。虽然张所也曾受到黄潜善等人的打击迫害，但宰相李纲在高宗面前强力推荐他，因此被重用，担任招抚使，在河北抗金前线主持对金作战。

岳飞来到河北西路招抚司后，首先遇到了一位与张所关系非常密切的将士，此人名叫赵九龄。赵九龄与岳飞进行了短暂接触，感觉岳飞气宇轩昂，精神抖擞，非同一般，很快就对他产生了好感，并很快把岳飞引荐给了张所。

当初步了解了岳飞的经历和志向后，张所问道："我听说你曾在宗泽将军麾下勇冠三军，如果现在派你战场冲杀，你觉得你的能力能敌多少金兵？"

第三章
痛悼宗泽,难阻开封沦陷

岳飞看了看面前的张所说:"匹夫之勇,不足夸耀。两军交锋,一个人的勇猛剽悍算不了什么。用兵制胜,临阵破敌,在于将官要预先设定好谋略,谋略才是战场制胜的根本。因此,为将之道,不应担心自己不够勇猛,而应当担心自己是不是有谋略,即所谓将在谋、不在勇。"

听了岳飞的话,张所惊喜地感叹道:"你有大将之才,绝非行伍中的一介武夫!"于是,张所客气地给岳飞看座,两人开始了一番促膝长谈。

张所说:"老夫虽是一介儒臣,略读史书,却不懂得军国大事。我也看清了朝廷腐败、奸佞当道、军政废弛,以致金贼入寇、掳走二圣、劫掠京城、黎民涂炭、陷身水火。国事糜烂到今天这个地步,冰冻三尺非一日之寒!但当此国难之秋,挽救危亡、挺身捍难,就在我辈了。老夫虽然不才,但凭一颗忠心,鞠躬尽瘁,死而后已。"

听了张所的话,岳飞赞许地说:"大人忧心国事,身当重任,并能积极整顿河北军备、抗击金贼、收复故疆,实在是令人敬佩。"

张所又说:"你投身军旅多年,识见不凡,在你看来,河北路的抗金大事应该怎么着手呢?"

岳飞回答道:"我朝以开封为都城,虽然濒临黄河,地处平原要地,但地势多是平川旷野,利于骑兵作战,而骑兵正是金军的长项。因此,我军在开封很难阻挡金军的精锐铁骑。河北是开封的北面门户,山壑纵横,丘陵交错,很适宜设伏会战,狙击金兵。所以,若要持久对抗金军,就必须先收复河北一带,然后充分利用其地理优势,使它成为阻挡金兵南犯的一道坚固屏障。如果不能收复河北,不仅河南无法守卫,就连江淮恐怕也难保全。因此说,收复河北,使它成为抗金的堡垒至关重要,这关系到我朝的存亡命脉。而收复河北,首先攻取卫州、怀州、睿州三州,断敌归路,扼其咽喉,然后由朝廷号令各路大军云集此地,'关门打狗',这样,歼灭金贼就指日可待了。只要歼灭了金军的有生力量,那么,挥师北上,直捣敌巢，迎回二圣，光复神州，就大有希望了。"

张所听了岳飞这番话，深感英雄所见略同，连连点头。

岳飞又说道："其实，朝廷军备废弛多年，政治腐朽，根本无力外战。但蔡京、童贯等人好高骛远，贪图虚名，趁辽朝之危联金灭辽，正所谓引虎驱豹、召魔入室，致使金人得窥我大宋的虚实，觊觎之心萌生，这便是我大宋灾难的开始。朝廷无力攻取燕京，不得已动用大批金银换来燕云的几座空城，更错信郭药师等辽朝降将，委以重任，驻守边防。这些，都是重大失策，正所谓得虚名、受实祸，以致中原罹兵，百姓涂炭，二圣蒙羞，教训惨痛，不能不深刻反思。"

这番话，让张所对岳飞更是肃然起敬，他感叹道："你有这般卓越的见识，将来必成大器。"

于是，张所将岳飞留在军中。岳飞不久被张所提拔为统制，比革职前的武翼郎一职高出了两阶。

02　主动出击克新乡

进入张所的军营后，岳飞与张所之间越来越话语相投，几乎达到了无话不说的地步。张所不久就提升岳飞为统制。张所在得知岳飞遭到黄潜善等人的革职迫害后，表现得极其愤慨，为国惜才的情愫完全表现了出来。

遇到张所，无疑是岳飞人生的一个转折点。岳飞的报国之志得到激励，压抑之情得到释放，抗金主张得到支持，从军之求得到满足。从此，岳飞的内心深处总是念念不忘张所的知遇之恩。后来，在岳飞身居高位时，总是做一些实事来报答张所的恩情。据岳珂的《金佗稡编》中记载，岳飞得知张所的儿子张宗本年纪尚幼，就"访求鞠养，教以儒业，饮食起居，使

第三章
痛悼宗泽，难阻开封沦陷

处诸子右"，比待自己的儿子岳云还好。不但如此，岳飞还上奏朝廷动用"恩例"，将张宗本"荫补"为官。

为了帮助张所的河北西路招抚司尽早把抗金斗争开展起来，岳飞日夜奔忙，精心谋划。当时，由于统管朝政的黄潜善和汪伯彦等人消极抗金，不主张收复失地，便不断地从中作祟，想方设法阻止和削弱张所所部的一切军事行动。黄潜善等人甚至下令，不准张所所部动用朝廷存放在北京大名府的兵器和甲胄等作战装备，对张所部署和开展抗金斗争造成了很大的阻碍。

但是，在岳飞的鼎力帮助下，建炎元年九月中旬，张所组建了一支七千人的军队。按照与宰相李纲商定的战略部署，张所命大将王彦任都统制，率领军队前去收复睿州、卫州、怀州（今河南省沁阳市）三地。岳飞和张翼、白安民等十一名将领，也都编入王彦的队伍中，跟随王彦一起向三地进发。

王彦生于宋哲宗元祐五年（1090年），后来成为南宋名将，太行山"八字军"首领。就在王彦的部队出发不久，一件意想不到的事情发生了。刚刚做了七十五天宰相的李纲，被高宗下令免去了官职。原因很简单，就是李纲的强硬抗金主张与高宗的苟安思想背道而驰。于是，高宗就找了一个借口，罢免了李纲的宰相一职。

李纲被罢免后不久，因多次上疏建言抗金的张所，也遭受了被贬逐到岭南的厄运。张所被贬，是南宋朝廷对官员上疏言事处罚较重的一个例子。后来，张所居留荆湖南路首府潭州（今湖南省长沙市），不幸被土匪刘忠杀害。

岳飞跟随王彦所部一路进发，与金兵展开了多次激烈的交战，并且屡战屡胜，队伍士气大振。很快，王彦所部就进攻到卫州新乡县（今河南省新乡市）的石门山下。

岳飞：
一曲高歌"满江红"

由于张所的革职、河北西路招抚司的撤销，使王彦所部很快成了断线风筝，既得不到上司支持，也没有后续力量的增援，更是缺乏粮饷的供给。当王彦得到金军在卫州大量集结的消息后，深感形势不妙，便产生了暂时撤兵、以图长远的念头。

得知王彦谋求撤兵的意图后，年轻气盛的岳飞很不理解，一再请求出击迎战。但无论岳飞怎么请战，王彦都觉得敌方强大，不宜直面出击，始终不答应他的请求。岳飞认为王彦怯懦惧敌，便情绪激动地说："二圣蒙尘，远离家国，实为我辈军人的奇耻大辱，与金人仇恨不共戴天。而今，贼兵占据河朔，我等身为臣子，便当率众破敌，驱逐金兵，光复故土，以迎还二圣！可是，我军驻扎在此，逡巡不前，观望不战，这是坐视金贼肆虐，让百姓斥骂我等怯懦惧敌，有降敌之嫌。"

这时，军营前跪着许多从新乡逃出来的老百姓，呼天喊地地哭成一片，请求军队快去拯救他们的家人和家园。当他们看到王彦和岳飞从军营中走出来时，便扯着他们的衣服苦苦哀求。

见此情景，岳飞心中难受不已。一怒之下，岳飞便自作主张，率领自己所部独自出营，直奔新乡，与金兵展开了激战。

战斗中，岳飞夺取了敌人的大纛旗挥舞着，激励士兵奋勇杀敌。在岳飞的带动下，参战将士一鼓作气打败了金军，并生擒金军千户阿里孛。紧接着，岳飞带领宋军乘胜追击，又打败了金军万户王索的部队。

岳飞预料到金军一定会加以反扑，一场更加激烈的战斗在所难免。于是，他把将士集结起来，充满激情地说："我军已两胜金兵，敌军不甘心失败，一定会集结优势重兵来复仇，一场决战即将上演。我军将士虽少，但必须以少胜多，以智取胜，只有这样，才有生路。"

金军果然反攻，岳飞率部在侯兆川（今河南省辉县市境内）与金军展开了一场更激烈的战斗。岳飞所部将士个个奋勇拼杀，许多士兵都受了重伤，岳飞自己也受伤十多处。经过几个回合的厮杀，岳飞所部战胜了金军，一举将金军赶出了新乡。

03 辞别王彦打游击

岳飞在没有征得王彦同意的情况下，自作决定率领手下将士抗击金军，一举击溃金军收复新乡。新乡之战，金军惨败，兵力严重受挫。但这一胜利，没让宋军大将王彦感到高兴。在敌我力量悬殊的情况下，金军必然会反扑，他因此感到一场更加惨烈的激战即将来临。

果然不出王彦所料，金军集结了数万大军，将王彦的数千名宋军包围起来，王彦所部与金军在新乡县的石门山下，展开了一场激战。由于兵力相差悬殊，王彦只能率部突围。在突围的战斗中，宋军损伤惨重，将士大多以身殉职，整个部队几乎全军覆没。

王彦只率领七百多名士兵杀出重围，退守在卫州共城县（今河南省辉县市）的西山上。

队伍的惨败，让王彦的心情非常沉痛。王彦感到对不起朝廷，更对不起死去的将士。为了给阵亡的将士报仇，也为了激发队伍宁死不屈的抗金斗志，王彦将自己所部改组成了太行山"八字军"。他和手下的将士一起，在脸上刺上了"赤心报国，誓杀金贼"八个字。

看到"八字军"队伍中的士兵个个精神抖擞，抗金意志非常坚定，河朔一带集结起来的忠义民兵傅选、孟德、焦文通、刘泽等将士都被深深感动，纷纷起来响应王彦，加入"八字军"的队伍中。很快，王彦的"八字军"发展壮大，最后达到了十多万人，成为一支新崛起的抗金力量。

由于武装力量的壮大，加之将士们抗金斗志的雄起，在后来与金军近百次的战斗中,"八字军"表现得十分出色,几乎每次战斗都把金兵杀得大败。王彦率领"八字军"收复了绵亘数百里的地区,"八字军"的威名也因此传遍四方,威震一时。

岳飞在石门山战役中突围后,与王彦失去了联系。他感到,这是自己征战沙场以来所遭遇的最大一次失败,心情甚至有些沮丧。无奈之下,他只好独自带领一支残部来到太行山区,一边重整旗鼓,一边与金兵展开游击战。在岳飞的带领下,他手下的将士并没有动摇抗击金兵的决心和信心。

岳飞听到王彦组建"八字军"的消息时,才感觉到自己错怪了王彦。当初如果不是自己一意孤行,恐怕不会给军队造成难以挽回的损失。于是,岳飞只身前往王彦的军营诚恳承认错误,并请求王彦接济一些粮食,让自己所带的队伍渡过眼下的难关。

但王彦对岳飞独自率部去攻打金军耿耿于怀,认为岳飞是出个人风头,没有大局观念,导致部队受到巨大损失,因此没答应借给岳飞粮食。王彦的一些属下听说岳飞来到军营时,马上建议王彦将岳飞处死。这些下属认为,岳飞私自出兵,是违犯军纪,应当处以死罪。但王彦觉得岳飞曾经是自己的下属,屡立战功,是个难得的人才,在抗击金军的紧要关头,不应该出现"窝里斗",而是应保存力量,以和为贵。于是,王彦不但不杀岳飞,而且让自己的属下准备一桌酒菜来招待岳飞。在敬酒时,王彦对岳飞说:"你违犯军令,擅自出战,罪责当诛。但是,你离开我的队伍后,还没忘记我是你的上司,并能勇敢地回来请罪,有回到队伍中抗击金军的愿望,胆气实在惊人。现在,国家危难,金贼横行,山河沦陷,百姓遭殃,正是用人之时,不该泄愤报复。我虽然不杀你,但也不用你。你好自为之,去自己闯天下为国尽忠吧!"

听了王彦的话,岳飞的心里十分难过。他看到王彦没有收留他的意思,也没有接济他的意思,只得向王彦辞别,回到了自己的营寨。岳飞带领自

第三章
痛悼宗泽,难阻开封沦陷

己的队伍克服困难,重整旗鼓,转战于河南一带继续抗击金军。

在与金兵的多次交锋中,岳飞所部的表现非常出色,并在一次战斗中俘虏了金军将领拓跋耶乌,还缴获了几十匹战马。

一天,岳飞所部又发现金军的一支大部队在蜿蜒的山路中行进。岳飞感觉到金军人数众多,不能面对面强攻,应该采取偷袭的策略。于是,岳飞就命令几十名士兵占据险要位置,故弄玄虚,虚张声势,吸引金军的注意力,他自己却绕到金军队伍的背后,挥舞着一丈八的铁枪,以迅雷不及掩耳之势杀向金军,一枪刺死了黑风大王。黑风大王一死,金军即刻群龙无首,以为中了宋军的埋伏,上万名的金军队伍吓得仓皇而逃。

04 再投宗泽得原谅

建炎元年秋,岳飞因不听王彦指挥,擅自率兵与金兵交战,导致宋军大败,从而触犯了军法。但王彦没杀他,而是让他离开自己去闯荡。

岳飞率部在太行山区转战几个月后,深感自己所部力单势薄,在抗击金军的行动中难有大作为,无奈之下,就带领部队南下,直奔开封府,再次投奔宗泽。他觉得,投奔宗泽后,可以在宗泽的领导下更有力地抗击金军,完成保家卫国的夙愿。

岳飞以戴罪之身来到了宗泽的东京留守司后,首先接受调查。留守司的官员对岳飞脱离王彦的经过进行了认真的调查考证,确认岳飞已经触犯了军法。军法中规定:"军中非大将令,副将下辄出号令,及改易族旗军号者,斩。"军法中还规定:"背军走者,斩。"负责调查的官员把岳飞违犯军法一事迅速报告给宗泽,并建议宗泽对岳飞依军法处置。

宗泽在率部救援开封时,就对岳飞非常了解,同他一起探讨过兵法阵图，知道他是一个骁勇善战的将才。听了留守司官员的汇报后，宗泽觉得当下应以抗金大局为重，团结一切可以团结的力量，万众一心，同仇敌忾。岳飞虽然擅自脱离主将，违犯军令，但也是出于抗金心切，出发点是为了消灭侵略者，应该得到原谅。于是，宗泽决定将岳飞留在军中，将他的官职降为秉义郎，让他继续率兵打仗，给他一个戴罪立功的机会。

建炎元年冬，金军再一次大举南侵，进犯孟州（今河南省孟州市）的汜水关。大敌当前，宗泽马上想到了岳飞，就指派岳飞为踏白使，率领五百骑兵，去侦察敌情。（古代行军，走在前军最前面的队伍叫踏白队，试探敌军有没有埋伏，并侦察敌军的远近、多寡等相关军事情报。）

岳飞领命后，宗泽激励他说："你当初擅自出战，脱离王彦，论罪当死，但我没有追究你。现在金兵来犯，你当为我立功，将功补过。我令你前往汜水关一带侦察，但只需察看敌军的虚实态势，伺机歼敌，不必强斗。"

岳飞带领队伍，在汜水关一带与金军周旋。岳飞果然不负众望，不但完成了对金军的侦察任务，还趁金军不备，奋勇出击，打了金军一个措手不及，取得了汜水关首战的胜利，以实际行动报答了宗泽的不杀之恩。

北宋时期，宗泽就是一位战绩卓著、军纪严明的杰出将领。这一次让岳飞戴罪立功，赢得汜水关首战的胜利，全军上下为之振奋。

宗泽带兵一向是执法严明，赏罚公平，在军中也享有极高的威信。一次，宗泽率部去救援被金兵围困已久的开封时，他的部下都统制陈淬对宗泽说，金军兵力强大，势不可当，我们要小心谨慎，不要轻举妄动。宗泽听后，觉得陈淬说的话是惧怕敌人，涣散军心，大怒之下，便下令将陈淬斩首。后来，经过众多将领的再三求情，才让陈淬免于一死，队伍中再无人敢说长敌人士气的话。还有一次，宗泽在西京与金兵将领粘罕所部交战，命令部将李景良等出击迎战。经过几个回合大战之后，宋军将领陆续阵亡，李景良见势不妙，临阵脱逃了。宗泽随后下令，将李景良捉拿到军营大帐，

第三章
痛悼宗泽，难阻开封沦陷

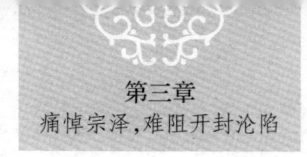

当面怒斥道："与敌兵交战，如若没能取胜，罪责可以饶恕，可以不追究责任。但如果不坚持到底，中途临阵脱逃，这是目无主将和军法。败将可以饶恕，但逃兵绝不能饶恕。"于是，宗泽下令将李景良斩首示众。

宗泽治军不搞株连处罚。他离开磁州时，把知州的事务交给了兵马钤辖李侃，可李侃却被统制赵世隆杀了。在下令处斩赵世隆时，宗泽愤怒地说："河北沦陷了，难道我大宋的法令和上下级的尊卑身份也都没有了吗？你杀了兵马钤辖李侃，是谋逆犯上之罪。"同时，宗泽又神情镇定地对赵世隆的胞弟赵世兴说："你哥哥杀了主将，论罪当诛，但与你无关，不会连累于你。以后你可以为国立功，替你哥哥洗刷罪名。"赵世兴被宗泽的执法严明所感动，下跪表示听命于宗泽。后来，当金兵进犯滑州时，宗泽果断指派赵世兴前往救援。赵世兴不负重托，一举打败了敌人，立下了战功。

宗泽是对岳飞影响最大的"伯乐"，不仅在军事方面影响了岳飞，更是在人格方面影响了岳飞。宋人对宗泽有一句非常恳切的评论，叫作"虽身不及用，尚能为我宋得一岳飞"，认为宗泽最大的贡献就是发现了岳飞，并且重用了岳飞。在岳飞违反军令之时，执法严明的宗泽能对岳飞网开一面，正是考虑到国家处于多难之际，岳飞是急需的将才。

05 再次晋升当统制

岳飞受东京留守司宗泽元帅之命，以踏白使的身份前往汜水关抗击金军。岳飞不负宗泽所望，得胜而归。宗泽对岳飞的表现非常满意，也感到自己做出让岳飞戴罪立功的决定是正确的。为了嘉奖岳飞，宗泽把岳飞的官职从秉义郎提为统领，不久又加封他为统制。岳飞没有辜负宗泽的提拔，用实际行动来回报宗泽的提拔之恩。在后来与金兵的每次交战中，岳飞都

岳飞：一曲高歌"满江红"

是一马当先，每战必胜。从此，岳飞就成了远近闻名的抗金名将。

建炎元年（1127年）入冬以后，金军兵分三路入侵南宋，攻打宋军。第一路是东路军，由金军右副元帅"三太子"完颜宗辅和元帅左监军完颜昌统率，直下京东；第二路是西路军，由完颜娄室和完颜杲率领，攻打陕西；第三路是中路军，由金军左副元帅完颜宗翰和元帅右监军完颜希尹指挥，进犯京西。

三路入侵的金兵当中，由完颜宗翰统率的中路军是主力部队，兵强马壮，所向披靡，直取西京河南府，又迅速占领了郑州。战争中，完颜宗翰所部直接对阵宗泽所率领的东京留守司军队。

金军为了攻打开封，把精锐部队都发动起来联合作战，并进行了周密的战前部署。完颜宗翰命部将完颜银术可与完颜拔离速、赛里、萨谋鲁、耶律马五、沙古质等分别带兵从郑州发兵南下，迅速抵达白沙，一路焚掠京西很多州县，企图从南面包围开封府。与此同时，"四太子"完颜宗弼率领的东路军也渡过黄河，向开封逼近。

宋金双方为了争夺滑州，展开了一场旷日持久的激烈战斗。因为滑州是开封的北方门户，金兵要想占领开封，必须得拿下滑州。

虽然金军大兵压境，但坐镇东京留守司的宗泽指挥若定。他知道宋军的处境十分危险，可在宋军将领们面前，他的表现异常镇定。他对将领们说："大家不必惊慌，我军有岳飞、刘衍等将官领兵打仗，一定可以抵挡贼寇的入侵。"

宗泽不仅通晓兵法，而且善于临场指挥，作战有方。他先派一支部队从正面迎战金兵，吸引兵力，又派大将刘衍带领数千精锐将士绕到金军背后，以截断敌人的退路。果然，在金兵与宋军展开正面交战时，事先埋伏好的宋军在刘衍的带领下迅速出击，对金兵形成了前后夹击之势。金兵还没反应过来，就已经被打得溃败。

第三章
痛悼宗泽，难阻开封沦陷

金兵不甘心失败，没过多久，再次向滑州发起进攻。这时，宋军将领张㧑主动向宗泽请缨，率兵前去迎战敌寇。宗泽答应了张㧑的请求，并给他派了五千兵马，去迎击金兵。临行前，宗泽告诫张㧑，到达目的地后先不要轻率出战，要等待后面的增援大军到达后再出击。但张㧑没听宗泽的告诫，而是立功心切，率部刚刚到达滑州后就去与金兵交战。当时，与张㧑交战的金军骑兵有五万人马，相当于张㧑所部的十倍。面对强大的金兵，宋军许多将领都感觉敌众我寡，兵力相差悬殊，根本不是金军的对手，如若正面迎战，简直就是以卵击石，必败无疑，都劝说张㧑不要强攻，应该先躲避一下金军的锋芒，等候增援部队到来，然后再出战。但张㧑却说："避敌偷生，有何脸面去见宗泽大人？"于是，他亲自率军前去交战。遗憾的是，没打几个回合，张㧑就被金兵砍掉了脑袋，以身殉职。宗泽马上接到信使来报，说张㧑所部被金兵以十倍兵力所困，情况十分危急。宗泽为爱将殉职而痛心，随即又派遣王宣率五千骑兵前去增援，最终打败金兵，抢回了张㧑的尸首。

建炎二年（1128年）正月，岳飞奉宗泽之命，率部开始与金兵在滑州一带展开游击战。他接连在胙城县（今河南省延津县东北）、卫州汲县（今河南省卫辉市）西的黑龙潭、龙女庙侧的官桥等处打击金军，并屡屡获胜，还俘虏了一个女真千户，把他押送至东京留守司处置。

建炎二年四月以后，滑州一带天气逐渐炎热。宗泽认为，长期生活在北方的金军骑兵不耐酷暑，精神萎靡不振，这个时期正是歼灭金军的大好时机。于是，宗泽指派王彦的"八字军"移屯滑州。他和王彦、五马山的首领马扩等人共同制订了北伐的军事计划。计划决定，王彦等军自滑州渡黄河直取怀、卫、溶、相等州，马扩等军由大名府攻打沼州（今河北省邯郸市永年区东）、庆源府和真定府。宗泽所部乘势出击，逼迫金军连连撤退，把金兵赶出了滑州。

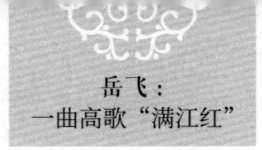

06 宗泽去世亲扶灵

建炎二年四月，宗泽所部一举将金军赶出滑州。为了进一步扩大战果，宗泽精心制订了"乘势渡河，收复失地"的作战方案。在这个方案中，宗泽提出六月份是宋军出师抗金的最佳时间。因为金军的主要兵力是骑兵，骑兵在宋金两军交战中占有明显的优势。而炎热的六月，正是金军骑兵难以发挥实力的大好时机。宗泽因此向高宗上疏，恳请皇帝从行都扬州起驾，迁回开封。

但是，惧怕金军、贪生怕死的高宗皇帝，根本无意返回东京，更无意北上抗金。面对宗泽的奏请，高宗根本不予理会。为了搪塞宗泽，高宗用升官提职的方式来安慰他，将宗泽任命为资政殿学士。其实，宗泽的好多奏疏，都没能真正地交到高宗的手里，而是被黄潜善等当权者扣留。见高宗没有回复，宗泽依旧不断上疏。从建炎元年七月起，到建炎二年六月止，宗泽共上奏章二十四封。

高宗感觉实在搪塞不过去了，就下诏给宗泽说："朕将还阙，恭谒宗庙。"但实际上，高宗并非真的要回銮开封府，完全是在用欺骗的手段安慰宗泽。

宗泽的奏章，内容除了力主还都开封之外，还涉及抗击金兵的一些军事布置和规划。他看到赵构在建炎二年正月解散勤王兵的诏令中，有"遂假勤王之名，公为聚寇之患"两句，就在第十四封奏章中写道："今河东河西不随顺番贼，虽强为剃头辫发，而自保山寨者不知其几千万人。诸处节义丈夫，不敢顾爱其身而自黥其面，争先救驾者，又不知几万数也。今陛下以勤王者为盗贼，则保山寨与自黥面者，岂不失其心耶？此语一出，

第三章
痛悼宗泽，难阻开封沦陷

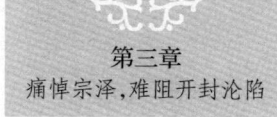

则自今而后，恐不复有肯为勤王者矣！"

在第二十封奏章中，宗泽向高宗报告了他部下的兵将都披肝沥胆，表示了"共济国事"的强烈愿望，称："拥有十多万战士的丁进，愿负担保卫开封的全部责任；拥有几万人的李成，愿意在迎接皇帝回銮之后即渡河剿绝敌寇；拥有近百万人的'没角牛'杨进，也要率众渡河，去把被俘虏的两个皇帝迎取回来。"

在第二十一封奏章中，宗泽又陈述道："京师城壁已增固矣，楼橹已修饰矣，龙濠已开浚矣，器械已足备矣，寨栅已罗列矣，战阵已阅习矣，人气已勇锐矣，汴河、蔡河、五丈河皆已通流、泛应纲运，陕西、京东、滑台、京洛北敌，皆已掩杀溃遁矣……但望陛下千乘万骑……归御九重，为四海九州作主耳。"奏章还说，如果还不趁此大好时机回銮开封，那就势必使两河山水寨的忠义之心涣散，亿万人民的敌忾之气消解，则天下危矣。

宗泽这些奏章的内容，特别是叙述其部队军容壮盛情况的部分，显然是有夸大成分的。他这样做的用意，当然是要借以激发高宗、黄潜善、汪伯彦等人的报仇雪耻的志气，不要再那样害怕金军，一意南逃。却不料结果适得其反，高宗、黄潜善、汪伯彦在最初还用准备回銮类的假话来敷衍他，到后来，干脆就不予理睬了。

宗泽一腔忠愤，忧国忧民的情怀无处释放，"驱逐金虏，在此一举"的渡河计划也化为泡影，他的身心受到严重的摧残，最后积愤成疾，背上生了毒疮，从此一病不起。

宗泽病倒后，岳飞经常到宗泽的病床前来探望他。宗泽强打精神，对岳飞充满感慨地说："我因为宋徽宗和宋钦宗二帝蒙受耻辱，被金兵所困却不能救二帝于水深火热之中，而积愤成疾，以至于病倒。你们如果能够消灭金兵，救出二帝，光复我大宋江山，我就是死也无憾了。"岳飞与一

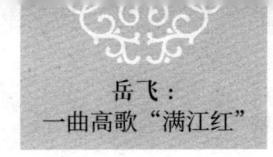

起前来探望的众将军听了，无不被宗泽的爱国思想所感动，情不自禁地流下了眼泪。众将军表示，一定要奋勇杀敌，把金兵赶出宋国，以此实现宗泽的夙愿。宗泽老泪纵横地叹息道："出师未捷身先死，长使英雄泪满襟。"

建炎二年七月初一，天气突变，风雨交加，一代抗金名将宗泽在弥留之际，对家人没有交代一句后事，只是用尽最后力气，连喊三声"过河！过河！过河！"便含愤辞世。人们知道，宗泽所喊的"过河"，就是打过黄河，抗击金军。

宗泽去世的消息传出后，整个开封城笼罩在一片悲伤中。从官府的官员，到军队的将士，再到平民百姓，无不伤心落泪。高宗得知宗泽去世的消息后，追授宗泽为观文殿学士、通议大夫，谥号忠简。

为了报答宗泽的栽培之恩，岳飞亲自扶灵到镇江，并为宗泽立了一块一点九米高的白云墓碑，墓碑上刻着"宋宗忠简公讳泽之墓"。岳飞还在茔旁花山湾云台寺，设立了宗忠简公功德院，以此来祠祀宗泽。

07 大破金军汜水关

宗泽去世后，接替他做开封留守的是杜充。杜充是一个脾气暴躁、性情苛酷、刚愎自用、喜欢厮杀的人。在他和宗泽之间，几乎找不出什么共同点来。宗泽威望高，号召力强，能把散在各地的各种武装力量都聚拢到开封，把他们组织、编练为抗击敌人、保卫国家的部队。相反，杜充既毫无忠勇气概，也缺乏处世谋略，到任之后让许多将士感到失望。

岳飞是开封留守司军队的将领之一，他自知不能因宗泽的去世而擅离职守。由于岳飞屡立战功，在杜充到任后，他依然是备受器重的一员将领。

建炎二年七月十五日，根据宗泽生前部署的作战计划，在保宁军承宣

第三章
痛悼宗泽，难阻开封沦陷

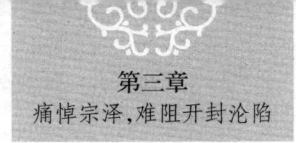

使主管侍卫步军司公事闾勍的统领下，岳飞率领毕进等部将进驻西京河南府（今河南省洛阳市），在此安营扎寨，一边抵御金兵的入侵，一边负责保护北宋的皇陵。

闾勍是宗泽生前重用的主要军事将领之一，他恪尽职守，始终追随宗泽，效忠朝廷。按照宗泽生前的北伐计划，要"命勍军河南，欲会合王彦、杨进等，以图河北"。然而，宗泽去世后，他的北伐计划随之夭折，闾勍也自然失去了北伐的机会。

建炎二年八月，金军再次南下到达汜水关（河南省荥阳市境内），目的是占领西京河南府。闾勍随即派岳飞率领精兵前去汜水关御敌。汜水关是西京河南府的前沿阵地，是河东金兵两次南下入侵宋国的必经之地。建炎元年冬，岳飞曾奉宗泽之令在汜水关与金兵展开过决战，大获全胜，并因此得到了宗泽的嘉奖。

岳飞领命后，率领宋军再次来到汜水关，与金兵展开了激烈的交战。交战之中，岳飞一箭将金军中的一员大将射中，对方落马而亡。金兵见此情景，惊慌失措，吓得纷纷撤退。岳飞率部乘胜追击，杀入敌阵，在汜水关再一次大破金军。

不久，岳飞又奉闾勍之命屯兵汜水县东的竹芦渡，与金军交战。结果，岳飞率领的宋军出现了粮草供应不足的问题。岳飞感到，由于军中粮草将尽，与金军这样僵持下去，队伍就会不攻自破，必须寻找机会速战速决，及早打退敌人。岳飞便想出一个非常奇妙的破敌办法，以智取胜。他在队伍中精挑细选了三百名精兵，悄悄埋伏在前方不远处的山脚下，让每名士兵都准备两束柴草做火把。到深更半夜时，让士兵们从柴草两头一齐点燃火把。这样，每个人都点燃四处火点，一时之间，火光冲天，远远望去仿佛一千两百根火把在燃烧，酷似一千二百多名宋军将士前来助战。敌人看见熊熊燃烧的火把，果然以为宋军大队人马前来增援了，惊惶不安，便慌

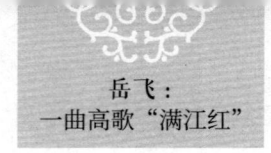

忙撤退。岳飞趁机率部追击金兵，再次大破金军。

据岳珂《鄂王行实编年》记载，岳飞因在竹芦渡之战立下大功，官升至武功郎，从而高于隶张所时任借补武经郎的官阶。

竹芦渡之战取得大胜后，闾勍又接到杜充的命令，要岳飞迅速率领部队返回开封。杜充点名岳飞返回开封，这实在让岳飞有些不知所措。

此时，杜充遵照高宗的指示，完全否定了宗泽生前北伐的一切既定计划，既中止了宗泽原定的北伐部署，又中断了对所有北方民间抗金武装的联系和支援。特别是在前沿军务方面，杜充对抗金事业的破坏力更是超乎想象的。可以说，南宋初期由宗泽等将领呕心沥血、苦战搏杀所取得的抗金成果，在杜充手里完全丧失殆尽，南宋朝廷大约五分之二的土地丧失在他的手里。宗泽招抚的开封城外数十万义军，原本都团结在宗泽周围，抗金报国，勠力同心，抵御金军的入侵。而宗泽死后，杜充不但不利用这些抗金力量，反而将这些义军视为敌人，逼其为盗。从此，开封一带的豪杰不被重用，聚集在城下的义军也就再次去充当了强盗，中原地区再也没有义军民众守御了。对此，后来的宋史学家们总结说："宗泽在，则盗可使为兵；杜充用，则兵皆为盗矣。"

由于杜充的滥用职权、玩忽职守，给黄河流域的百姓也带来了重大的灾难。

建炎二年冬，金国派完颜宗望入侵宋国，作为东路军直奔开封而来。杜充得知这一消息后，吓得失魂落魄，不敢派兵前去应战，惶恐之下，用了一个下策，下令让士兵扒开黄河的河堤，想用泄洪的办法逼迫金兵撤退，使黄河于十一月改道入淮。肆意泛滥的浊流并未对金军南下造成很大影响，却使得河南、山东、安徽、江苏一带被洪水淹死的百姓数不胜数，北宋时最为富饶繁华的两淮地区也因此丧失在杜充手中，毁于水灾，无数百姓到处逃荒要饭，沦为难民。

第三章
痛悼宗泽,难阻开封沦陷

08 违心出兵战张用

宗泽任职东京留守一职时,河北、河东自发屯聚的许多民兵营寨,都与宗泽有密切联系,都在期待宗泽统率大军渡过黄河,共同抗击金军,消灭侵略者。而杜充接任后,却不再和他们保持联系。杜充不但自己不做过河进取的打算,还把这些民兵营寨的存亡置之不顾,根本就不打算与他们互为声援。

建炎二年秋,当杜充得知金军再次南下并攻陷了澶、濮诸州的消息后,就以京东路百姓的生命财产为代价,决开黄河口子,使其泛滥成灾,以换取开封地区一时的苟安。

建炎三年(1129年)正月,岳飞奉杜充之命返回开封。杜充给他的任务,竟是"手足相残":去消灭张用等部的义军,除去他的心腹之患。

此时,宋军依然有几支部队留在开封。一是王善所部的后军,驻扎在开封城东的刘家寺;二是张用所部的中军,驻扎在开封城南的南御园。而这两支队伍,都是杜充异常担心的队伍。而驻扎在开封城西的岳飞、桑仲、马皋、李宝等将领率领的队伍,则被杜充认为是比较可靠的。

无奈之下,岳飞只好服从杜充的命令,率部去攻打张用。其实,张用、杜充与岳飞都是同乡。张用曾当过汤阴的"弓手",武艺高强,后来与曹成、李宏、马友绍等义军首领结为"义兄弟",拥有数万兵力。张用所部,是杜充所统辖的几支部队当中势力最强大的一支,同时也是最不听从杜充的调度指挥的一支。

杜充下决心排除异己,指派岳飞所部等城西的几支部队,急速到南薰

岳飞：一曲高歌"满江红"

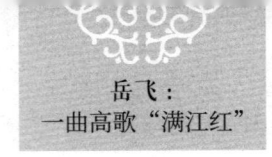

门外集结，对张用进行袭击，将其消灭。

杜充见岳飞答应了他的指令，便以同乡的身份假惺惺地拉住岳飞的手，以示亲近，并郑重嘱咐道："这次交战十分重要，事关全局，你一定要取胜。东京存亡，就在此一举了。"

岳飞知道张用等义军是宗泽招抚的抗金力量，如此内部自相残杀，无疑只会削弱抗金力量，令亲者痛、仇者快。但杜充的军令难违，只好含泪会同桑仲、马皋、李宝等屯驻开封西城外的诸将一同上阵，去攻击南城外的张用军队。

没想到张用提前得到情报，早已做好了迎战的准备，率部在南薰门摆好了阵势，同杜充所指挥的军队进行激烈的战斗。这时，王善的部队也从城东赶来，与张用的部队联合作战。张用与王善的联军，把杜充所领导的城西几支部队打得大败，绰号"赛关索"的宋军大将李宝，还被张用部队所俘虏。

而岳飞在两军交战之前，做了鼓舞士气的动员，他说："贼兵虽多，但人心不齐，队伍不整，不必畏惧。我为大家率先破敌，先灭掉敌军的气势。"说罢，岳飞就带领几名骑兵将领冲向敌阵。张用所部遭到岳飞的突然袭击，果然乱了阵脚，士兵吓得东躲西藏。这时，对方有一彪悍将领直奔岳飞而来，准备迎战。岳飞见此人前来，便策马冲到那人面前，举起大刀奋力朝那人劈去，那名敌将被一刀劈成两半，落地而亡。张用所部见此情景，都吓得胆战心惊，慌忙逃窜。岳飞所部将士迅速冲入敌阵，拼死作战，迫使对方败阵而去。

这次战斗，杜充所亲信的部队，仅有岳飞这一支取得了胜利，被杜充称为立了奇功。但队伍凯旋后，岳飞却流泪了，他是为这种毫无意义的"窝里斗"感到伤心和耻辱。

这次胜利，岳飞得到了杜充的赞赏，也因功升至正七品的武经大夫、

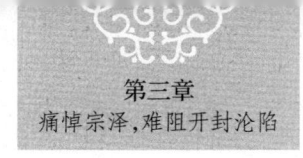

职诸司正使，比原来的武功郎高三阶。

不久，岳飞又奉命前往东明县（今河南省兰考县北）剿匪，活捉了杜叔五和孙海。他因此又被晋升为转武略大夫、借补英州刺史。

建炎三年二月间，因为王善围攻陈州（今河南省淮阳县），缺乏粮饷，便派手下兵士外出劫掠。杜充又命岳飞与从都统制陈淬合兵围剿王善。岳飞首先派偏将岳亨率领骑兵截断王善军的剽掠之路，缴获了他们抢来的粮饷和一些牛、驴等牲畜。王善军队不敢再出来骚扰百姓，士气也因此日益低落。同年二月二十一日，岳飞率军与王善军队在清河展开激烈的大战，岳飞获胜，还俘虏敌将孙胜、孙清等一大批将士。岳飞因此功升转武德大夫，授英州刺史。

建炎三年四至六月，岳飞与陈淬合力攻打王善军。六月二十，岳飞在开封府太康县（今河南省太康县）崔桥镇西，重创王善军。在这次战斗中，岳飞单骑深入敌阵，擒获敌将凯旋。王善所部屡战屡败，王善不得不率部四处流离，最后被逼投降了金军。

由于岳飞骁勇善战，不仅在内战中立下军功，也解除了杜充个人的困扰，深得杜充的重用。岳飞因有以往擅自脱离王彦的沉痛教训，尽管对杜充有着强烈不满，但为了实现精忠报国的宏伟志向，也只好在杜充手下委曲求全。

09 "苗刘之变"留祸患

建炎三年春夏期间，岳飞一直在奉杜充之命征讨王善、张用所率领的义军。而就在这段时间，南宋朝廷发生了一起震动天下的军事政变，史称"苗刘之变"，也称"苗刘兵变"或"明受之变"。

岳飞：
一曲高歌"满江红"

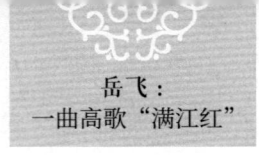

高宗在南京应天府即皇帝位并建立南宋小朝廷以来，一直对金国实行妥协求和政策，以图苟安一隅。

建炎三年二月，金军攻取扬州北面的泗州（今江苏省盱眙县境内），从而逼近了南宋朝廷的临时驻地扬州。

南宋朝廷立即派遣大将刘光世率军迎敌。可刘光世大军刚到达淮河时，就被金军打得大败，金军迅速攻陷了天长军（今安徽省天长市）。高宗得到消息后，立即带领御营司都统制王渊、参赞军事张浚、内侍康履等人和一些卫士，仓皇逃往镇江，甚至急得连宰相黄潜善、汪伯彦也没有通知。

扬州百姓得知皇帝、大臣们仓皇逃窜，也簇拥着加入了逃亡的人流。一路上，毫无秩序，混乱不堪，常常出现马踏人群的现象，死伤者不计其数。扬州陷落后被金军劫掠、烧杀一空。

高宗逃到镇江不久，又一路逃往常州、苏州、秀州，最后抵达临安（今浙江省杭州市）。

虽然造成逃难局面的责任主要在黄潜善、汪伯彦二人身上，但在御营司做都统制的王渊无疑起到了极其恶劣的作用。单就从扬州向江南逃难的事件来说，王渊是调度渡江船只的总负责人。他利用职权之便，抢先调用了近百艘船舶，在一个月前，就已经把他和大部分宦官的私财及眷属运往杭州。而到了金兵逼近扬州时，大宋朝廷的数万兵马及十多万百姓都拥挤在大江北岸，拼命争渡过江。此时，仅有极少的船只可供济渡之用，坠江而死者不计其数。

王渊来到临安后，临安的住户对王渊普遍产生了极大仇恨。建炎二年时，王渊曾到杭州镇压过一次军人哗变。那一次，王渊在哗变的军人已经屈服之后，却强行杀害了其中的一百四十多人。接着，王渊又以搜查赃物为名，把居住在临安的富商大户的家产狠狠地搜刮了一番。而这次王渊用近百艘船舶装运到临安的财物，大部分就是当年从临安劫掠去的那些财物。

第三章
痛悼宗泽，难阻开封沦陷

与王渊一丘之貉的还有宦官康履。康履等宦官在到达临安后，强占民宅，强夺财物，蛮横凶恶几乎达到了令人发指的程度，临安居民对他们的愤恨也达到了极点。

当时，南宋军队中的将士，绝大部分来自黄河流域各地区，大都有强烈的怀念家乡的情愫，一直信誓旦旦要打回老家去。但高宗所宠信倚靠的，却是王渊、康履这伙人。高宗跑到临安不久，对于负有严重贻误军机罪责的王渊不但不加惩处，反而将他提升为枢密院的副长官。高宗的这一任命，让痛恨王渊的临安官吏极为恼火，也让所有驻扎在临安的部队将士产生了怨恨。特别是护送皇帝亲眷到达临安的苗傅和刘正彦所部，其中的中下级将佐有些是生长在幽燕一带的人，有些则是生长在两河、中原一带的人。他们曾多次向高宗建议，如何部署反攻和收复河北的计策，而高宗一直置若罔闻。逃到临安之后，高宗依旧倒行逆施，他们对此感到忍无可忍。

建炎三年三月初五，苗傅、刘正彦所部因为对高宗的极度愤慨，发动了武装暴动。他们诛杀了王渊、康履和所有已经到达杭州的宦官，逼令高宗宣告退位，加以幽禁，把高宗的一个不满三岁的儿子赵旉立为皇帝，还请被宋哲宗废掉的孟皇后垂帘听政，并宣布从三月十一开始，将年号改为"明受"，因此称为"明受之变"。

这次政变过程中，苗傅、刘正彦杀掉了以王渊和康履为首的一大批宦官。但苗傅、刘正彦及所部中的将佐，既没有政治斗争和军事斗争的经验，也没有应付复杂局面的机智和才能。他们在发动政变后，仍只据守在临安城内，没有提出足以鼓舞人心的政治主张，也没有和临安地区以外的军事首领取得联系。于是，韩世忠、刘光世和张俊等一些实力比较雄厚的将官，在高阶文官张浚、吕颐浩等人的号召和联络下，先后举起讨伐苗傅、刘正彦的旗帜，很快攻下临安。

建炎三年四月初一，联军以孟太后的名义，宣布高宗复皇帝位，苗、刘政变以失败而告终。起事部队中的一部分将吏被擒获杀害，苗、刘二人也最终被韩世忠所部捉获斩杀。

这次军事政变，导致了高宗的一度下野，对于南宋初年的政治以及高宗本人产生了巨大的影响。从此，高宗惧怕大将拥兵自重、干预朝廷，甚至十三年后，心头的阴影仍然挥之不去，因为疑忌而冤杀岳飞。

10 建言杜充守开封

当岳飞剿灭张用、王善等义军队伍返回开封时，杜充早已打定了逃避战乱的主意，做好了放弃开封、率领东京留守司大军向南撤离的准备。

得知杜充做好了撤离开封的准备，岳飞立即建言说："中原之地是我大宋江山祖传基业，寸草寸土不可丢弃。更何况，我朝宗庙、社稷都在东京，皇家陵寝都在河南，因此，固守开封府一带意义重大，绝非他地可比。留守你目前手握大军，在朝廷负有重望，如果连你也不守开封了，那将开封府托付给何人守御呢？今天，留守一旦率部离开，此地立刻就会沦陷于金兵之手，他日若想再夺回来，非得数十万大军战死疆场不可。其间的利害攸关，不是一番言语所能说得明白的。岳飞斗胆，恳望留守再考虑一下。"

此时，尽管杜充有着滥杀无辜、杀人成性、冷酷残暴的秉性，对岳飞的直言进谏也非常反感，但岳飞是东京留守司最负盛名的一员勇将，可谓是中流砥柱。同时，岳飞还是杜充的同乡，乡里乡亲的，杜充不能不倚重岳飞。因此，杜充还是容忍了岳飞，对他的直言进谏不予追究。

岳飞的意见虽然很正确，但杜充早已是鬼迷心窍，一心一意地盘算着尽早率军逃跑，以更好地保存实力。杜充对岳飞等抗金将领的合理化建议置若罔闻，不予理睬。他看准时机，秘密带领自己的一干人马放弃开封，

第三章
痛悼宗泽，难阻开封沦陷

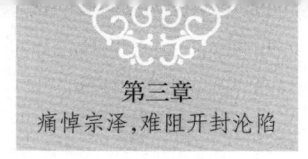

快速向南撤离。

在撤离之前，杜充用了一个金蝉脱壳之计，为自己的撤离开脱。他知道，放弃开封，就等于不听高宗的指挥，是违抗皇命之举，说不定会引来杀身之祸。于是，杜充就找到东京留守司的副留守郭仲荀，跟他讲了许多保家卫国的大道理，让他全权守卫开封。这样，如果朝廷追问下来，他就可以说已经指派副留守郭仲荀镇守开封，以此来为自己开脱。

不久，老奸巨猾的郭仲荀如法炮制，命令留守判官程昌寓接替他防务开封，他带领自己所部及所有家眷逃往南方了。而程昌寓也一样是心猿意马，无心留守开封，将守城责任推给了上官悟，他自己也同样是逃之夭夭。

结果，一个好端端的北宋都城，在一个又一个贪生怕死的官员手中易来易去，金军未到，开封守城的宋朝军队就在守城官员的率领之下，已经南撤得差不多了，整个开封，几乎处于无人防守的状态。这样的一座城市，一旦金军来袭，根本没有抵抗之力，城池陷落，也必然是早晚的问题。

杜充弃守开封的消息很快传到了南宋朝廷，高宗虽然感到震惊，但却无可奈何，只能是听之任之，索性来个就坡下驴，命杜充兼任宣抚处置副使，节制淮南、京东、西路及应天、大名府，许其便宜行事，委任他主持大江以北的防务，提重兵防淮。高宗希望杜充能够以大局为重，不要再向南撤离。但杜充毫无真心防淮之意，不多久，就带领大军越过淮河，径直撤退到了建康府（今江苏省南京市）。

开封作为宋朝的国都，是中原正统地位的象征，坚守开封，将产生凝聚人心、增强高宗新政权威望的重要作用。急于消灭南宋政权的金朝甚至认为，高宗的政权能得以延续，主要依靠的是开封和洛阳的百姓。因此，金军一开始就将开封视为主要攻取目标。也正是如此，南宋朝廷对留守开封非常重视。宗泽去世后，南宋朝廷马上派杜充接任宗泽驻守开封。如果杜充能像宗泽那样恪尽职守，运筹帷幄，众志成城，同仇敌忾，金军想逾

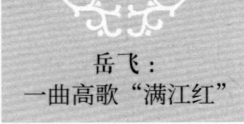

越这一屏障南侵,绝非易事。但是,南宋朝廷看走了眼、用错了人,杜充竟然拿国防大事当儿戏,不可思议地弃守开封。

　　杜充弃守开封后,直接导致了金军肆无忌惮的南侵,给中原富饶之地造成了强烈破坏。金军所到之处,特别是对他们无法占领的地区,一律杀光、烧光和抢光,给江南人民的生命财产带来了毁灭性的灾难。像在克复建康府的战役中,由于岳飞所部的勇猛进攻,金军不得不撤离建康城。金军撤离时,除了劫掠财物、驱掳居民北归为奴外,还施行了残酷的屠戮,并一把火点燃了建康城,以至于后来宋人收拾遗弃的残骸尸骨竟达七八万具,使这座拥有二十万常住居民的繁华城市面目全非。金军入侵江南,并非建康城一地遭此劫难,明州(今浙江省宁波市)、临安府、平江府(今江苏省苏州市)等地都被金军屠城,当时长江三角洲这一域最富饶的谷仓遭受洗劫,这不能不说是弃守开封所带来的严重后果。

第四章

宜兴修整，锻造抗金主力

岳飞：
一曲高歌"满江红"

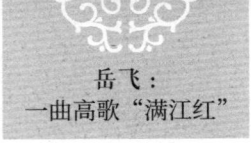

01 耻辱进驻建康府

岳飞作为杜充的部将，在杜充弃守开封后与其一步一步地向南撤退。建炎三年七月，岳飞所部在撤退途中，与义军张用所部在铁路步一带遭遇。岳飞一马当先，击败张用义军，确保杜充大军顺利渡过波澜壮阔的长江，进驻建康府。

高宗平息"苗刘之变"、重新登上帝位后，朝野上下要求把行都设在建康府的呼声越来越高。为了顺应民意，高宗迫不得已从临安北进至建康，还假惺惺地做出要把行都设在建康府的姿态。

而此时，跟随高宗一起北进至建康府的那些高阶文武官员，几乎都是贪生怕死之辈。这些文武官员都非常担心金国还会出动兵马渡过长江，大举南侵，他们因此都极力劝说高宗不要把建康府作为行都，更不能再考虑返回京城开封。

这些完全丧失斗志的文武官员的建议，正合高宗的心意。为避免重演二月初从扬州逃跑时的惨剧，高宗在抵达建康府后，就派遣官员和兵马，将孟太后护送到江西境内去避难。同时，他还以大宋皇帝的名义，接二连三地写信给金国的皇帝完颜晟和最有实权的军事首脑完颜宗翰，屈辱地表示要主动取消国号、帝号，向金朝无条件投降，甘作金朝的藩属，苦苦哀求金国君臣能使他如愿以偿。

高宗在写给完颜宗翰的一封乞降书中，甚至写下了这样的话："古之有国家而迫于危亡者，不过守与奔而已。今大国之征小邦，譬孟贲之搏僬侥耳……若偏师一来则束手听命而已，守奚为哉……建炎三年之间，无虑

第四章
宜兴修整，锻造抗金主力

三徙，今越在荆蛮之域矣。所行益穷，所投日狭，天网恢恢，将安之耶！是以守则无人，以奔则无地……此所以朝夕愿愿然惟冀阁下之见哀而赦己也……前者连奉书，愿削去旧号……是天地之间皆大金之国，而无有二上，亦何必以劳师远涉然后为快哉！"

显然，高宗已经让金兵吓破了胆，自行去掉了皇帝的尊号，改用康王的名义向金军统帅完颜宗翰乞降，说自己一年之内，三次迁徙避难，"以守则无人，以奔则无地""惟冀阁下之见哀而赦己"，低声下气地哀求金军不再进逼。

高宗的乞降，非但没有打消金国的南侵念头，反而更助长了金军南侵的嚣张气焰。建炎三年秋，就在高宗接二连三地向金国乞降时，金军又出动了兵马，以四皇子完颜宗弼为统帅，再次大举南侵。

面对金军咄咄逼人的态势，高宗紧急与将相大臣商讨对策，决定采取只守江而不守淮的策略。于是，杜充以执政大臣的头衔去做建康行宫的留守，除带领陈淬、郭仲荀、岳飞、戚方等原来所部兵将而外，王躞的部队也拨给杜充直接指挥。同时，把刘光世的部队布置在从太平州（今安徽省当涂县）到江州（今江西省九江市）一线，把韩世忠的部队布置在镇江。这些军队，都归杜充节制，总人数有十多万人。实际上，这等于把防守长江下游的全部重任，都交给了已经撤退到建康府的杜充。

而此时，高宗又带领一批高阶文武官员离开了建康府，悄悄地返回了临安府。

岳飞与杜充一起进驻建康府后，有个同乡来到建康府，哭着告诉他说故乡汤阴已经沦陷了，处于金军的铁蹄之下。这位同乡还转达了岳飞的母亲对儿子的嘱托，姚氏说："你若见到我儿子就传个话，让他专心为拯救国家危亡而追随南宋朝廷，不要惦念我这个老母亲。"

得知母亲和家人都身陷敌境，岳飞忧心如焚，坐卧不安，食不甘味。

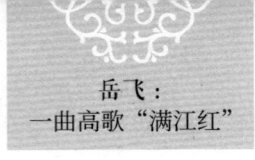

尤其是自己的母亲不顾虑自己的安危，激励他追随朝廷，为国尽忠，让他备受感动，也更加为母亲担忧。于是，岳飞就派人潜入汤阴，前后经过十八次的秘密往返，才将母亲姚氏、妻子李娃及两个儿子接到自己在建康府的军营之中，一家人得以团聚。

02 力谏杜充固江防

高宗和将相大臣在从建康府返回临安前，已经做出了只守江而不守淮的决定，而且把统兵布防的任务交给了贪生怕死的杜充，希望杜充能够阻击金军的攻势。但杜充根本不执行高宗的诏令，径直率兵逃到了江南。朝廷不但不追究杜充的擅离职守，杜充的官职不降反升，被任命为同知枢密院事，官至执政大臣。

高宗和朝廷重用杜充，完全是识人不明，用人不当。宰相吕颐浩、大臣张浚等，都曾误认为杜充很有才干，并不真正地了解杜充的平庸与乖张，以至于南宋朝廷丧失了约五分之二的土地，这都是在杜充主持前沿军务之时。在杜充擅自弃守开封，率重兵南逃时，高宗又刚经历了"苗刘之变"，根本无力过问杜充，况且金兵进袭，朝廷又在用人之际，因他手握重兵，提拔杜充守淮也可以说是无奈之举。不料，杜充根本不守淮，径自退到江南。南宋朝廷只好再求其次，让他率兵主持长江防线，抵抗金兵。

可是，自视甚高的杜充仍不满足，推托说自己中风了，告了病假，推迟赴任。高宗明白杜充的心思，知道他还不满足，就破格提拔他为右丞相。这一任命，终于让杜充满意，朝廷的任命书刚下来，杜充就赴任了右丞相一职。接着，朝廷又宣布杜充兼江淮宣抚使，领行营之众十几万人据守建康。高宗则与左相吕颐浩等向南撤往临安。

第四章
宜兴修整，锻造抗金主力

杜充担任右丞相，又兼任江、淮宣抚使，全权负责江防。韩世忠、刘光世是"苗刘之变"时救驾的大功臣，位尊望重。他们知道杜充是一个贪生怕死之人，严酷但毫无谋略，心里都不服从他的节制。高宗得知这一情况后，当面虽然申斥了刘光世和韩世忠几句，但内心却依从了他们。这两个人所部并不真正归杜充指挥。无奈之下，杜充只好调集了王燮所部等几路兵马，连同自己所部开封留守司的约六万兵马，部署在沿江防线上。

自古以来，长江都被兵家视为天堑，江面宽广，波浪汹涌，非常利于水战破敌。建炎元年，宰相李纲就向朝廷提出建设一支强大水军的计划，可惜未被落实。杜充命邵青、郭吉为水军统制，二人率领为数不多的一支水军，布防在江面上。

杜充虽然受到朝廷的重用，却性情暴躁，怯懦无谋。平日里，他深居简出，只知道筵宴享乐，根本不去部署军事，许多部将都见不到他的面。而他的苛刻冷酷与残暴，却是一天更甚一天，他多次诛杀无辜将领，以此来震慑属下，搞得部属们人心惶惶，离心离德，军无斗志。

此时，岳飞由于得到杜充的器重，官职已经升到了江淮宣抚司右军统制。岳飞深知秋冬季节，正是金兵大举侵犯的时机，必须加紧做好军事防务，才能不负朝廷信任。但他感觉杜充有些心不在焉，不是全身心地谋划长江防务。于是，他以下属和同乡名义，向杜充谏言："金寇亡我之心不死，厉兵秣马，随时都有可能进犯。大敌近在淮南，虎视眈眈，睥睨长江。国家危亡，百姓祸福，实所难料，当此危急时刻，而大人却终日宴饮，不理兵事！万一敌人趁我懈怠，举兵突袭，就连大人都不整饬军备，注意江防，怎保诸将们会拼命死战呢？倘若诸将虚与委蛇，应付差事，建康府失守，大人还能在家里高枕无忧吗？到了那时，即使岳飞效忠朝廷，尽忠职守，孤军死战，也无补于国家的危亡了啊！"岳飞越说越慷慨激昂，甚至泪流满面，恳请杜充以朝廷社稷为重，尽心竭力措置江防军事。

> 岳飞：
> 一曲高歌"满江红"

宋军将士几乎都知道，杜充残暴嗜杀，经常以滥杀无辜立威。他深居简出，借此树立自己的淫威，掩饰自己的无能，故作高深莫测。《宋史·杜充传》记载：杜充就任宣抚使之初，大将张俊前往拜见并汇报工作，或许是事情紧急抑或张俊托大，总之是还没等杜充召见，张俊就径直闯入了府衙，杜充大怒，但碍于张俊是高宗的救驾功臣，而且是统军大将，就迁怒于张俊身边的随从，将他们予以处斩。杜充给张俊来个下马威，无非是借此在新部属御营军、御前军将士面前立威。从这件往事上来看，杜充的嗜杀是很残暴的。也正因此，诸将多次请求杜充安排军事部署，杜充置之不理，众人也都无可奈何。岳飞直言进谏，其实是冒了很大的风险的。

杜充对岳飞的恳切谏言并不在意，只是口是心非地应付说："你说的有些道理，我知道了，来日便去江边视察军情。"岳飞虽然提出了加强江防军事的建议，但杜充依旧是深居宅院，闭门不出。每一天，他都在宴饮取乐，全然不理江防事务。

03　痛击李成骑兵队

岳飞虽然是杜充的同乡，又是杜充的部下，但两个人的做人准则完全不同。岳飞精忠报国，力主抗金，冲锋陷阵，忧国忧民；杜充则贪图享受，贪生怕死，叛国投敌，祸国殃民。岳飞敢于担当，智勇兼备；杜充则荒唐庸碌，无勇无谋。其实，岳飞对杜充的庸碌乖张和残暴嗜杀一直都非常反感，尤其是他屡次建言杜充北伐抗金，都不被接受和采纳，心中一直气愤不已。但岳飞碍于曾在王彦手下擅自出兵险遭军法处斩的教训，不得不在杜充的手下表现出足够的忍耐力。正因为有岳飞等属下的骁勇善战，杜充才得以壮大自己的实力，并在宋朝廷重臣中占据重要的席位。

第四章
宜兴修整，锻造抗金主力

建炎三年十月，杜充得知盘踞在滁州的盗匪李成阴谋勾结金兵袭取淮南，心中为之一惊，赶紧派王燮率军去进攻李成，以及早消除后方隐患。

李成是河北东路雄州归信县（今河北省雄县）人，天生臂力惊人，能够力挽三百石的硬弓。他勇猛彪悍，杀人如麻，临阵厮杀之时，习惯使用双刀。在他的手里，双刀施展如飞，刀法非常精奇，堪称所向无敌。高宗在南京应天府称帝时，李成在雄州归信县做知县。他率领兵众及县中老小数万人，浩浩荡荡地投奔了高宗，为自己大造声势。但时隔不久，李成就听信了一个叫陶子思的相士的蛊惑，说他生来就有割据称帝的面相，他便飘飘然不知所以了，随即带领所部发动叛乱。但李成所率叛军很快被刘光世率领的朝廷大军打败，相士陶子思被杀，刘光世还缴获了李成双刀中的一把，并把这把刀献给了高宗。被刘光世打得大败的李成率领几千人马，流窜到山东淄州（今山东省淄博市淄川区），专事滋扰地方富绅，不再与金军作战。后来，南宋朝廷迁到扬州时，李成率部向淮水流域转移。

在得知李成脱离朝廷、不再抗击金军时，宗泽曾经派人去拉拢、劝降李成，让他改邪归正，归顺朝廷，以民族大义为重，共同抗金。李成对宗泽派去的官员表示，只要南宋朝廷迁回开封，他会在宗泽的指挥之下渡河抗金。建炎三年夏，李成攻入泗州后，表示愿意归顺朝廷。高宗很快做出姿态，立即任命李成为泗州知州。但随后不久，李成又率部攻占了滁州，并把滁州的州县官员全部杀害了，再一次与朝廷决裂。随后，李成不仅背叛了朝廷，还与金兵勾结进攻淮南。得知李成进攻淮南的消息，杜充随即派王燮率兵过江，到滁州去平定李成的叛乱。为了保险起见，杜充又派岳飞率部跟随在王燮所部后面，作为策应。

王燮接受杜充下达的进攻李成的命令后，在真州（今江苏省仪征市）的长芦镇整理队伍，将运载辎重的船舶停在镇上，将所载钱绢衣物等贵重物品储藏在长芦镇的崇福禅院里边，然后率军奔赴滁州。其实，王燮是一

岳飞：
一曲高歌"满江红"

个既骄奢淫逸又怯懦无比的人，当他率军行进到一个名叫瓦梁的地方时，就再也不敢前进了。王燮非常畏惧李成的勇猛，就找一个借口把军队在瓦梁驻扎下来，一连停留了三天。

李成听到王燮出兵的消息后，抢先派出五百名骑兵，抄近道直驱长芦镇，夺取了为王燮部队运送辎重的那些船舶，打劫了王燮崇福禅院中所储藏的部分钱绢衣物，还掳掠了崇福禅院的一些和尚和镇上的居民一百余人。当李成的匪军探知在他们来长芦镇的道路上出现了许多朝廷官兵时，生怕受到这些官兵的袭击，就急忙撤退。而此时，驻扎在瓦梁的王燮对长芦镇受到李成的打劫之事毫无所知。

李成派出的骑兵队伍所发现的官兵，正是跟随王燮所部后面作策应的岳飞所部。岳飞在宣化镇（今南京市江滨一带）渡江，渡江后就听到李成派遣的骑兵已直趋长芦镇的消息，立即向李成骑兵队伍前往长芦镇的道路进军，准备截击李成匪军。

当岳飞所部行进到一个名叫九里埝的地方，与刚刚从长芦镇撤退的李成的骑兵队伍相遇。于是，岳飞所部与李成匪军打了一场激烈的遭遇战，李成的五百名骑兵全部被岳飞歼灭，所打劫的钱绢衣物全部被缴获，被掳掠的人口也得以解放。岳飞所部打了一个漂亮仗，极大地打击了李成匪军的气势。

而就在岳飞获得大胜后，杜充却下令催促渡江的军队一律返回。于是，岳飞所部与迟迟不敢开赴滁州的王燮所部一起撤回到了建康府，攻打李成也就不了了之。

第四章
宜兴修整,锻造抗金主力

04 杜充降后独领军

建炎三年秋,再次南下进犯南宋的金军分别由完颜昌和完颜宗弼两员金国骁将统率,分作东西两路在江南一带与宋军作战。

金军西边的一路,由完颜昌、拔离速、耶律马五等统率;东边的一路,由完颜宗弼直接率领。而完颜宗弼所率领的东路军,是金军的主力部队。

建炎三年十一月上旬,由完颜宗弼所率领的东路金军,攻陷了和州(今安徽省和县),随后进攻太平州,准备在太平州的采石渡和慈湖一带渡江。而驻扎在镇江的韩世忠探知金军欲在采石渡渡江的消息,吓得把储集的物资装上海船,还一把火烧了镇江城垣,率领自己的人马坐船撤退到江阴。

就在金军攻入和州时,杜充率领的江淮宣抚司水军还在清剿李成匪军,而不是在大江以北做防御金军的部署。更不可思议的是,杜充为了报复长芦镇崇福禅院丢失钱绢衣物的过失,特地派遣了一名统制官率领三百名士兵前往真州,在拥有两千间房屋的崇福禅院,堆起二十四垛芦柴,然后点燃,把殿堂一般的崇福禅院烧成灰烬。

面对金兵的入侵,太平州的守臣郭伟毫不畏惧,亲自率领官兵奋力抵抗,并在三日内与金军进行了五次激烈的交战,取得了五战皆捷的骄人战绩。面对惨败,金军在无奈之下转往慈湖镇重新发起进攻。在慈湖镇,金军又被郭伟所部击败。

此时,杜充部下尚有六万大军,足可与金兵一战。但他并不用心谋划如何拒敌,也不具备抗金的才干。他把自己统率的军队布置在建康的内外,不但对大江北岸未做任何防御部署,而且对江南沿岸也未做防御部署,防

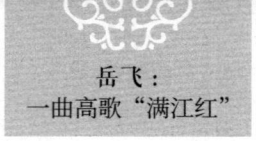

御力量极其薄弱，为金军留下了可乘之机。

被郭伟多次击败的金军转移到马家渡，金军将领万夫长大挞不野所部率先登岸，他击败了在岸上驻防阻击的数百名宋军。得知金军登岸的消息后，杜充急忙派遣都统制陈淬和岳飞、刘经、戚方、扈成等率领部众，去堵击金军。随后，杜充又派遣王𤫝所部一万三千人前往接应增援。

陈淬与王𤫝所部抵达马家渡时，金军大部队已经上岸。陈淬所部两万军士保留了宗泽统兵时的战斗作风，与金军展开了激烈的战斗。岳飞所率右军更是争先奋击，同金国万夫长王伯龙部对阵，双方激战十几个回合，各有胜负。

正在两军激烈交战时，负责接应的王𤫝却率部撤离，经徽州、信州逃往福建方向。王𤫝的临阵脱逃，直接影响到两军交战的胜负，使得前线上的宋军很快吃了败仗。陈淬虽兵穷势尽，但仍死战不退，壮烈殉国。岳飞率部死战，因将士饥饿，又孤军无援，只得整军退往建康城东北的钟山（今南京市紫金山）驻扎。第二天，岳飞率部再次出战金军，斩杀金军一千余人。但是，由于在大江南岸事先没做好周密的防御部署，岳飞单靠一己之力，根本阻击不了金军渡过长江。

马家渡的战报，很快被杜充接到，当他得知除了岳飞一军之外，各路宋军全被金兵击溃，都统制陈淬阵亡，大将王𤫝临阵脱逃，顿时大惊失色，慌忙收拾一些便于携带的金银及贵重物品，准备乘船逃命。就在杜充身边的官兵刚刚把城门打开时，建康府中的平民百姓蜂拥而至，把城门堵得水泄不通。

见城门被堵死，无法出城逃脱，杜充索性来了一个声东击西。他下令对所部诸军每人犒赏银十两，绢十匹，前往钟山下寨去抗击金军。而后，他率领三千亲兵夜间偷偷地渡过长江，逃到江北的真州，住在真州长芦寺。此时，真州守将向子怒劝杜充由通州、泰州一起去浙江和高宗会合，但杜

第四章
宜兴修整，锻造抗金主力

充不听。

完颜宗弼得知杜充逃往真州，立即让已降金军的杜充友人唐佐写信劝降，并派人告诉杜充说："若降，当封以中原，如张邦昌故事。"杜充本来就惧怕金兵，而今又得完颜宗弼许诺可以割据中原称王，就变节投降了金军。

高宗得知杜充投降金军，大失所望地说："看起来，要看透一个人真不是一件容易的事。朕将他从一个平头百姓一直提拔到了宰相位置，累次重用，还破格超升，恩遇可谓天高地厚，古今罕有，可到头来却偏偏叛国投敌。"为此，高宗几天吃不下饭食，并下诏削去杜充爵位，将其子杜嵩、杜岩、杜岷，女婿韩汝流放到广州。

到杜充为止，岳飞自投军报国以来，已先后跟随过九个直属上司，他们是刘韐、刘浩、张俊、陈淬、张所、王彦、宗泽、闾勍、杜充。而杜充之后，岳飞开始了独立领军的军人生涯。

05 率部南下广德军

金军兵马于建炎三年十一月二十九日全部到达江南，集结在建康城下。这时，刚到任不久的建康知府陈邦光站在城楼上，看到金军铁骑往来如云，旌旗器杖满郊遍野，早已被吓得胆战心惊。还没等金军前来攻城，他就写好了投降书，派人送到了金军统帅完颜宗弼的面前，拱手把建康府送与金军。至此，宋军在长江下游的防线被金军节节攻破，土崩瓦解。

在这次战役中，岳飞从钟山南下阻击敌人，几乎是孤军转战。一路拼杀中，岳飞又得以与一同从战场上溃败下来的宋军统制官刘经、扈成相遇，两支人马得以合二为一，驻军在建康府句容县东南的茅山。

岳飞：
一曲高歌"满江红"

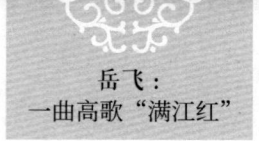

刚一安营，岳飞就得到了建康城陷落的消息，而这距离江淮宣抚使杜充投降金军仅仅过了十几天。岳飞只是轻轻地摇了摇头，似乎一切都在他的预料之中。

杜充在守卫建康府战役中的失败，是一次不可饶恕的战略失败，给南宋最富庶的江东、两浙带来了前所未有的深重劫难。这次失败，是战祸亦是人祸，失败的根源在高宗身上，是作为南宋皇帝的他自己种下的恶果。

其实，苟且偷生的高宗根本无意抗金，他不为大宋江山着想，更不为黎民百姓着想，只求偏安一隅。他离开建康后，将杭州升为临安府，因为他觉得那里离金国比较远，是个相对安全的地方。而当他和文武大臣回到临安府时，所面对的已经不是一个安定的地方。百姓时时为遭受金军的侵袭而担忧，还时不时地有谍报传来。谍报的内容都是有关金军怎么骁勇、宋军如何虚弱，金军节节胜利、宋军步步溃败等。

此时，杭州城内的百姓也形成了一股强大的舆论，直指高宗。百姓说，金军已开始在山东等地造舟楫、练水师，有从海道进窥江浙的危险。女真贵族正被一连串的军事胜利搞得头昏脑涨，忘乎所以，高宗先后写去的几封"乞哀书"只能助长他们的骄气和对于武力的迷信，认为这次只要渡江南犯，就可以再一次把赵宋政权颠覆，因而对于"乞哀书"中所哀恳的事，一直不予理睬，不作回复。

这些话，很快就传到了高宗的耳朵里，但高宗却装作听不见。在这样的危难之际，高宗又带领文武大臣，于建炎三年十月离开杭州，转往越州（今浙江省绍兴市）。高宗的心里，只想着"逃生"这两个字。

有一弊也会有一利。杜充失败投降，也宣告了岳飞的自由。也许，就是从那一刻起，一位伟大的抗金英雄呼之欲出。

一天，刘经和扈成主动找到岳飞，提出了一个建议，就是南下广德军，去寻找朝廷，为朝廷出力。两人的建议，正是岳飞所想的。面对溃散而去

第四章
宜兴修整，锻造抗金主力

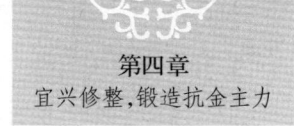

的宋军和措置失策的统帅杜充，他早已预见到杜充的败亡和建康城的沦陷在所难免，但作为军人，服从命令是天职。这次，他终于觉得自己有机会摆脱杜充，去为保卫国家领土和百姓安全施展自己本领。岳飞意识到，率部南下就有机会组织一支独立的抗金队伍。

但在刘经与扈成的话语之中，岳飞感到两个人的态度不一致，刘经是铿锵有力，满心愿意；而扈成却是面色难耐，口是心非。岳飞意识到扈成一定有什么难言之隐，就对扈成心存了几分防备。

当岳飞和刘经一起率领部队开始南下后，果然出现了意外又意料之中的事。此时，扈成已悄悄地率领自己的所部人马，赶往镇江府金坛县。而扈成的逃跑很快被刘经发觉，刘经当即向岳飞做了禀报，并强烈建议派将士追击扈成所部，生擒扈成以示军法，趁机收编扈成所部。但岳飞没有采纳刘经的建议，而是语重心长地说："扈成首鼠两端，根本无意效忠朝廷、抵御金兵，当此国家危亡之际，我等不宜内斗，人各有志，他既不愿意和我们南下广德军，就由他去吧！"

岳飞与刘经率领部队从建康府行军到广德军，一路上与金军进行了六次交战，每次交战都取得了胜利，斩杀金军一千两百多人，一举大振了军威。

06 困境之下拢军心

岳飞与刘经率部到达广德军后，经过多方打探，最终选择在钟村扎下营寨，期待朝廷尽早向队伍供给所需的粮草，使队伍得以维持正常生活，以便更好地蓄力抗金。没想到，为了弥补军粮不足问题，岳飞和刘经所部的一些士兵，发生了打劫富豪甚至骚扰百姓夺取粮食的事件。

两宋时代，无疑是中国历史上有名的军事虚弱时期，从北宋真宗朝至

岳飞：
一曲高歌"满江红"

南宋灭亡，前后共二百八十余年，宋军尽管数量众多，但却在对辽、夏、金及元朝的战争中频遭失败，其战斗力下降到了历朝历代前所未有的衰弱程度。主要问题还是出在军队本身。宋军在招募军士方面的问题最为严重。宋军所招募的对象经常是一些市井流氓、强盗。自北宋起，每逢灾荒年，政府就要从灾民、流民里面大量募兵，以消除民间暴动的隐患。这种做法的确在一定程度上减少了百姓起义暴动的危险，但从长远上看，也给军队的战斗力带来了巨大的隐患。由于朝廷不考虑已有的军队数量，无限制地募兵，导致军队数量激增，造成军费支出上的巨大黑洞。另一个重要原因，就是宋军在士兵训练和纪律管理方面存在严重问题。由于兵员来源就存在问题，加上平时不注重训练，缺乏纪律约束，到两军对阵的战场，军队缺乏战斗力的问题就明显暴露出来了。

南宋初年，随着金军入侵的逐步加剧，南宋军队几乎陷入了屡战屡败的怪圈，失散的部队往往要自己解决粮草问题。为了保存抗金力量，这些流散的部队不得不干一些打劫富豪的事，甚至有些人直接沦为草寇。

岳飞和刘经所率部队到达钟村后，全体将士的粮饷给养成为最大问题，因为朝廷方面出现了供给困难。但为了赢得民心，不再出现打劫富豪、骚扰百姓的事件，岳飞随即下令不许手下将士骚扰当地的乡村居民。

在这段困难时期执行这样的命令，让这支部队只能以缺衣少食、忍饥挨饿的方式艰难度日。这时，有关南宋朝廷和宋军方面的不利消息接踵而至，使得军心动荡，让广大将士感到抗击金军入侵、收复大宋失地的前景变得渺茫而暗淡。于是，一些将士无法忍受困境煎熬，竟然逃往一些盗匪军中做了贼寇。

此时，岳飞感觉到了前所未有的艰难复杂局势。他意识到，杜充落败叛降后，其手下数万将士大多沦为西北贼寇，一旦再发生溃散，许多将士都有可能叛逃。在此之前，大将戚方就曾率部逃亡做了强盗。

第四章
宜兴修整，锻造抗金主力

岳飞心中激荡着的"精忠报国"精神再次体现出来。他立即召集全军将士，情绪激昂地发表了动员演说。

岳飞说："我辈生长于大宋这片热土上，投身军旅，享受朝廷的俸禄，便当扬威沙场，抗敌破寇，精忠报国，建立功业，名垂青史。即使牺牲了，那也是为国捐躯，光荣不朽。倘若思想动摇，投降金国，或者溃散为盗，偷生苟活，身死名灭，那就是千古遗恨。我军曾经驻屯的建康城，乃是江左名都，繁华景胜，兵家必争的战略要冲之地。现在，我们必须树立信心，鼓舞士气，拼了性命也要把建康城从敌寇手里夺回来。倘若让金军长期侵占，那么，我大宋何以立国？我等必须挺身而出，血战敌寇，收复建康！自今日起，若有胆敢胡言乱语动摇军心者、惑动变乱者、擅离营伍者，一律杀无赦！"

岳飞的一番凛然正义、慷慨激昂的言辞，感动了在场的所有将士，几乎每个人都噙着泪花，握紧了手中的刀枪。

当岳飞率军驻扎在钟村并发表了坚决抗击金军的消息传到金军大营后，那些被金军强迫从军的汉族壮丁都被感动了。在他们的心目中，岳飞是个大英雄，是一个真正抗击金国侵略大宋的将军。只有这样的将军，才能率领大宋军队，打败金军，打回家乡去，收复大宋失地。在这种想法的激励下，这些金军士兵都想方设法甚至不怕一死地脱离金军，来钟村投奔岳飞。就这样，归附岳飞的金军士兵很快就有上万人。

07 进驻宜兴受欢迎

完颜宗弼率领的金军在马家渡一举击破宋军的江防后，迅速占领了建康府，但他依然不满足。他的目标，就是活捉宋高宗，实现灭亡南宋政权、

岳飞：一曲高歌"满江红"

吞并南宋江山的霸业。因此，他在攻取建康府后，稍作整顿，留下萧斡里和张真奴率领数千金兵负责镇守，于建炎三年十二月初，又亲统大军经广德军和湖州安吉县直扑临安府。

得知完颜宗弼统领金国大军继续来犯的消息，高宗等南宋君臣早已成为惊弓之鸟。高宗做出了带领着文武大臣转往明州的决定。此次逃亡明州，高宗似乎有充足的理由。此前，宰相吕颐浩在朝见高宗时曾建议说："金军以骑兵取胜，今銮舆一行，皇族百司，官吏兵卫，家小甚众，若陆行山险之路，粮运不给，必至生变。兼金人既渡浙江，必分遣轻骑追袭。今若车驾乘海舟以避敌，既登海舟之后，敌骑必不能袭我。江浙地热，敌亦不能久留。俟其退去，复还二浙。彼入我出，彼出我入，此正兵家之奇也。"

所以，高宗称自己与文武官员去明州，完全是采纳了宰相吕颐浩的建议。高宗到了明州后，就急忙派人去募集海船。但募集海船不是为了抵御金军，而是为了保护他自己。二十艘海船凑足后，高宗选取了最好的一艘作为自己的御舟，于十二月中旬在定海县（今浙江省镇海县）登上海船。其余的十九艘海船，所乘载的是宋朝的高阶文武官员和"百司禁卫"以及朝廷的一些文件用品等，守护在高宗那一艘御舟的周围。

建炎四年（1130年）初，岳飞所部军中再度出现了军粮匮乏问题。岳飞一边带领将士们偷袭金军，从敌军手里夺取粮食，一边动员包括自己在内的将军拿出自己家里的资财，为队伍买粮作为贴补，并积极倡导将领与普通士兵吃一样的饭食。在这种饥寒交迫的生活环境下，将士们仍然能在岳飞的感召下，非常刻苦地进行战斗训练，时刻准备着抗击金国侵略者。由于岳飞制定了严明的军纪，所部将士即使在忍饥挨饿的情况下，也不敢骚扰乡村居民，驻军之地的人民生活秩序保持如初。

为了更好地训练队伍、积蓄力量，时刻准备投入抗击金国侵略者的战斗中，岳飞一直希望能寻找到一个好的环境来驻军。

第四章
宜兴修整，锻造抗金主力

这时，队伍中有一个名叫李寅的军士向岳飞献计说："宜兴县太湖边上有一个张渚镇，是一个少有的富裕之地。那里三面濒临太湖，只有一条陆路与外面相通，而且是一条极狭窄的道路，既适合居住，又适合训练，更便于部队的管理，只需派一名小将官把守住路口，士兵便无法出来。"

隔日，常州的一个叫赵九龄的属官，受常州知州周杞的委派来到广德军，劝说岳飞移军常州城中，并承诺岳飞在移军到常州后，军队粮饷可由州府供应。赵九龄就是当年高宗在应天府登基之初，那个曾经把岳飞推荐给张所的人。在李纲被罢免之后，他来到广德常州周杞的手下做了一员属官。

岳飞觉得两个地方都非常合适。但考虑常州方面是知州周杞发来的邀请，经过一番考量，岳飞决定移军常州城，帮助常驻知州周杞固守常州。他觉得，在常州驻守，更有利于对南下入侵的金军在北归之时予以截击。

但就在队伍动身之前，却突然传来了常州已被金军攻破的消息，岳飞移军常州的计划化为泡影。

这时，宜兴知县钱谌等人得到了岳飞去不成常州的消息，特地写信给岳飞，强烈邀请他率领大军到宜兴县境去驻军，保护当地乡村居民的平安。同时，钱谌还表示，宜兴县的存粮足够一万军人吃十年。正因为宜兴是江南的一个富裕之地，在金军入侵、世道兵荒马乱的特殊时期，被侵犯之忧及被劫掠之患越来越凸显，亟须有一支强大的军队来保护当地百姓生命财产的安全。

岳飞看到钱谌等人的邀请，高兴极了。建炎四年二月，岳飞带领大军进驻宜兴县，屯兵于县城西南的张渚镇。

岳飞进驻宜兴县后，受到宜兴知县钱谌等人的热烈欢迎。因为他们早就知道岳飞精忠报国的英雄本色，深知岳飞的到来就可以保一方百姓平安。宜兴县境的乡村居民都知道钱谌爱民如子，看到岳飞等人受到钱谌等人的

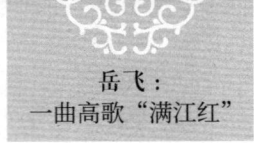

欢迎，也自然安下心来。几日过去，乡村居民看到岳飞所率领的这支队伍纪律严明，一心操练军事，从来不骚扰民众，都是满心欢喜。于是，当地百姓与岳飞所部的关系越来越密切。

08 平定盗匪保平安

不久，岳飞发现宜兴县境存在的最为突出的问题，就是土寇盗匪众多且肆虐横行，经常残害百姓，随意烧杀抢掠，弄得人心惶惶。岳飞感到，自己作为一名军人，保护一方百姓安全是不可推卸的责任。于是，他迅速率领自己的部队投入剿匪的斗争之中。

当时，横行在宜兴县境的土寇盗匪共有四支，分别由郭吉、马皋、林聚和张威武等四个头目所率领。

这四支队伍中，盗匪郭吉所部最为强大。郭吉的一支水军一直驻扎在宜兴县的太湖岸边。这支水军也曾是宋朝的军队，但在建康战役中被金军打败后，溃散逃窜到这里落草为寇。宋朝的士兵普遍缺乏国家军队意识，总认为自己是哪一个将领的兵，缺乏大局观念。一旦战争落败与将领离散，便不知所措，认为自己已经成为一个无业游民，而不再是一名宋朝军人。这就造成了许多战败的军人落草为寇，走到了朝廷的对立面。郭吉就是一个这样的军人。

郭吉与岳飞一样，原来都是杜充的部下，与岳飞应该是战友关系，是江淮宣抚司水军统制之一。当初，金军在马家渡渡江时，杜充命水军统制邵青、郭吉沿江阻击敌寇。结果，邵青力战金军以身殉国。而郭吉却率领自己的水军潜逃了，后来在宜兴一带驻扎下来，开始了盗匪生涯。当他听说岳飞所部来宜兴驻扎后，知道自己不是他的对手，此地不可久留，就收

第四章
宜兴修整，锻造抗金主力

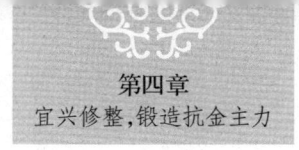

集了许多民船，满载随军的老小，急忙开往太湖深处，将张渚镇让给了岳飞。

第二支盗匪的首领是马皋，也是杜充手下的一员战将。杜充帐下的部将有这么多人后来成为盗匪，既是当时军队建设的一系列弊端造成的，也是杜充的带兵作风与日常调教造成的。建炎三年正月间，马皋还曾经跟随岳飞在开封城南薰门外大战张用和王善。在保卫建康城一战中，马皋被完颜宗弼所率金军一举击溃，从而流落到了宜兴成为土匪头目，不但不保护百姓，还带头劫掠百姓。

另外两支土匪的首领，一个叫林聚，另一个叫张威武，都是当地的流寇，实力虽然不算强大，但各自也有几千人马。

其实，早在郭吉逃跑之时，岳飞曾以大宋军人、杜充手下的身份派人送信给郭吉，约他重振精神共同抗金，合力消灭侵略者，但郭吉不听劝阻，依然我行我素地落草为寇。这次郭吉虽然把自己占据的地盘让给了岳飞，但岳飞并不领情，知道郭吉还会到另一个地方去祸害百姓，就命令自己的两员勇将王贵和傅庆统领两千人马，去太湖里寻找讨伐郭吉。很快，王贵和傅庆就打败了郭吉，并俘获了郭吉所有部下和一支拥有一百余艘舟船的水军。同时，刚刚投奔郭吉的勇将庞荣也借机归顺岳飞。庞荣原是扈成手下的统领，因不满于扈成的专横而怒杀了扈成。

剿灭郭吉后，岳飞乘势而上，一举劝降了马皋和林聚，收编了他们的队伍，从而平定了郭吉、马皋、林聚三支盗匪。之后，岳飞又将清剿目光集中在了张威武的身上。

张威武自恃勇武，岳飞多次派人劝降也不见回音，妄图负隅顽抗。岳飞并不急于求成，而是摆出了对其放纵的姿态，让张威武放松警惕。过了一段时间，岳飞感觉时机成熟，某天突然单骑闯进他的大营之中，趁张威武毫无防备之际一举将他斩杀，并收编了他的全部人马。

就这样，岳飞进驻宜兴县境不久，就征讨平定了四支匪寇队伍，让宜

岳飞：一曲高歌"满江红"

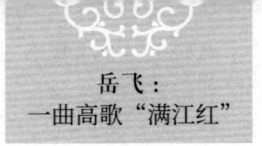

兴县境成了江南动荡局势下的一处平安乐土。此时，长期遭受土寇盗匪轮番骚扰的邻县居民，也纷纷扶老携幼而来，把宜兴当成了临时避难之所，享受少有的安宁。看到岳飞为宜兴县境创造了太平的生活环境，百姓的心里充满了无限的感激，纷纷表示说："父母生我也易，公之保我也难。"于是，百姓就在古老的周将军庙内，增修了一栋房子，把精心雕刻的岳飞石像陈设在里边，像敬神一般地供奉着。（周将军就是东晋时期的周处将军，宜兴人，曾任新平太守、广汉太守、御史中丞。）

岳飞在宜兴的亲民表现，只是他展示将军风度的一个开始。

第五章

听命朝廷,泰州险些失守

岳飞：
一曲高歌"满江红"

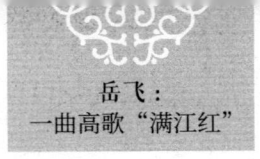

01　夺回常州振军威

　　建炎三年十二月初，完颜宗弼率领金军精锐部队，以势如破竹之势迅速攻占了南宋朝廷的行都临安。令人难以想象的是，南宋的城防竟然形同虚设，兵败如山倒，让入侵的金军如履平川，丢尽了高宗皇帝以及满朝文武大臣的脸面。

　　紧接着，完颜宗弼又点将斜卯阿里和乌延蒲卢浑，带领四千精锐骑兵，组成一支具有强大冲击力的先头部队，直取明州，乘胜追击宋高宗，以图及早擒拿高宗，迅速灭亡南宋。

　　此时，已届不惑之年的宋将张俊，奉高宗之命留守明州。张俊是北宋至南宋时期的一位实力派将领，有勇有谋。在金兵来袭之前，张俊就在明州通往内陆的咽喉要道布下防御，阻击金军。当斜卯阿里和乌延蒲卢浑所部骑兵攻来时，张俊的守军打了敌人一个立足未稳，一举挫败了来势汹汹的金军。

　　而后，张俊在与明州官员商量下一步的应对办法时，预料金军必定会加以反扑，担心自己的队伍不是金军的对手，就急忙率领守军和官吏迅速撤离了明州。为延缓金军追赶的速度，撤离时，官军还将城外的一座浮桥破坏。这一拆桥之举，导致明州城内的百姓在金军攻下城池时，无法出城逃难，结果被金军屠杀殆尽，惨不忍睹。

　　金军占领明州时，高宗暗自庆幸自己从建康、临安、明州这么一路跑来，才避免重蹈徽宗、钦宗被掳蒙羞的覆辙。此时，高宗乘坐海船，正漂泊在台州到温州的近海中。到建炎四年四月，金军撤离江浙地区北归时，高宗

第五章
听命朝廷,泰州险些失守

才敢弃船登陆越州,后来又重返临安。

当擒获宋高宗的计划宣告破产后,完颜宗弼根据对金军所处形势的预判,迅速做出了撤兵北归的决定。此时,完颜宗弼无疑已经预感到了来自南宋军民的强大战斗力。

完颜宗弼统率大军入侵南宋,金军在江南一带劫掠了金银财宝、绫罗绸缎、瓷器茶叶等大量的贵重物品。这些贵重财物,在陆路上拖运很不方便,完颜宗弼就只好采取陆路行进与绕道大运河水路行进相结合的方式来拖运。这样,金军就必须水陆并进,经秀州(今浙江省嘉兴市)、平江、常州,集中在镇江府渡过长江,北还上京会宁府。

在入侵江南的过程中,金军每攻下一城都在疯狂劫掠财物,同时实施灭绝人性的大肆烧杀。临安城内的大火几乎烧了三天三夜,几天时间繁华一时的都市化为了一片焦土。明州城里的百姓基本被杀光了,房屋楼阁全部化为灰烬。平江府内,金军烧起的大火绵延百余里,硝烟弥漫了五天五夜。一时间,号称人间天堂的秀美江南变成了断瓦残垣、横尸遍野之地。

金军的暴行,激起了南宋军队诸多将士的极度愤慨,岳飞、韩世忠等南宋将领开始在金军撤退北归之时,集中精锐兵力全力截击敌人。

建炎四年三月,金军的一支部队在撤出平江后,直扑常州。常州知州周杞探知敌情后,急忙派属官赵九龄专程赴宜兴县,邀请岳飞前来救援守卫常州。岳飞当即决定出兵相助,痛击来犯金军。周杞和赵九龄二人都是有恩于岳飞的人,岳飞出手增援责无旁贷。

岳飞进行了一番谋划后,确定了击敌方案。但常州知州周杞不懂军事,且没有足够的信心坚守常州城,还没等岳飞发兵常州,就紧随赵九龄之后放弃了常州城,带领数万军民逃往宜兴,让岳飞拟订的作战计划没能得以实施。

常州陷落后,岳飞与周杞、赵九龄等人又重新进行了一番精细的谋划,

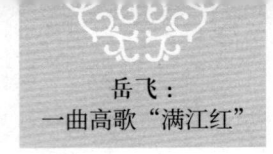

形成一套新的作战方案。他们知道攻打常州的金军队伍虽然强大,但整个队伍已身心疲惫,归心似箭,无心恋战,完全是狐假虎威。于是,岳飞就率领平时训练有素的将士直奔常州城。

岳飞一声令下,将士们在震耳欲聋的呐喊声中奋勇杀入常州城。旅途劳顿、毫无斗志的金军根本不是岳飞大军的对手,只是稍加抵抗,就被杀得落花流水,兵败如山倒。岳飞手下的将士个个生龙活虎,眼睛都杀红了。将士们势如破竹,一举夺回了常州。

岳飞大军又一鼓作气,追杀金军,连战连捷,让无数的金国士兵葬身于江河之中,一直将金军追杀到镇江府的东部,并活捉了女真万夫长主少孛堇等十一人。

夺回常州一战,不仅让岳飞大军名声大振,也成为金宋战争的一个转折点。

02 强势攻占清水亭

岳飞率部一举夺回常州后,却传来了盗匪戚方趁机占领广德军的消息。广德军是岳飞大军的根据地,戚方这一恶劣行径是岳飞绝对不能容忍的。岳飞认为,戚方在抵御外敌侵略的关键时期,不去为拯救国家和民族的危亡出力,而是见利忘义,助纣为虐,是百姓之祸害、国家之败类,理当千刀万剐。

于是,岳飞从常州果断回师宜兴县讨伐戚方,以稳固大军的驻扎地张渚镇。他迅速带领一千多精锐骑兵,直接奔赴广德军。在途经广德军的金沙寺休息时,他禁不住激情满怀,感慨万千,提笔写下了一篇题记:

第五章
听命朝廷，泰州险些失守

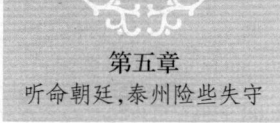

余驻大兵宜兴，沿干王事过此。陪僧僚，谒金仙，徘徊暂憩。遂拥铁骑千余，长驱而往。然俟立奇功，殄丑虏，复三关，迎二圣，使宋朝再振，中国安强。他时过此，得勒金石，不胜快哉！

戚方得知岳飞来讨伐他，吓得赶紧向宣州（今安徽省宣城市宣州区）方向逃窜，岳飞班师返回了在宜兴张渚镇的大本营。

建炎四年三月，完颜宗弼所率领的近十万金军以及各种满载贵重财物的车辆及船只，陆续抵达镇江，准备渡过大江北归。

韩世忠得知金军在镇江一带集结的消息，便带领所部八千兵马，改制水军，分别登上各自的战舰，对完颜宗弼所部金军发起强有力的阻击。由于金兵不习水战，而且使用的又都是小船，根本不是韩世忠的敌手，在金山一带江面上屡次战败，在江面上寸步难行，根本无法过江。

完颜宗弼眼看水战难以实现过江的目标，就干脆亲自来到船头，恳求韩世忠让开水路，放金军过江。但韩世忠霸气地回答道："过江可以，但必须放回徽、钦二帝，归还宋朝的故土。"完颜宗弼心知这样的条件不可能接受，就率军退到了黄天荡，企图开掘一条河道入江。结果，又遭到了韩世忠的拦截，金军被围困在黄天荡内四十八天，吃尽了苦头。后来，完颜宗弼成功收买当地的奸细，这才另外掘通河道，船只经秦淮河得以驶进建康城西的江面。

韩世忠又迅速溯江赶来，对金军加以攻击。完颜宗弼发现韩世忠所部的大型战舰上，装载了大量的马匹、粮食、辎重等战备物资，船体庞大而且沉重，全靠风力行进，在无风之际便难以行驶。于是，他当即命所部大军派出许多小船，向宋军战舰施放火箭进行攻击。

完颜宗弼使的这一招果然奏效。韩世忠所部的战舰被火箭射中，顿时燃烧起来，损失非常大。由于韩世忠孤军奋战，没有其他援助，只能眼睁睁地看着金军夺路逃往建康府。

高宗及南宋朝廷结束海上的游荡后,来到了越州,并将此地作为了临时都城。此时,高宗又得知屯据建康府的金军正在构筑城堡、大造战船,随时都有可能南下进犯,便寝食难安。于是,他不得不下令任命张俊为浙西路、江东路制置使,统领大军去收复建康,还令建康一带的所有兵力都要接受张俊的节制。同时,南宋朝廷又任命岳飞为御营司统制,率领所部人马自宜兴向西北进兵,协助张俊收复建康。

张俊接受任命后,虽然坐拥庞大的军队,但他贪生怕死,畏惧金兵,迟迟不敢向建康进兵。

岳飞深知建康之地的战略重要性,如果建康始终掌握在敌人之手,必将对南宋朝廷的前途和命运产生极大的威胁。由此,岳飞以朝廷大局为重,挺身而出,勇敢地承担起独自收复建康的重任。

岳飞以御营司统制的身份统领人马,誓师出征,雄赳赳、气昂昂地开赴建康,去攻击守城的金兵。

在岳飞率领部队急行军的途中,得知建康城南三十余里的清水亭驻扎着金军的一千人马。岳飞认为,清水亭是建康城的外围重镇,如同堡垒一般守护着建康城。要想攻克建康城,就必须首先围歼清水亭的守敌,使建康城的金军失去呼应,灭其士气。

建炎四年四月二十五日,岳飞一声令下,手下人马势不可当地杀向清水亭。让岳飞没想到的是,在清水亭驻扎的一千名金军竟然顷刻间就被瓦解,多半被歼灭,残余的金军溃逃而去。岳飞指挥手下将士趁势追击,一直追杀出了十五六里。就这样,岳飞在位于建康城南三十里的清水亭打了一个胜仗。

在这次战斗中,岳飞所部共斩首耳戴金环、银环的金兵头目一百七十五人,活捉女真军、渤海军、汉儿签军四十五人,缴获马甲、弓、箭、刀、旗、金鼓等器械三千七百多件。而作为岳飞的下属，傅庆表现得最为勇猛，立下了战功，从此成为岳飞手下的一员虎将。

03 一战扬名建康城

其实，完颜宗弼率领的金军主力部队作为东路军进犯南宋时，是做好打艰苦战争准备的。但让他没有想到的是，金军南侵进展得非常顺畅，几乎没遇到什么强大的抵抗，完全超过了他们的预期。这样的结果，完全是南宋朝廷懦弱和南宋军队缺乏斗志所造成的。

岳飞取得了清水亭之战的胜利，也标志着宋军反攻金军序幕的正式拉开。

岳飞知道，在敌众我寡的情势下，要一举围歼完颜宗弼的大军自然是不可能的，必须采取自南而北的渐进策略，逐步驱逐敌人过江。

建炎四年四月末，岳飞率军前往清水亭之西十二里的牛头山扎下营寨。经过一番谋划，岳飞派遣手下的一百名军士，身穿金军的黑衣，在昏暗的夜里混入驻扎在雨花台的金营，去偷袭金军。金军分辨不清敌我，自相攻击，乱杀一通，伤亡惨重。天亮之时，金军才如梦方醒，大呼上当。为防止岳飞的队伍再次劫营，金军不得不在营外增派巡逻部队。而就在夜深人静之时，岳飞派出一支精锐部队，伏击了金军的巡逻部队，并一举将其歼灭。

由于训练有素，战术对头，从四月二十五到五月初，岳飞所部同金军交战几十次，都取得了胜利。岳飞所采取的灵活攻击方式，让金军顾此失彼、防不胜防。战事上的失利，让完颜宗弼对金宋两军的对垒形势进行了重新预判，并采取新的战略战术。他虽然感觉放弃建康非常可惜，但更知若不尽早撤军，与岳飞无休止地打下去只会输得更惨。无奈之下，恼羞成怒的完颜宗弼采取卑劣手段，命令建康城中的金军大肆杀掠百姓，劫夺财物，焚烧房屋，以杀戮和破坏来宣泄愤恨。同时，完颜宗弼率领精锐部队撤离建康城，转移到建康城西十几里的靖安镇驻扎下来。

岳飞看准时机，率领三百名骑兵和两千名步兵冲下牛头山，再次击败金兵，并占领了建康城西南的新城。岳飞所部越打越团结，越打士气越旺盛，与金军颓废的态势形成了鲜明的反差。

完颜宗弼见岳飞步步紧逼，深知建康城已经难以固守，只得一退再退，最终率领大队人马从靖安镇渡过长江，撤退到真州六合县宣化镇驻扎下来。

岳飞探知金军主力已经撤退，趁势向金军余部发动猛攻。那些没来得及撤退的金兵根本抵挡不住岳飞的迅猛攻势，或被斩杀，或被江水淹死，折损严重。岳飞一鼓作气，一直将金军追杀到了靖安镇。这次战斗，岳飞所部共俘获金兵三百多人，其中包括多名金军头目。金兵败退之际，不仅丢弃了许多的船只，还在岸上丢失了数以万计的铠甲、兵器、辎重、牛马等。

紧接着，岳飞又指挥部队乘胜进攻建康城。守城的金军眼见建康城即将失守，就放火把建康城付之一炬，然后从建康城撤离。岳飞随即率部进入建康城，只见城内到处是瓦砾和灰烬，令人痛心。

这场收复建康的战役历时半月，完全是岳飞所部孤军出击，共斩杀金军足有三千多人，擒获金将千夫长留哥等二十多名将领，取得了对金兵作战的空前胜利，一举扭转了宋军对垒金军曾经一败涂地的颓势。

收复建康，是岳飞独立成军后的第一次重要战役。岳飞所部自东而西，占据牛头山，又自南而北，从雨花台、新城杀至靖安镇，最终驱逐完颜宗弼率领的金军精锐主力过江北撤。应该说，如果没有岳飞收复建康之战的胜利，南宋朝廷就无法在江南安身立足。

岳飞率领队伍进驻建康城后，随即开始安抚百姓、稳定生活秩序。建康府前通判钱需也纠合一些乡兵，随岳飞一同进入建康城。清理建康城的

第五章
听命朝廷，泰州险些失守

任务非常繁重。经历金军洗劫后，建康城街巷凌乱，屋宇坍塌，遍地灰烬，死伤遍地，很多伤残者需要救治。这场战争过后，人们收拾和掩埋残缺不全的尸骨，竟达七八万具。此外，建康城还有大批的人口被金兵驱掳过江。毫无疑问，建康府这座拥有近二十万人口的繁华大城市，已经遭受了毁灭性的浩劫。岳飞及其所部的将士虽然都久经沙场，敢于直面刀光剑影，敢于正视流血牺牲，但面对金军所留下的惨绝人寰的景象，也都感到惨不忍睹，人人陷于无比悲痛和激愤之中。

岳飞收复建康之战，从四月二十五日清水亭之战算起，到五月十一日胜利结束，前后历时十六天，岳家军威震敌胆，一举扬名，从而确立了在南宋军队中的主力军地位。

04 果断决策除刘经

岳飞利用短短的十六天时间，就将盘踞在建康城内的金军驱逐过了长江，一举收复了建康府，打了一次酣畅淋漓的大胜仗。岳飞自觉承担的军事任务已经圆满完成，向南宋朝廷禀报后，就率领自己的队伍、押解金军战俘，一同撤离建康，向设在宜兴县张渚镇的大本营进发。在岳飞率部由宜兴出发前往建康府方向执行抗击金军的任务时，统领刘经并未一同出战，而是留在宜兴，全权负责看守大本营。

撤离建康的路上，岳家军的整个队伍都沉浸在胜利的喜悦之中，呐喊声、欢笑声不时响起。看上去，队伍根本不像是在行军，而像是在搞庆祝胜利的大游行。队伍好久没打这样的胜仗了，将士们自然高兴得不得了。

岳飞率部到达溧阳和溧水两县之间的路段时，刘经部下的一个名叫王万的将官突然跑到岳飞的面前，向岳飞禀报说刘经正在密谋，要趁岳将军

岳飞：
一曲高歌"满江红"

还未从建康返回之机，把岳将军的母亲、妻子以及儿子等家眷亲属全部杀害，把岳将军留在宜兴的部分部队合并在自己的队伍当中，然后脱离岳将军另立山头。

在当时的南宋王朝，杀害某一个部队的头目并吞并其队伍，是屡见不鲜的事情。然而，刘经和岳飞却是在抗金战斗中结成的患难与共的朋友，理应经得住名利等多方面的考验。患难与共的朋友竟然也打算下杀母、杀妻、杀子这样的毒手，还吞并队伍，是岳飞怎么也没想到的。好在刘经的手下有王万这么一个知大体、识大局的将军，否则后果不堪设想。

岳飞觉得，刘经密谋加害于自己的亲人，就必须采取紧急行动加以处置。岳飞当即决定，趁刘经还没有下手之际先发制人，以迅雷不及掩耳之势除掉刘经这一祸根。

岳飞当即派遣部将姚政带领一支精锐人马火速赶回宜兴，一定想办法把刘经除掉，不给他以喘息的机会。

很快，姚政就在当天夜晚抵达宜兴。他先在岳飞母亲的住屋内布置好了埋伏，然后去见刘经。姚政假称是奉岳老太太之命而来，并谎称是因为岳老太太刚才接到家乡的来信，遇到一些事情须与刘经商量一下，是特意来邀请他的。刘经没有料想到姚政所说的是一场设计好的骗局，便跟随姚政前往岳母的住处。刘经刚进入岳母的住室后，埋伏在室内的士兵一起出手，顷刻间就杀死了刘经。没过多久，岳飞也带领了一些士兵赶来。岳飞随即向刘经所部将士宣布了这一事件的原委，声称刘经的背叛与其他将士毫无关系。之后，岳飞对刘经所部将士进行适当的安抚。刘经被杀了，他的阴谋没有得逞。从此以后，他的部下全部合并到岳飞的部队中，成为岳家军的一部分。

很快，岳家军全部撤到了张渚镇，开始了新的作战操练。

当时，张渚镇有一个名叫张大年的大户人家。张大年在太湖岸边修建

第五章
听命朝廷，泰州险些失守

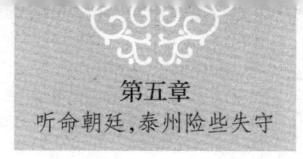

了一个园子，取名叫"桃溪园"。岳飞屯军宜兴以来，经常到张家的桃溪园里走一走，桃溪园成为他最喜欢游赏的地方。这次自建康凯旋，岳飞更是兴致勃勃地到张氏家中的桃溪园里游赏。游赏之中，岳飞诗兴大发，在张家的客厅里，写下了一段《题记》。这篇《题记》，或许也是他为自己立下的一道誓词：

近中原版荡，金贼长驱，如入无人之境。将帅无能，不及长城之壮。余发愤河朔，起自相台，总发从军，大小历二百余战，虽未及远涉夷荒，讨荡巢穴，亦且快国仇之万一。今又提一垒孤军，振起宜兴，建康之城，一举而复，贼拥入江，仓皇宵遁，所恨不能匹马不回耳！

今且修兵养卒，蓄锐待敌。如或朝廷见念，赐予器甲，使之完备，颁降功赏，使人蒙恩，即当深入虏庭，缚贼主，蹀血马前，尽屠夷种，迎二圣复还京师，取故地再上版籍。他时过此，勒功金石，岂不快哉！此心一发，天地知之，知我者知之。建炎四年六月望日，河朔岳飞书。

从此，这样的雄壮诗篇一直萦绕在岳飞的脑海中。这种思想和感情，经过长时期的充实、洗练，促使岳飞在几年之后写出了著名的《满江红·怒发冲冠》。

05 押解战俘献高宗

建炎四年五月下旬，岳飞指派手下姚政利用计谋，除掉了居心叵测、蓄意谋反的刘经，并收编了刘经所部的全体将士，岳家军的队伍进一步纯净和壮大。

部队稳定下来后，岳飞亲自押解八名将领级别的金军战俘，前往越州

岳飞：一曲高歌"满江红"

献俘。献俘是古代的一种军礼，就是将官凯旋时，将所获的具有一定官衔的高阶俘虏献于宗庙或者朝廷、皇上，以显示队伍的战功和军威。岳飞的这次献俘，在高宗建立南宋四年来，还是第一次。也就是说，在宋金两军的多年交战中，第一次俘获了这么多的金军将领。

岳飞押解着八名金军战俘很快抵达了越州。岳飞首先拜见了浙西路、江东路制置使张俊。

岳飞在收复建康府战役中的杰出表现，深得张俊的赏识。见到岳飞，张俊连连夸奖说："当初，我受朝廷重托，想要克复建康，但自思敌众我寡，不可冒进，而且建康为军事要冲，易守难攻，颇多顾虑，为慎重起见，我推迟了进兵时间，不想岳统制骁勇善战，以少胜多，迅速收复了建康，后生可畏，可喜可贺啊！"

听了张俊的话，岳飞回应说："岳飞身受国恩，常以精忠报国为念，而今，河山沦陷，百姓涂炭，每每思之，食不甘味，夙夜忧虑，恐负朝廷与制置使大人的厚望，此次攻略建康，乃是将士用命，侥幸获捷，些小成绩，何足道哉！"

张俊见岳飞立了战功而不骄傲，言辞之中带有几分谦逊，心里对他越发敬重。张俊赞叹地说："我辈许身军旅，效力疆场，若都像岳统制一般忧虑国家安危，精忠报国，何愁金军不灭，河山不复！"

岳飞听到有关消灭金军、光复山河的话题后，连忙追问道："张制置使身当军国重任，可曾听说朝廷有意趁着金兵北撤的颓势，集结重兵北伐吗？"

张俊叹息地回答说："集结重兵北伐？谈何容易啊！目下，金兵势大，往来肆虐，横行无忌，我朝但求自保，已然不易了，哪有力量北伐？我告诉你吧，前些日子，朝廷重臣们商讨军情，仍在担心金兵再次渡江进犯。皇上知道岳统制忠勇无敌，兵精能战，很是倚重，计划命你镇守江南东路

第五章
听命朝廷,泰州险些失守

的饶州,扼敌要冲,阻挡金兵骚扰江南东、西两路。"

听了张俊的话,岳飞认为朝廷一味懦弱,对时局措置不当,当即表达了不同意见。他说:"江淮一带山陵起伏、河流交织,可谓山乡泽国,道路狭窄,车骑通行不便,自古以来,便有'今井陉之道,车不得方轨,骑不得成列'之说,金军长驱进犯,孤军深入,必有后顾之忧。因此,我们只要坚守住江淮要塞,就不必担心金兵进犯江南了。假若江淮沦陷敌手,那么,敌人就可以和我们隔江对峙,到那时,我们所倚仗的长江天险可就不复存在了。一旦长江天险与敌寇共存,那么数千里长的江岸都可能被敌军攻击,防不胜防,守无可守,我军纵有数十万兵力一字排开,逐一设防,也断难抵挡金兵入侵!如今,朝廷所论放弃江淮不守,退保江南,可谓错之极矣!制置使大人带兵多年,何以不明白其间的利害呢?恳望三思!"

听了岳飞的话,张俊深感所言极其精到,不禁内心叹服地说:"你说的很有道理,但朝廷已有定见,且容我禀报皇上,另做决断。岳统制用兵如神,百战百胜,声名响震天下,可以请教你的用兵之道吗?"

岳飞谦逊地微微一笑,随即回应张俊说:"用兵没有什么奥秘可言,统兵的将帅必须具备五德,即仁、信、智、勇、严。为将之道在于治军严明,治军严明在于赏罚分明,有功者重赏,无功者重罚,所谓号令严明,指的就是这些。"

张俊说:"我记得《孙子兵法》上说:'将者,智、信、仁、勇、严也。'岳统制是活学活用,将'仁'放在了为将五德的第一位了。"

岳飞笑着说:"为将首先必须要有怀仁之心,正己然后可以正物,自治然后可以治人。"

正在两个人交谈正酣时,朝廷的内监过来传旨,说高宗命岳飞押解所俘获的八名金军将领去见他。于是,岳飞与张俊作别,押解战俘觐见高宗。

被俘获的八名金将被带入了高宗的内室,高宗亲自对战俘进行了审问。

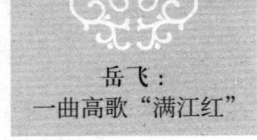

高宗通过翻译与金将对话，详细打听了徽宗、钦宗二帝在金国的消息。当得知二帝在金国遭受了惨无人道的折磨时，高宗竟然放声大哭。一阵痛哭过后，高宗下令将那八名金将即刻全部处斩。

06 平定戚方除祸害

高宗杀了八名金军战俘后，心里得到了极大的安慰。他建立南宋朝廷以来，一直在金军的追击下惶惶不可终日。今天，终于有机会能在被俘的金军将领面前，一展南宋皇帝的威风，一雪狼狈逃亡的耻辱。于是，高宗怀着无比激动的心情，走上大殿，召见收复建康的功臣岳飞。

见到岳飞，高宗激动地说："朕早就听说过你的大名了，此番收复建康，以弱克强，建树大功，而且忠勇过人，谋略制敌，可谓智勇兼备，将才难得！不知道你对当前战局有何高见？"

听了高宗的话，岳飞随即上奏说："若要江南稳固，就必先固守江淮，要固守江淮，就必须要坚守建康。建康城扼长江之咽喉，为我大宋兴盛要害之地，必须增派重兵固守。刚才，臣进见张制置使，论及朝廷战守策略，张制置使说，朝廷的意图是想要臣驻守鄱阳、饶州一带，以防备金兵进犯江东、西二路。臣以为，金军若要渡江入侵，必先攻取二浙，江东、西二路地处偏僻，道路狭窄，而且金兵即使孤军冒进，也必顾虑重重，担心我军断其归路，有全军覆没之危险。因此，臣敢断言，江东、西二路不是金兵首先入侵的目标。臣以为，我们只要坚守住江淮要塞，就不必担心金兵进犯江南了。因此，臣请求率领重兵坚守江淮，屏障江南，拱护朝廷的腹心。"

岳飞的话，让高宗感觉句句真言、头头是道，不禁赞叹道："卿家所言高屋建瓴，精辟至当，朕这就转达朝臣商议，再作决断。"

第五章
听命朝廷,泰州险些失守

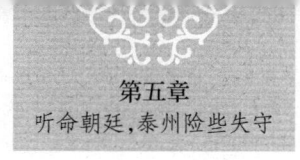

岳飞磕头谢道:"军国大计,非同儿戏,恳望陛下慎重图之!"

高宗说:"卿家忠心可嘉,谋略高超,但朝廷大计,关乎国运,且容朝议定夺。"

岳飞叩谢高宗,退出了大殿。

为了表达心中的感激之情,高宗随即下旨,赏赐岳飞铁铠五十副以及相当数量的金带、鞍、马、镀金枪、百花袍等物品。

建炎四年六月初,南宋朝廷命岳飞征讨在广德军一带为患的盗匪戚方。

戚方武艺高强,悍勇善射,但匪性很重,性情反复无常,实属势利小人。他最初在官军中充当养马军士,隶属厢兵。后来,戚方脱离官军做了盗匪头目,聚集了一帮亡命之徒。之后,他率众投奔了杜充,被任命为准备将,后来擢升为统制。戚方率部在马家渡抗击金军时遭受失败,再度离开官军做了盗匪。他率部在攻打宣州时失利,又转移到湖州安吉县进行大肆劫掠。当时,戚方是东南一带最凶悍的匪徒。

在马家渡一战中,宋军统制官扈成也同样战败。扈成收拾残部后不肯与同为统制官的岳飞合兵,共谋抗金大计,而是在茅山一带与岳飞分道扬镳,独自率部出走。后来,扈成被心狠手辣的戚方设计诱杀。扈成死后,他的部下大多投奔了岳飞。扈成死于戚方之手,而不是牺牲在抗金的战场上,岳飞对此深表遗憾。

接到高宗的命令后,岳飞率领三千人马,直接奔赴广德军,在广德军东南约七十里的苦岭扎下营寨。苦岭位于广德军通往湖州安吉县的要道上,正是戚方往返于广德军与安吉县之间的必经之地。

戚方得知岳飞领兵来截击他,就派兵拆掉了一座广德军通往安吉县的官桥,意图阻截岳家军对他实施进剿。

岳飞亲统精兵一千人,在断桥处与戚方所部对阵。岳飞希望借自己收复建康城英雄的威名,向戚方施压,让他及早投降,归顺于朝廷。岳飞与

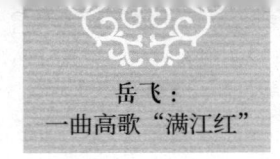

戚方毕竟曾同是宋军的统制,一同镇守过建康城。不想,在战斗之中,戚方的手弩发箭一举射中了岳飞的马鞍。岳飞见状,毫无畏惧,将箭拔下来插入了矢菔,并发誓一定要擒获戚方,让他亲手把自己射出的这一支箭折断,然后再杀掉他为朝廷和百姓除害。

岳飞与戚方前后激战十多个回合,戚方渐渐支持不住,就败阵逃往湖州安吉县方向。岳飞在后面紧紧追击,眼见戚方走投无路,正巧张俊的大军赶到。戚方毫不犹豫,急忙向张俊投降,并交出了自己所率领的六千兵马。

于是,张俊设了一桌酒宴邀请岳飞,在岳飞面前好言为戚方求情,并让戚方给岳飞下跪谢罪。在张俊的授意下,戚方哭着请求岳飞饶恕他。岳飞见张俊强烈袒护戚方,就满脸愤怒地对张俊说:"既是张招讨有命,岳飞自当遵从。当初,岳飞与戚方同在建康为将,他叛去为盗,我曾派人对他晓谕顺逆的道理,他却不听。他屠掠生灵,骚动郡县,又诱杀扈成而屠其家,且拒命不降,比那些盗匪更加凶狂,这种人怎可饶恕?"

此时,岳飞取出矢菔中的那支箭来,让戚方亲手折断。戚方胆战心惊,两腿发抖,赶紧从命,将那支箭折成了数截。岳飞看到戚方诚惶诚恐的丑态,也算作罢。

07 出任通泰镇抚使

岳飞奉南宋朝廷之命迅速平定盗匪戚方后,回朝的张俊本着逐级奏报的原则,向宰相范宗尹举荐岳飞。

范宗尹看到张俊的举荐后,随即向高宗奏事说:"张俊自浙西来,盛称岳飞可用。"听了范宗尹的奏事,高宗说:"岳飞乃是杜充的爱将,杜充在事君方面有失臣子之节。然而他能重用岳飞,也算有知人之明,还算有

第五章
听命朝廷，泰州险些失守

一点值得称道的。"

在金军入侵时，把朝廷雇募的军队与各地的民间武装很好地加以组织和训练，然后一起为朝廷征战，是朝廷官员应该承担的一项重要职责。然而，以高宗为首的南宋朝廷竟然绝少有人敢于承担这一职责。对于民间自动组织起来的武装力量，他们全都心怀疑惧，只想设法捣毁消灭，决不给予帮助。而对于雇募来的部队，朝廷也放任他们因派系不同而互相倾轧。当某支部队抗战失利时，其邻近的其他部队不是乘机把它吞并，就是坐视不救。

由此，在持续了四五年的抗金斗争中，就有一批接连一批的从前线上溃败下来的散兵溃卒，成群结伙地流窜于淮南以至江南各地，袭扰当地百姓，成为草寇盗匪。后来，他们分散流窜于黄河中下游、淮北和淮南各地、长江流域诸州郡，只要能占据一块地盘，便割据自雄，对这一地区的百姓进行横暴的压榨，有的甚至与金军暗相勾结。他们虽然都是一些乌合之众，却牵制了南宋不少的军力。

建炎四年五月，南宋宰相范宗尹向高宗建议说："对于盘踞在江淮之间的这些草寇盗匪，朝廷无力加以制服，不如面对现实，承认他们所形成的藩镇割据之局，正式委派他们去做这些地区的军事统领。每个人的辖区要尽可能划得狭小一些，当地的治安防守责任，也由他们分别负责。"

早在北宋建国初年，朝廷用了很大的力气，才把唐末五代以来的藩镇割据局面革除掉。而今朝廷却又把它恢复，若不是紧急的情况下，皇帝是绝对不会采纳的。但懦弱无比的高宗，竟然予以采纳。于是，南宋朝廷把淮水南北的一些地区分划为十几个"军区"，每个"军区"由南宋王朝委派镇抚使一人。

镇抚使中的绝大多数人曾一度做过草寇盗匪，像扬州的郭仲威、承州（今江苏省高邮市）的薛庆、舒州（今安徽省潜山市）的李成等人。但也有少数是忠义民兵的首领，他们因奋勇抗击金军入侵而声名大振，像河

岳飞：一曲高歌"满江红"

南（今河南省洛阳市）镇抚使翟兴、楚州（今江苏省淮安县）镇抚使赵立、滁州镇抚使的刘位等人。

岳飞是南宋朝廷正规部队中的一员将领，却也在建炎四年的八月初，被委派为通泰镇抚使兼知泰州，辖区在扬州以东——从泰州到南通一带的地方。

从表面来看，任命岳飞去做通泰镇抚使兼知泰州，是南宋朝廷对岳飞的倚重，让他独当一面。然而，岳飞对此却有着另外一种看法。他心里明白，与他同时被委派为镇抚使的，大多是一些草寇盗匪，与他们处在一个档次上，岳飞的心里自然有些失落感。同时，岳飞认为，作为一个军人，天职就是奋战在对敌斗争的最前线，而通泰镇抚使的职责却只是据守江北一隅之地。因此，他打心眼里不愿去赴这个新职。

为了陈述自己的愿望，岳飞专门给南宋朝廷的尚书省写了一封《申状》。他在《申状》中说：

照得飞近准指挥，差飞充通泰州镇抚使，仰认朝廷使令之意，除已一面起发，前赴新任外，契勘金贼侵寇虔刘，其志未艾，要当速行剿杀，殄灭净尽，收复诸路；不然，则岁月滋久，为患益深。若蒙朝廷允飞今来所乞，乞将飞母、妻并二子为质，免充通泰州镇抚使，止除一淮南东路重难任使，令飞招集兵马，掩杀金贼，收复本路州郡，伺便迤逦收复山东、河北、河东、京畿等路故地，庶使飞平生之志得以少快，且以尽臣子报君之节。

但岳飞所情愿承担的任务，并没有得到南宋朝廷的应允。由此，他在建炎四年八月二十六日前往泰州。由于船只太少，到九月初九，他的军队才全部进抵泰州。到任之后，岳飞治理军中事务依旧非常严整，依旧严令军士不得骚扰百姓。当地百姓太平安定，岳飞也因此越发获得百姓的拥戴。

此时，南宋朝廷已把沿江的防务重新布置了一番。九江一带，以朱胜

第五章
听命朝廷，泰州险些失守

非为安抚大使；由池州到建康，以吕颐浩为安抚大使；镇江以下，以刘光世为安抚大使。由于刘光世、韩世忠、张俊这三人一向都不能共事，刘光世负责节制镇江以下这一地区后，就上奏章给南宋朝廷，请求把韩、张二人的部队完全调离这一辖区。南宋朝廷慑于刘光世的军威，依了刘光世的请求，把韩世忠、张俊二人的部队调走。这样，通泰镇抚使岳飞便隶属于刘光世的管辖、指挥之下。

08 救援楚州三连胜

完颜宗弼率领金军撤出建康、渡过长江后，屯兵在六合县，目标是把载人载物的大量船只一律从运河驶归北方。然而，南宋朝廷委派在承州的镇抚使薛庆和在楚州的镇抚使赵立，各自带领军队镇守这一河道，使金军兵马无法从运河通过。

建炎四年秋，金军另一统帅完颜昌从山东境内进入淮南，与完颜宗弼商定从南北两面打通运河这一退路。而要打通运河通道，必须攻破、占领楚州。

承州镇抚使薛庆为了牵制南路的金军队伍，以缓解楚州的紧张局势，亲自率领手下部将与扬州郊外的金兵作战。而此时，在扬州的郭仲威却不肯与薛庆合力出击，致使薛庆陷入敌众我寡的局面之中。战争的结果，薛庆被金军俘获，扬州和承州相继被金军占领。

在扬州和承州陷落之前，完颜昌的兵马已经包围了楚州。楚州镇抚使赵立天生一副魁梧奇伟的身材，天性勇敢善战。完颜宗弼率部刚渡江驻兵六合县时，就曾在楚州被赵立击溃。这次听到完颜昌要率大军来攻楚州，赵立随即着手把可能调集的粮食都集中到楚州城中，准备长期据守。

岳飞：一曲高歌"满江红"

当时，长江以北的扬州、承州和楚州，所处的战略地位都是至关重要的。当扬州和承州陷入金军之手后，如不全力确保楚州，整个淮南就会陷入金军控制之中。因此，南宋朝廷执政大臣赵鼎向高宗建议说："应当派遣张俊到江北去督率，让那里的镇抚使奔向楚州，去救援和捍御楚州，既可以确保楚州的安全，也免得这些镇抚使安养坐大，为患将来。"

然而，由于张俊害怕与金军交锋，便用种种托词不肯渡江北进。无奈之下，朝廷只得下令给江北的各个镇抚使，要他们分别出兵去应援楚州。

此时，南宋朝廷布置在江北的军事力量，根本无法抵御金军。薛庆被俘后，已被金军杀害；郭仲威在丢失扬州后，在天长县境内按兵不动，处于观望之中；东海镇抚使李彦先的部队，被淮水流域的金军阻截，欲进不得。身任两浙安抚使而坐镇长江下游的刘光世，虽然已经接到了南宋朝廷要他立派大军驰援楚州，万毋错失时机的命令，但他与张俊一样，对金军心怀怯惧，不敢前往楚州，只敷衍地派遣统制官王德和郦琼带领部分士兵渡江。

事实上，真正按照南宋朝廷命令行事的，只有岳飞一人。

岳飞接任通泰镇抚使兼知泰州后，随即安抚泰州将士。岳飞点检兵籍后，命泰州部伍的敢死士和使臣，逐一填写"从军愿否状"，然后集中到校场，让众将士比赛射箭和武艺。比赛结束后，岳飞亲自挑选了一百名优胜者分为四队，每人赐一匹战马、一副铠甲，让他们充当自己的亲兵。之后，每有任务岳飞都把这一百名亲兵带在身边，以示对泰州部伍的信任。于是，泰州将士都从内心钦佩岳飞，很快与岳家军团结成了一个密不可分的整体。

尽管遭遇种种困难，岳飞还是毅然担负起救援楚州的重任。他责成部将张宪留守泰州，自己亲自出征，率军进驻承州以东的三墩，与金军营寨形成对峙。

岳飞详细研究了楚州周边的形势后，深知救援楚州任务艰巨。在粮饷匮乏的情况下，岳飞连写了两份申状给两浙西路招抚大使刘光世，请求他

第五章
听命朝廷，泰州险些失守

的增援和接济。但刘光世却对岳飞合情合理的请求置之不理。

虽然得不到刘光世的支持，但岳飞却未因此而灰心。他以精忠报国的精神来激励所部将士，在没有外援的情况下，仍然孤军出击。岳家军在承州及楚州外围与金军展开激战，并三战三捷，杀其大酋高太保，俘阿主里孛堇及里真、阿主黑、白打里、蒲速里酋长七十余人，押解到后方并献俘行至越州。为此，高宗下诏嘉奖岳飞说："卿节义忠勇，无愧古人。所至不扰，民不知有兵也。所向必克，寇始畏其威也。朕甚嘉焉。今方国步艰难，非卿等数辈，朕孰与图复中土耶！赐卿金注梳一副、盏十只，聊以示永怀也。"

但由于围攻楚州的金军过于强大，他们倾尽全力攻城，昼夜不息。九月中旬，楚州知州赵立被金军的炮石打碎了头颅，以身殉职。建炎四年九月下旬，金兵冲进楚州城，遭到楚州军民的顽强抵抗。金军在付出重大伤亡代价后，最终占领了楚州城。

楚州失守后，完颜昌转攻屯泊北神镇的李彦先所部。金兵包围了李彦先的官船，李彦先全家在淮水中殉难。

随后，完颜昌又以重兵南下，向承州附近的岳家军猛扑。此时，岳飞在接到南宋朝廷发出的退守通州和泰州的命令后，镇定地指挥几千名将士从承州撤退。在回师途中，岳家军屡次击退金兵的追击，致使金军伤亡惨重，最后不得不终止追击。这样，岳家军得以安全地退回泰州。

09 愤怒之下斩傅庆

岳家军返回泰州后，部伍中发生了一件不愉快的事情。队伍中有一个名叫傅庆的前军统制官，原本是卫州（今河南省汲县）一个烧窑的人，他有勇有力，而且能征善战。傅庆加入岳飞的部队后，颇得岳飞的赏识和喜爱。

岳飞：
一曲高歌"满江红"

傅庆投入岳飞部队的时间很早，每次作战都表现得有智有勇，因此深得岳飞信任，并被当作朋友来看待。同时，傅庆也把岳飞当作朋友来看待，而不是把他当作自己的长官。每当傅庆没钱可用时，就去找岳飞讨要，而且每一次都是开门见山地直说："岳丈，傅庆没钱使了，请你借给我几两金子、几贯钱吧！"岳飞每次也总是如数借与他用。

应该说，傅庆的性情是属于放荡不羁的那一种。但他过于恃功恃宠，因此表现得更加傲慢，有时竟然向众人夸口说："岳丈这支部队的威名，还不是因为我傅庆力战有功才得来的吗？"

岳飞做了通泰镇抚使兼知泰州后，在执法上显示出了非常严明的纪律性，对傅庆不再像此前那样容忍。傅庆感到自己受到约束，觉得岳飞在故意刁难自己，对岳飞的感情日益冷淡。傅庆因对岳飞心怀不满，打仗不肯出力，承州之战也没有军功。当岳飞出兵救援楚州时，傅庆在承州与王德相遇，两人并骑而谈，傅庆表示不愿再留在岳飞军中，让王德把他推荐到刘光世的部队中去。傅庆的请求得到了王德的认可，但岳飞手下的张宪听说了这件事，随即禀报给了岳飞。岳飞知晓后，嘱咐张宪不要泄露此事，自己也隐忍未发。

岳飞从承州赶回泰州后的一天，下令军中的统制比赛射远箭。比赛中，傅庆的三箭都是一百七十步中的，而其他统制没有一个超过一百五十步中的。岳飞设下酒宴，祝贺傅庆在比赛场上取得优异成绩。酒宴中，傅庆喝得颇有一些醉意。正在这时，岳飞把南宋朝廷过去赏赐给自己的战袍和金带转赏给另一统制官王贵。傅庆见状，当场就提出抗议说："岳丈，你应当赏给有功的人！"

听了傅庆的话，岳飞有些反感地回问道："谁是有功的人？"

傅庆醉醺醺地回答说："我在清水亭战役中立了功，应当赏给我！"

也许，傅庆是想借此机会来表明岳飞赏罚不公，从而达到脱离岳飞去转投刘光世的目的。岳飞非常气愤，当着傅庆的面把战袍一把火烧掉了，还把金带砸碎，并叫人把醉醺醺的傅庆拉下台。他高声呐喊道："不斩傅庆，何以示众？！"就这样，傅庆在失态中被岳飞斩杀。

建炎四年十月下旬，以"玩寇养尊"著称的刘光世上奏朝廷，推诿责任，并反诬岳飞等人"迁延五十余日"，贻误军机，还巧为辞说，拒绝统一指挥，因而招致楚州的陷落。

但签书枢密院事赵鼎非常了解事情的真相，主张"诘刘光世等违命不救楚州之罪"，他为高宗草拟御批说："逐官但为身谋，不恤国事，且令追袭金人过淮，以功赎过。"但高宗认为："光世当此一面，委任非轻，若责之太峻，恐其心不安，难以立事。"于是，高宗发布的诏旨中反而嘉奖刘光世"体国忠勤"，令他"节制诸镇"，"勠力保守"通、泰两州。

刘光世对朝廷的姑息迁就心知肚明，照旧违诏抗命，并不发兵援助通、泰两州。正因为如此，才加剧了南宋朝廷的昏庸无能，难以取信于满朝文武。

10 泰州失守请治罪

金军集中兵力攻下楚州之后，又集结了二十万大军转攻通、泰二州。负责长江下游军事防务的刘光世此前曾向高宗夸下海口，声称已经在沿长江的要隘之处部署了严密的防守，保证不让金军在这些要隘之处得以南渡。然而，对于金军集结兵力进攻通泰区域，刘光世却置若罔闻，不采取任何援助措施。

泰州这地方，无天险可以防守，无地利可以凭借，而南宋守军的数量又远远少于来犯的金军数量。各种不利因素累积在一起，给泰州的守御造成了极大的困难。好在与泰州邻近的鼍潭湖被一支由梁山泊转移来的水军

岳飞：
一曲高歌"满江红"

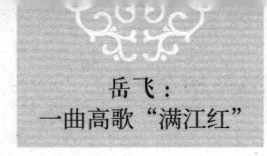

所占领，可以当成泰州防御的一道军事屏障。这支从梁山泊转移来的水军由张荣领导，且拥有二三百艘船舶，人数在一万以上。

张荣原为梁山泊渔民，金军灭亡北宋后，组织大量忠义之士起义抗金。因其作战骁勇，人称"张敌万"。建炎三年二月，金军攻占扬州，张荣在梁山泊地区难以立足，遂率军乘船沿泗水下游的清河南下，驻泊于承州以北鼍潭湖水域，以泥黏合菱草砌成墙，筑成水寨，前来投奔的人越来越多，有万余众。张荣在位于承州与楚州之间，绵亘三百余里的樊梁、白马、新开三个湖泊内袭击金军，屡获胜捷。

为了清除攻取通、泰的障碍，建炎四年十一月初，金军集中兵力进攻菱城。由于兵力相差悬殊，张荣力不能当，便放弃菱城，率领水军转往兴化县的缩头湖（今江苏省兴化市东部）。

金军把张荣的水军驱逐出鼍潭湖后，等于把泰州的军事屏障拆除，在泰州担任守御任务的岳家军，再没有可以依恃的军事力量。而来犯的金军，在数量上又占有绝对的优势，是岳家军所无法招架的。于是，岳飞在敌众我寡的形势下，只好忍痛放弃泰州，免得自己这支部队被金军全部吃掉，以保存力量，从长计议，再谋抗金大业。

十一月上旬，岳家军撤到柴墟镇（今江苏省泰兴市境内）。岳家军依托柴墟镇的旧城抗击金军，掩护城内几十万百姓和宋军家属渡江南撤。

金军的队伍追来，与岳家军在南霸塘展开了一场激战。战斗中，岳飞虽然受伤，仍然指挥将士以少敌众，打退了金军的进攻。战斗结束时，柴墟镇南霸塘一带，金兵死尸累累，河水已被金兵的鲜血染红。岳飞又亲率两百名精锐骑兵断后，抵御金军追击。在泰州军民全部安全撤离后，岳飞才渡江南撤。

泰州和通州分别在十一月十七日和十一月二十日被金军攻陷。

岳飞率军民退到沙洲（今江苏省张家港市）之后，立即上奏朝廷叙述

第五章
听命朝廷，泰州险些失守

泰州失守的经过，请求朝廷治罪。南宋朝廷和高宗都十分清楚当时泰州的局势。岳家军没有得到刘光世一兵一卒的救援，却血战五日，掩护数十万泰州军民安全撤离，已经很不易了，就免了对岳飞的处罚，命他率部在江阴负责防守江岸。

金军游骑常常窜到长江北岸探察军情，出现了渡江南犯的迹象。于是，在越州的南宋朝廷又惊惶起来，下令朝廷文武官员从便逃避，连三省枢密院也不再照常办公。

完颜昌占领泰州和通州后，急于消灭张荣的抗金义军。绍兴元年（1131年）三月，完颜昌率领六千多名精兵，乘船攻击张荣水寨。张荣出动几十艘小船迎敌。张荣看到金军用大战舰当前导，无法与之对抗，就想出一条妙计。张荣对部下说："不必忧虑，金人只有数艘战舰在前，其余的都是小船，如今水势刚退，隔着大片泥沼，敌船都不能触岸，必然陷于泥沼。那时，我等弃舟登陆，逐船砍杀金贼，就像杀棺材中人一般！"

于是，张荣设计引诱金兵陷入泥泞的低洼之地，金兵欲战不能，欲逃不得，进退两难。金军的境遇，恰恰是张荣所希望的结果。随后，张荣所部将士弃舟登陆，怒吼着冲向金军，逐船砍杀金兵。留在舟船中的金军不攻自破，纷纷跳船逃命，溺死者无数。这次战斗，张荣大获全胜，金军将领完颜戗里被杀，完颜昌的女婿、万夫长浦察鹘拔鲁被俘。完颜昌只带了两千人左右逃走。陷入泥潭中的金兵，成了瓮中之鳖，张荣所部只花了两三日，就将泥沼中的金军俘杀殆尽，共计歼敌四千多人。

张荣乘胜追击金军，一举克复泰州。完颜昌逃往楚州，进一步撤退到了淮河以北。由于金军退却，淮东路大部分州县又重新回到了南宋朝廷的手中。

缩头湖之战，是南宋立国后空前的大捷。后来，缩头湖也因张荣此战得胜而改名为"得胜湖"。张荣获胜后，率部投奔刘光世，出任忠勇军统制兼泰州知州，其部属立功将士四千余人也都获得了奖赏。

第六章
剿寇平叛，接连大获全胜

岳飞：一曲高歌"满江红"

01　金国扶植建伪齐

北宋灭亡后，金军马不停蹄地入侵刚刚成立的南宋，并迅速攻占了南宋的大部分地区。于是，金国的最高统治集团开始考虑如何长期统治和奴役这一地区的百姓。一部分金国统治者认为，南宋朝廷懦弱无能，军队缺乏斗志，可以继续出兵远征，把南宋政权一举消灭。但更多的金国统治者认为，金国自身的政治和军事实力还不够强大，在短期内应以河东、河北地区为限，集中力量把对这一地区的统治巩固下来。

自金军入侵南宋以来，战与不战的主动权一直操持在金国贵族手中。到建炎四年夏季，金军实际侵占的地区不仅包括了整个山东，而且控制着淮北的许多州县。由于在战场上掌握着主动权，金国统治者所奉行的是"以和议佐攻战，以僭逆诱叛党"的策略。事实上，"以僭逆诱叛党"的战略，自金国扶持张邦昌做伪楚皇帝之日起，就已开始实施。完颜宗弼率兵侵入江南、攻占建康后，也是用建立伪政权作为诱饵来诱使杜充投降的。

当高宗把刚刚成立的南宋朝廷迁移到扬州后，山东已处在金军铁骑的虎视眈眈之下。此时，作为河北西路提点刑狱的刘豫竟弃官逃窜到真州。刘豫的本意是为了躲开金军兵马的攻击，但没料到，南宋朝廷又委派他去做济南知府。金军入侵，济南府首当其冲，刘豫根本没有上任的胆量，便请求朝廷改派他到长江以南的某个州郡去任职，但没得到朝廷的允许。最后，刘豫不得不怀着一种抵触情绪到济南府上任。建炎二年十二月，完颜昌率兵攻打济南，刘豫吓得不知所措。为了保全性命，刘豫竟然杀掉了守御济南的一员猛将关胜，干脆投降了完颜昌。

第六章
剿寇平叛，接连大获全胜

刘豫投降后，虽然继续充任济南知府，但却是被完颜昌统治的傀儡知府。刘豫极力巴结完颜昌，把他所搜刮到的珍宝玩物尽数送给完颜昌，以讨完颜昌的欢心和宠信。后来，刘豫这一目的果然达到了。建炎四年，当完颜宗弼从江南撤兵北返时，淮水以北的地区已经被金军所掌握。于是，金国统治者便打算在中原地区建立一个傀儡政权，作为宋金两国之间的一个缓冲势力。完颜昌认为，刘豫最适合担任这个傀儡政权的头目。

此时，掌握着金国最高军事权力的完颜宗翰，为了抢在完颜昌之前册立刘豫做傀儡皇帝，从而掌握控制中原的主动权，派遣心腹人物高庆裔出面运作刘豫当傀儡皇帝一事。高庆裔经由燕山、河间，越过黄河故道，先后到达刘豫的家乡景州（今河北省景县）和山东的德州、博州（今山东省聊城市）、东平府等地，迫使这些地方的官吏和居民书写愿状，表示拥戴刘豫充当傀儡皇帝。完颜宗翰把这些愿状集中起来，呈报给金太宗完颜晟。

迫使金国统治者树立傀儡政权的另一个因素，是来自川陕宣抚处置使张浚的压力。张浚为了减缓金军在东南追袭南宋朝廷的凌厉攻势，在西北的陕西开辟了第二战场牵制金军主力，调集了四十万精锐宋军，集结于富平（今陕西省富平县），准备与金军展开一场大兵团决战。

建炎四年重阳节，金国册立刘豫为"皇帝"，国号定为"大齐"，还任命降金的原太原知府张孝纯为宰相，都城设在北京大名府，号北京，后来又搬迁到开封府。从此，金国把已经侵占的山东、河南之地一律划归这个伪齐政权统治。

金国建立伪齐政权，主要基于三个方面的考虑：其一，让刘豫接管淮东、淮西和京西三处战场，使得金军可以集中兵力专注于进攻陕西的张浚，那里是宋军最为精锐的部队之所在，只要摧毁了张浚的兵马，就会彻底瓦解南宋军民的抵抗意识；其二，金军可以抽出精力来消灭在后方捣乱的那些宋朝民兵，稳固后方；其三，刘豫的齐国一建立，便可吸引那些对南宋朝廷不满的将领前往投顺，以此分化、瓦解宋廷的残余力量，以利于金军最终灭亡宋朝。

刘豫做了傀儡皇帝后，任用了一大批文武大臣和地方官吏，而其中的绝大多数，都是在金军入侵期间，通过各种方式投降于金军的宋朝官吏。刘豫又招募了大量的壮丁，组成了大齐武装部队。后来，一些因为受到南宋朝廷所派军队的征讨、在南方无法立足的游寇和军贼，也先后投降伪齐，与南宋朝廷为敌。这些平时训练有素的降兵降将，逐渐形成了伪齐政权所倚靠的武装力量。

02 秦桧归宋得重用

早在靖康二年，当金军统帅完颜宗翰和完颜宗望要把宋钦宗赵桓废掉，另立张邦昌为傀儡皇帝时，已经灭亡的北宋朝廷的原臣僚中，有很多人写信给金军两位统帅，要求他们从赵姓皇室中选立一人做皇帝，而不要选立其他姓氏的人。当时，有一个名叫秦桧的人正在做御史中丞，也就是御史台的长官，给两位金军统帅写了一封同样内容的信。由此，秦桧被金人指名掳去，成为大批被俘北宋官僚中的一员。

秦桧与被俘的北宋官僚被押往显州（今辽宁省北镇市）后，随即投靠了完颜昌，并被留在完颜昌身边。

建炎二年夏天，宋徽宗赵佶得知自己的儿子高宗已经建立南宋政权，便以规劝高宗投降为条件，来博取金国统治者的同情。他亲自草拟了一封致完颜宗翰的长信，托人转与秦桧，让秦桧加以润色，然后设法送达完颜宗翰。秦桧看了徽宗的长信后，觉得徽宗写得太长，引用历史事件太多，会使完颜宗翰产生厌恶，就代替徽宗重新写了一封信：

第六章
剿寇平叛,接连大获全胜

顷自大圣皇帝(按:指金太祖阿骨打)治兵之初,佶即承命于下吏。先皇帝(按:指阿骨打)惠然顾怀,结为兄弟,载在盟书,永以为好。……适会妄人,啸聚不逞,佶之将臣,巽耎畏事,怀首鼠之两端,佶亦惑其谬悠,得罪大国,自知甚明。故于问罪之初,深自刻责,不敢抗兵,亟去位号,委国计于嗣子,……而嗣子愚弱,不娴于礼,小人贪功,要取民誉,妄有交搆,遂重获罪于大国。祸皆自取,悔将何及!

佶向自传位以来,退处道宫,不复干预国事,事无大小,并不预闻。此非敢妄为之说,天下之人所共知也。……

赵氏自太祖不血刃取天下,……百余年间,不识兵革,斯民仰事俯育,衣食无憾,……今若因而存之,则世世臣属,年年输贡,得失可见矣。必欲拿舟交广,驰马闽蜀,躐足关陕,决大计于金鼓之间,得失可见矣。……

欲所得之利尽归公上,则莫若岁岁受金帛;使他人守疆,则莫若因旧姓而属之。在郎君宜熟计而审处。

闻嗣子有在南方为彼人所依,此祖宗恩德在人,未易忘也。如蒙郎君以佶前所言为然,望赐采择。佶欲遣专介,谕嗣子以大计。郎君可不烦汗马之劳而坐享厚利。

伏惟麾下多贤,通知古今、谙练世故者不为少,想当裨赞成画,笑谈而定。

信中所写的这些昏话,充分暴露出徽宗和秦桧卖国求荣的丑恶嘴脸。秦桧不只替徽宗改写了这封书信,还乘机向完颜宗翰表示,如果完颜宗翰能够采纳信中的建议,允许徽宗派遣专人去南宋劝说高宗投降,他愿意承担这一使命。

在秦桧借助完颜昌之力把这封信递交给完颜宗翰之后,完颜宗翰并未加以理睬。

岳飞：一曲高歌"满江红"

建炎四年秋，完颜昌率领金军由山东南犯淮南时，秦桧就随行做参谋军事，还兼任随军转运使。秦桧的妻子和奴仆们也都随军同行。

金军攻打楚州久攻不下时，完颜昌散发了一篇檄文，劝说楚州的守军和居民投降。这篇檄文就是秦桧代写的。

建炎四年十月，秦桧在完颜昌的暗示和纵容下，挈带着妻子、童仆和使女，假称是暗自从金国潜逃出来的，从楚州乘船回到了南宋统治区域。完颜昌把秦桧放归南宋，目的就是让他进入南宋朝廷去做金国的代理人。

秦桧来到南宋朝廷后立即被高宗召见。他见到高宗后，说自己如何被完颜昌所宠信，南宋朝廷应该如何与金国进行议和，以及他自己如何担任议和谈判的撮合人等。秦桧甚至将自己代替高宗写好的、向完颜昌乞降的一封《国书》当面递交给高宗。

秦桧挟金国统治者之威势以自重，的确受到了高宗的重视。高宗对自己的身边人说，他在召见秦桧后，喜得连觉也睡不着了。但高宗觉得，完颜昌并非金国的最高军事掌权人，用《国书》去向他求和有些不妥。于是，高宗没有采用秦桧拟就的那篇《国书》，而改命大将刘光世以私人名义向完颜昌通书致意，进行试探。因而，刘光世代替高宗向完颜昌表明，南宋王朝可以向金国屈服投降。

从此，秦桧被留在南宋行朝，先做礼部尚书。三个月后的绍兴元年二月，他又被提升为参知政事，相当于副宰相。显然，这是高宗向完颜昌做出的一个投降姿态。如果刘光世的信件在完颜昌那里能有回音，南宋朝廷就把屈服投降的事交由秦桧着手操办。然而，对刘光世的私人书信，完颜昌没有回信。

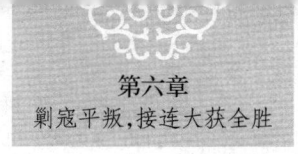

03 秦桧被罢宰相位

秦桧是建康府江宁人,字会之,进士出身,当太学生时博闻强记,文章写得很不错。其妻王氏是宋神宗朝宰相王珪的孙女。秦桧原是北宋王朝的御史中丞,在北宋灭亡之际曾反对割地和谈,反对金人扶立张邦昌为帝,乞存赵氏王室,因此被押解到了北方。不久,秦桧变节,投降金国被完颜昌任用,升为参谋军事。后来,秦桧于建炎四年被金国统治者遣送回南宋,成为金国在南宋朝廷内的"卧底"。

做了参知政事的秦桧,又觊觎宰相之位。为了迎合高宗、取得信任,秦桧大倡"中国人但当着衣啖饭,徐图中兴"之说。另外,他还极力制造一种舆论,声称如果让他做朝廷的宰相,他有独到的良策确保南宋朝廷平安。就这样,秦桧于绍兴元年八月,仅仅做了半年的参知政事,就在高宗的纵容之下做了南宋朝廷的宰相。

其实,秦桧提出的两策,一是南人归南;二是北人归北。也就是说,目前居处在南宋朝廷统治区域之内的,不论是官僚豪绅或士兵百姓,凡是原籍贯在河东、河北、山东、陕西等地的,都返归金国的统治;凡是原籍贯在中原的,都返归伪齐政权的统治。这两策虽然仅仅八个字,但其所包含的内容,是很复杂也很险恶的。对"南人归南、北人归北"这八个字稍加分析,就可以得出如下的结论:

第一,这八个字意味着南宋王朝自动解除武装。在宋代,一般人都认为生长在北方和西北地区的人体格魁梧,勇敢善战。而生长在东南地域的人则比较柔弱,不适于作战。不论这意见正确与否,在当时却为一般人所普遍接受。事实上，南宋初年朝廷所领导的军队中，兵和将绝大多数都出生在陕西、河东、河北等地。由此，建炎三年二月，金军在攻陷扬州城时，就在城内揭榜说，要"西北人从便还乡"，其用意就是瓦解南宋的武装力量。倘使秦桧提出的这个对策果真实行，那首先就要把出生在北方和中原地带的士兵和将官一律遣返原籍，那就等于是自动解除武装。

第二，这八个字将使华北、中原和西北地区的居民，不论遭受到金国、伪齐怎样的奴役，也不敢奔往南宋境内。因为，即使投奔南宋境地，最终还会被遣送回来。而这就等于替金国、伪齐安定了社会秩序。

第三，这八个字等于正式承认关陇、华北和中原之地归金国、伪齐所占领，恢复失地之事再也不容提及了。

然而，从刘光世写给完颜昌的私人信件没有回音来看，金国并没有放弃消灭南宋的图谋。秦桧提出的对策，未必能够满足其金国主子的野心，使其不再以武力进犯。特别是，当时南宋朝野上下还充满了报仇雪耻、收复失地的声音，在这种形势和气氛之下，秦桧的对策中所要付出的代价，确实高得令人惊骇。因而，秦桧这八字对策，不但为当时的"清议所不容，诟詈唾斥，欲食其肉而寝其皮"，而且"无贤愚，无贵贱"，都"交口合辞以为不可"，就连高宗本人也觉得实在难为情，他对身边的大臣说：秦桧主张要使南人归南，北人归北，我就是一个北方人，将归往哪儿去呢？

由于不满秦桧的这八个字，绍兴二年（1132年）八月，南宋朝廷的殿中侍御史黄龟年递交奏章弹劾秦桧，说他"专主和议，沮止国家恢复远图，且植党专权，渐不可长"。高宗采纳了黄龟年的建议，罢免了秦桧的宰相职位。高宗还在罢相诏词中，把秦桧所献两策列为罪状之一："自诡得权而举事，当耸动于四方；逮兹居位以陈谋，首建明于二策。罔烛厥理，殊乖素期！"

由此可见，高宗有对金国屈服投降的一面，也有与金国统治者相互矛盾的一面。在他要屈服投降而不可得时，他就间或采纳抗战派的主张，允许他们去对金人进行武装斗争。但是，在秦桧的心里，却一心一意要执行自己作为金国统治者代理人的职责，在大大小小的问题上，都与他的金国主子之间不存在任何矛盾和分歧。

高宗罢免秦桧宰相之位，只是一时权宜之策。高宗对金国统治者所表现的两面性，屈服投降的一面仍占据上风。因此，当他不得不顺应舆情，把秦桧从南宋朝廷贬黜出去时，他却把秦桧牢牢地记在心头。他知道，屈服投降的机缘再度来临时，他还要倚靠秦桧去完成投降交易。

04 一鼓作气灭李成

建炎四年，金国扶持建立了伪齐傀儡政权，在南宋朝廷与金国之间形成了一个缓冲地带。在南宋朝廷看来，只要金军不再进一步南下侵犯，他们就和金国维持互不侵犯的局面。

金军果然没有在短期内再度南犯的迹象。趁着金军不来侵犯，南宋朝廷便把心思和目光集中到安定内部的问题上。其中，以解决具有草寇盗匪性质的武装力量为主。从建炎四年下半年开始，窜扰在大江南北各地使南宋朝廷最感头疼的游寇，就数以李成为首的这一支。

李成活动猖獗，源于一个名叫陶子思的道士。陶子思在给李成相面时，说李成天生一副割据霸主的相貌，劝他带领十万人马直奔成都，到那里去做西蜀霸王。李成虽然没有马上去成都，但他的野心越来越大，势力越来越大，地盘更是越来越大。

建炎三年时，李成所部曾被刘光世率部打败，不得已接受招安。但李成接受招安不久又故态复萌，于建炎四年二月攻入舒州城内，俘获了淮西

岳飞：
一曲高歌"满江红"

路州县官一百余人。到了秋冬之时，李成又趁金军从江南撤退之际，率领手下窜扰并占据了江淮之间的六七个州郡，企图进一步席卷东南。

建炎四年岁末，南宋朝廷把担任江南路招讨使的大将张俊任命为江淮路招讨使，要他去负责征讨李成，并下令给驻扎在江淮地区的某些部队，包括退屯在江阴军境内的岳飞的部队在内，一律听从张俊的调度指挥。

岳飞在绍兴元年正月初十接到诏令后，第二天就把随军老小安顿在徽州，然后率领岳家军奔向洪州（今江西省南昌市），与张俊所部会师。

李成的部将马进从建炎四年冬就开始围攻江州，南宋朝廷的大臣吕颐浩和武将杨惟忠、巨师古等人，都曾率兵去援救，但先后都被马进击败。绍兴元年正月，江州城在被围百日后终于被马进攻下。李成随后渡江移居江州城内，另派部将邵友从奉新县直趋筠州（今江西省高安市）。

岳飞率领岳家军在江州失陷后赶到洪州，在焦急地等待了一段时日后，张俊和王𤫉等人率部到达。张俊和王𤫉等诸路兵马到达洪州后，探知在江州的李成和在筠州的马进都没什么动静，也敛兵不动。

这样偃旗息鼓了一个多月，马进认为官军惧怕，便出兵进逼洪州，而且向官军送来大字文牒，力邀择日会战。于是，张俊集结各路官军的将领谋划打击李成良策。岳飞自请担任先锋，与杨沂中一起，在赣江上游的生米渡过赣江。之后趁李成所部麻痹大意之时，在玉隆观将其先锋部队打败。岳飞与杨沂中率部乘胜追击，兵临筠州。

马进立即把屯驻在筠州的十万人马一齐调动出来，在筠河所有要害之地加强守卫。岳飞身披重铠，率领三千名骑兵悄悄地渡过章江，突然出现在马进大军的后方，对马进所部的右翼发动攻击，两军在玉隆观一带展开了一场激战。这时，张俊大军赶到，马进所部无力再战，又逃往筠州。

张俊大军随即兵临筠州，马进集结兵力出城列阵，横亘十五里。张俊令岳飞和陈思恭两部分头进击。此役，岳飞用红绸做旗帜，上面刺绣了白

第六章
剿寇平叛，接连大获全胜

色的"岳"字，亲率两百名骑兵诱敌。马进见岳飞兵少，不足畏惧，便指挥大军前来交锋，结果遭到宋军伏兵攻击，大败而回。岳飞让士卒对贼军大喊："不从贼者，就地而坐，脱掉衣甲，就不杀你了！"贼兵应声坐地而降者有八千人。这时，张俊引兵增援，杨沂中又领兵渡过筠河，从西山上冲杀下来，夹攻贼军，马进贼军大败，逃往建昌军投奔李成。

岳飞连夜率领将士悄悄急行军，很快赶到马进的队伍之前，在朱家山埋伏在一处密林之中。待马进残部逃到此地，岳家军伏兵齐发，斩杀敌将赵万等。马进大败，只带了十余骑仓皇逃走。

李成闻知马进兵败，十分恼怒，留马进守卫江州，亲自率部十余万人进行反扑。李成大军与岳家军在洪州奉新县（今江西省奉新县）楼子庄展开激战。同时，李成部将商元在楼子庄的草山依险设伏，企图聚歼南宋官军。但张俊大军由小路冲上山顶，杀败伏兵，夺取险隘，与岳飞合力大破李成。

岳飞以骑兵追击，另遣步兵渡过张家渡，夹击匪军，斩杀了马进、孙建等匪首。李成残部连夜逃奔，因得不到休息、饥饿疲困而死的几近半数。李成眼见大势已去，就投靠了伪齐刘豫。张俊大军乘胜收复被李成匪军所占的淮西各州县，招抚其余部赵端，江淮一带得到平定。

05 立功升迁都统制

建炎三年春，张用脱离杜充后，在陈州（今河南省周口市淮阳区）城下打败了马皋的部队，与王善分裂。张用和曹成等人率领了大批人马，先是窜扰在淮北各地，到建炎四年，便盘踞在淮西的寿春（今安徽省寿县）、舒城一带。

这期间，宋军统制马皋被两浙宣抚副使郭仲荀所杀。马皋的妻子被一

岳飞：
一曲高歌"满江红"

个名叫间勋的将官收养为义女，该女子绰号为"一丈青"。当张用流窜到濠州时，间勋与之相逢。为了劝说张用归附南宋朝廷，间勋把"一丈青"改嫁张用为妻。"一丈青"很是剽悍，不但能披甲上马作战，而且号称能匹敌千人。

建炎四年夏季，淮西地区缺粮，张用这支游寇又流窜到德安府（今湖北省安陆市）境内。张用屯军三龙河，曹成屯军应城县。此外，扎营散居的还有李宏等为数不少的草寇盗匪。

刚到初秋，张用又脱离了曹成，转移到汉阳军。在汉阳军，张用又掳掠了许多壮丁，使自己的队伍得以扩充，并且接受了鄂州路安抚使李允文的招安，驻扎在鄂州（今湖北省武昌市）城中。

绍兴元年春，南宋朝廷征讨李成时，曾下令张用去解江州之围，但张用没听命。后因曹成移军汉阳相逼，张用又把所部转移到咸宁县。实际上，张用一方面与李允文互为声援，另一方面仍然与曹成等率领的游寇若即若离，三个人都不肯听从南宋朝廷的号令。

绍兴元年六月，李成被南宋朝廷平定后，张俊大军压在鄂州境上，而孔彦舟所率领的一支游寇因在潭州被马友屡次打败，又北上流窜到汉阳。这样，在鄂州的李允文处在了一个腹背受敌的境地，张俊便乘机夺取了李允文的军权，并把李允文押赴南宋朝廷。

当张俊的大军进入鄂州境时，张用感到极大的压力，便离开咸宁渡江南下，移屯江西的分宁县（今江西省修水县）冷家庄。曹成也率部相随而来，驻屯在与冷家庄相距三十多里的吴仙镇。张俊在计划收夺李允文兵权时，也派岳飞到分宁县去招降张用。

岳飞曾在开封的南薰门外与张用交战过，而且是以少胜多的一次胜利。这件事，张用还记忆犹新。当岳飞带领人马对张用进行招安时，张用却踌躇不决。张用下令给驻屯在附近的游寇，命其向吴仙镇方向集合，暗示要

第六章
剿寇平叛，接连大获全胜

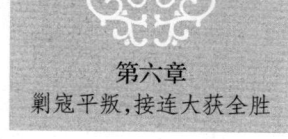

与岳家军进行对抗。

看到张用摆出了对攻的架势，岳飞向张俊请命："让我一个人去，徒手就可以擒获张用。"张俊很佩服岳飞的勇略，随即增拨给岳飞三千步兵。

岳飞立即率部征剿张用，驻军在金牛屯。他采取先礼后兵的策略，派一名兵卒带信给张用，信中说："吾与汝同里人，忠以告汝，南薰门、铁路步之战，皆汝所悉也。今吾自将在此，汝欲战则出战，不欲战则降。降则国家录用，各受宠荣；不降则身殒锋镝，或系累归朝廷，虽悔不可及矣。"

张用夫妇向来佩服岳飞的骁勇和威望，加之间勃的影响，当即表示乐于听命。就这样，张用手下的一支包括家属在内共计五万人的队伍，在兵不血刃的情况下接受了张俊的收编。

张俊非常高兴，对部属盛赞岳飞说："岳飞的勇略，我与你等都比不上啊！"

张俊随即上奏朝廷，力称在讨李成、收张用的军事行动中，岳飞功劳第一。绍兴元年七月，南宋朝廷将岳家军的军号定名为"神武右副军"，任命岳飞为统制，暂且屯驻洪州，进一步剿抚当地匪寇。此后，南宋朝廷还下令给原驻洪州的任士安，令其把军马拨交岳飞，而授予任士安江西总管的职务。交接这支军马时，岳飞依照这支部队的人数支付犒赏，交给任士安去发放。岳飞规定的犒赏标准为：带甲人每人五千文，轻骑人每人三千文，不带甲人每人两千文。不料，任士安经手犒赏时，竟发生了克扣贪污的丑事。岳飞察知后，给予任士安决杖一百的处罚。

担任江西路兵马钤辖的赵秉渊，是北宋末年由辽国投降宋朝的一个小军官，此时也正率部驻扎在洪州。有一次，岳飞与赵秉渊对饮后，便向南宋朝廷提出申请，将赵秉渊这支部队划归他统辖，并把赵秉渊用作他的部将。同时，傅选的一支驻扎在江州的部队、李山的一支驻扎在蕲州（今湖北省蕲春县）的部队，都一齐划归于他的统辖之下。几次调拨并合后，岳

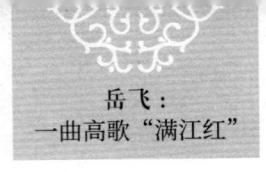

飞所统辖的军队不论是数量，还是作战能力，都已经不可小觑。

绍兴元年十月，南宋朝廷再次论功行赏，将岳飞武官虚衔超擢为亲卫大夫、建州观察使，为从五品的遥郡观察使。

绍兴元年十二月，南宋朝廷降旨，升迁岳飞为都统制，并将岳家军的军号由原来的"神武右副军"，改为"神武副军"，同时下令特别铸了一方官印赐给岳飞。这一年，二十九岁的岳飞已经成为南宋朝廷倚重的东南大将中的一员。

06 岳家军讨平曹成

在张用率领亲信离开三龙河返回汉阳军后，曹成便移屯于三龙河，李宏依旧屯于郢州（今湖北省钟祥市）境内。绍兴元年正月，由于当地百姓饥寒交迫，曹成、李宏等游寇相继率众转移到汉阳军，在那里接受鄂州路安抚使李允文的招安，率部扎寨于鄂州的东门外。后因鄂州没有能力提供钱粮，曹成、李宏又撤离鄂州转入江西，与张用互为声援。张用接受了岳飞的招安后，曹成和李宏又率众流窜到湖南路的浏阳县境内。

驻扎在浏阳没有多久，曹成和李宏便互相拼杀起来。随后，李宏率领自己的人马依附盘踞在潭州的另一游寇头目马友。马友原是张用的一名部下，一年前被曹成从汉阳军中赶走。马友把李宏的部队调驻到湘阴县，而曹成也于绍兴元年的秋季率部移驻攸县。在此期内，曹成在攻占潭州时与马友进行了一次交战，结果被马友打败。

绍兴元年十一月下旬，曹成又率部离开攸县到达安仁县。此时，充任湖南安抚使的向子諲正带领几千兵丁移驻在安仁县城内。曹成打败向子諲所部，于十一月末攻下了县城，对城内外官民的金帛粮米进行大肆劫掠，

第六章
剿寇平叛，接连大获全胜

并把向子諲捉获，拘置在军中，然后率部窜往道州（今湖南省道县），气焰极其嚣张。

绍兴元年十二月中旬，南宋朝廷把岳飞的军职提升为都统制，又下令岳家军驻屯洪州。绍兴二年正月，南宋朝廷委派已经被废用在福州许久的李纲，去做荆湖、广南路宣抚使兼知潭州，命韩世忠派部将任士安率三千人马，随同李纲经由汀州、道州去荆湖、广南路上任。另外，又委派岳飞在李纲到任前，做代理湖南安抚使和潭州知州，命他先率部会同马友、李宏等部征讨曹成。

岳飞接到了命令后，立即率部从洪州出发，迅速越过袁州（近江西省宜春市）到达湖南茶陵县境内。

此时，曹成已率部抵达道州（今湖南省永州市境内），在湖广宣抚司做参议官的马扩，因在河北进行抗金斗争时曾与曹成有过交往，便代表南宋朝廷对曹成进行招抚。结果，曹成以释放向子諲的方式拒绝接受招安。而后，曹成又率部从道州出发，流窜到广南西路的贺州（今广西壮族自治区贺州市）。

岳飞率部跟踪追击曹成，在绍兴二年闰四月初到达岭南的贺州。

当曹成探知岳家军前来追击时，首先控制了贺州境内的险要之地莫邪关。闰四月初六，岳飞派遣前军统制张宪去攻打这个关口。军士郭进和旗头二人捷足先登，首先杀死贼军的一名旗头，贼军随之大乱，张宪所部一齐赶了上来，贼众纷纷逃散，岳家军遂得夺关而入。

在这次战斗中，岳飞的弟弟岳翻被贼军头目杨再兴杀死，岳飞手下的军官韩顺夫被杨再兴砍掉了一条胳膊而亡。

在岳家军的攻击下，贼军屡战屡败，死伤上万人。最终，曹成和杨再兴等人率领残部流窜到贺州东北的桂岭县。

十天后，岳家军又在桂岭县境与曹成、杨再兴率领的游寇进行了交战。

岳飞：
一曲高歌"满江红"

贼军战败后，曹成拔寨逃向连州（今广东省连州市），杨再兴则向着静江军（今广西壮族自治区桂林市）的方向逃窜。

杨再兴首先被岳飞的骑兵部队追赶上。当他看到逃脱无望时，便高声喊叫："我是好汉，不要杀我，把我带去见岳飞吧！"追兵答应了杨再兴的要求，就带着他去见岳飞。

岳飞果然很赞赏杨再兴的勇武，一见面就亲自解开捆绑在他身上的绳索，根本不提过去交战的事，开口就向他说道："我和你是同乡人，我知道你是好汉，绝不杀害你。你应当从此改过，以忠义报答国家。"杨再兴满口答应，而且深表谢意。从此以后，他便成了岳飞部队中的一员将领，极其忠实，极其勇敢。

岳飞下令给前军统制张宪，令其率众紧紧追赶奔向连州的曹成。曹成在被岳家军逼得走投无路的情况下，于绍兴二年的闰四月接受了韩世忠的招安。曹成一个名叫郝政的部下在顽强地抵抗了几日后，也不得不归附岳飞的部下张宪。

南宋朝廷得知曹成被岳飞和韩世忠部队平定的消息，于绍兴二年六月再次下令给岳飞，要他率领全部人马开往江州去戍守。此时，岳飞的军职仍是神武副军都统制，但他的虚衔已由原来的亲卫大夫、建州观察使，提升为中卫大夫、武安军承宣使。

经历此次征战，岳家军兵力翻了一番，达两万多人，与南宋老将韩世忠、刘光世、张俊所部的兵力不相上下。

07 剿灭土寇受嘉奖

自金军入侵以来，江南各地百姓既要遭受金军铁骑的践踏蹂躏，又要

第六章
剿寇平叛，接连大获全胜

遭受李成、曹成等大股游寇的窜扰，致使"编户死于兵火，田庐变为丘墟"。百姓的负担越来越沉重，不但原有的正式赋税要照数缴纳，而且还增加了上贡米、钱、物料等新的项目。由于上述原因，建炎四年十二月，在虔州（今江西省赣州市）、吉州（今江西省吉安县）两地爆发了大规模的农民起义，人数多达十几万。

虔州和吉州都属江南西路，介于福建和两广之间，是江南通两广的交通要道。两州都地形险阻，山深林密。赣水直贯于两州境内，也成为据险反抗的农民起义军的联系纽带。爆发在虔州境内的起义军，凭借山区为根据地，分别乘机向四周地区发展。

南宋朝廷派在各路的安抚使，本都有调集地方部队、镇压起义军的职责。然而，虔州、吉州两地居于江西、福建、广东三路交界处，因而成了一个"三不管"地区。南宋朝廷偶尔调集军队前往镇压，但在军队尚未到达之前，起义军早已闻风转移。而当探知朝廷军队退却后，起义军又集结如故。这样的情况延续了几年，起义军的力量和影响越来越大。这时，江西、福建、广东三路的地方官员先后向南宋朝廷陈报这一严重事态，请求紧急抽调部队征剿分据各地的农民起义军。他们甚至还直接提出，要岳飞来执行征剿任务。

绍兴三年（1133年）三月，南宋朝廷果然下了一道命令，把镇压虔州、吉州农民起义军的任务交给岳飞。

岳飞接受任务后，率部于绍兴三年四月初七到达吉州。当时，起义军首领彭友和李满等人占据吉州的龙泉县（今江西省遂川县），在龙泉县境内的武陵、烈源、陈田三处驻扎了无数大小营寨，由十大王分别管辖。

岳飞到达后，决定采取各个击破的办法剿灭起义军。他和王贵、张宪等人首先合力攻占了总隘口，切断起义军通往各地的通道。他们还布置了包围圈，每天集中目标，至少要击破一座营寨。但在攻击任何一座营寨时，

岳飞：
一曲高歌"满江红"

都遇到了起义军的顽强抵抗。岳飞看到不易制胜，便采用了残酷的屠杀手段。半个月后，起义军被杀得尸横遍野，营寨大部分被攻破，彭友被岳家军所俘获。

最后，只剩下李满的大寨还在守险抵抗。李满的营寨驻扎在固始洞内，是一个险峻的地方，悬崖百仞，极难攀登。在其他营寨被攻破后，这个营寨还安然无恙。固始洞里所囤积的粮米、金帛都特别多，很多起义军的家眷也都随同住在洞内。这里别有洞天，李满是这洞里的唯一主宰者，起义军称李满为"李洞天"。

岳飞把兵力集中起来，先令人用大木头建成八座天桥，每天派出一些士兵试图攀登天桥以攻击山寨。守卫固始洞的起义军为了阻挠官军的进攻，使其不可能接近营寨，从山上或洞口把大批的檑木炮石投掷下来。接连数日，岳飞的军队都试图爬上天桥，而起义军都是用檑木和炮石以攻之。

最终，固始洞的守卫者上当了。等到檑木和炮石都已用光，再没有可以阻止官军攀登天桥的武器，山上再也不能采取任何有效的抵抗办法时，岳飞便转而激励部卒，令先锋部队用金属制成前后"靥心"耙山而上，全副武装的士兵也紧跟着一拥而上。固始洞终于被攻破，李满也被官军所俘获。聚集在各个民兵营寨中的那些男女老幼家眷共有两万多人，也都被遣送回各自的家乡。

吉州的起义农民军被镇压下去，岳飞又率军转向虔州。

虔州起义军的首领，除了陈颙、钟超、罗闲十以外，还有名叫王彦和绰号钟大牙的几个人。他们与吉州的起义军消息相通，岳飞将吉州起义军全部歼灭的消息很快就被虔州起义军知道了。岳飞原想他们会被岳家军的强大声威所慑服，可以对他们进行招安。可结果却出乎岳飞意料，他们没有一个人愿意放下武器接受招安。无奈之下，岳飞只好使用武力来解决。

起义军虽然勇气有余，但缺乏斗争经验，这使得岳飞的军队很容易就

第六章
剿寇平叛，接连大获全胜

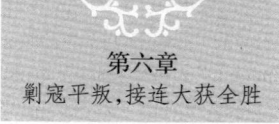

把起义军大小几百座营寨攻破，起义军首领也全被活捉。

在对吉州、虔州两地起义军进行镇压的几次战役中，岳飞的部将中立功最多的不是王贵和张宪，而是此前没有名声的徐庆，徐庆从此成为岳飞最心爱的将官。

紧接着，岳飞奉诏留五千名将士驻守虔州，选三千名将士驻守广州，以精兵一万人驻守江州。并且，南宋朝廷还下诏将抚州的桩管钱九万余贯、江西路用折帛钱所籴粮米一万斛一律拨付岳飞，供作粮饷和军费。

第七章

襄阳大捷，掌控长江上游

岳飞：
一曲高歌"满江红"

01 携岳云朝见高宗

自南宋建立以来，岳飞率领自己的队伍始终冲杀在激烈的战场上，为朝廷安定社会秩序不遗余力地贡献自己的力量。但在岳飞的心里，最为牵挂的是如何更好地抗击金军，收复被金国侵占的故土。河朔一带是岳飞的家乡，素有"河朔幅员二千里，地平夷无险阻"之美誉。岳飞一直挂念着家乡在敌骑践踏下的大片沦陷地区，一直挂念着在敌人奴役下那乡邦的父老兄弟。他热切期盼着打回老家去，热切期盼着复归故国、统一山河。

岳飞完成打败李成、招安张用、讨平曹成、平定农民起义军等朝廷下诏布置的差事后，又将移屯虔州、广州、江州诸事办妥，便受诏到行朝去朝见高宗皇帝。这时，南宋朝廷的行朝已转移到临安府。

绍兴三年九月中旬，岳飞携儿子岳云抵达临安。父子二人一同来临安，目的是一同去朝见高宗。

早在大元帅府时，岳飞就曾与高宗有过一次见面机缘，那时岳飞还是一个无名小卒，不可能被高宗所重视。但时间已过去七年，许多事情发生了巨大的变化。七年后的岳飞，已经成了南宋朝廷的头等战将，变成了高宗主动召见、愿意召见的重要人物。

岳飞与高宗面对面交谈虽然还是头一次，但在过去的几年中，岳飞在各种战场上竭力拼杀，为南宋朝廷解除了极大的忧患，其中也包括他对江西地区起义军的镇压。尽管对起义军欠下血债，但似乎瑕不掩瑜，岳飞所赢得的战功和声望，让高宗由衷产生一种喜爱之情。在岳飞朝见高宗前，高宗特意派人告诉岳飞，让他系金带上殿，以示对高宗的尊崇。

第七章
襄阳大捷，掌控长江上游

　　岳飞受到高宗召见时，高宗有许多话题想与岳飞探讨。首先，高宗把话题定位在北投伪齐的李成身上。李成曾经是南宋的一名将领，拥有着数量极多的队伍，但他背叛了朝廷，投降了伪齐，使得兵力并不雄厚的伪齐得到了补充和加强。伪齐把李成和他所率领的军队布置在与南宋交界的几个州郡，成为侵扰南宋的急先锋。高宗之所以经常考虑李成，原因就在于此。高宗与岳飞交谈，希望岳飞设法策动李成回心转意，重新效忠南宋朝廷。高宗对岳飞说："如李成归国，朕当以节度使待之。"在宋代，节度使虽然只是一个并无实职实权的虚衔，但这一虚衔却被视为武将的极高荣誉。南宋朝廷的几员大将，还很少有人能够荣升为节度使的。此时，高宗居然要以节度使之职授予李成，可见高宗期盼李成回归的心情是何等迫切。李成所率领的一支游寇窜扰江淮各地数年，是在被岳飞几次打败后才在穷蹙中北降刘豫的。眼下，如果想策动他回归，借以削弱伪齐政权的军事实力，自然也是岳飞应尽的一份职责。高宗之所以特地向岳飞提及此事，目的就是将此事委托给岳飞去办。听了高宗的话，岳飞满口应承，去招降李成。

　　岳飞被高宗召见后，高宗赏赐给岳飞父子许多物品。赏给岳飞的有衣甲、马铠、弓箭各一副，金线战袍、金带、手刀、银缠枪、海皮鞍各一件，军旗一面，上面绣有"精忠岳飞"四字。赏给岳云的有弓箭一副，战袍、银缠枪各一件。

　　几天后，高宗又下诏擢升岳飞为镇南军承宣使、江南西路沿江制置使。值得一提的是，高宗还下了一道不许岳飞恳辞的新职任诏令："朕以九江之会，襟带武昌，控引秋浦（指池州，今安徽省池州市贵池区），上下千里，占江表形势胜地，宿师遣戍，而以属卿，增壮军容，并加使号，盖图乃绩，顾匪朕私。维卿殄寇之功，驭军之略，表见于时，为后来名将。江、湖之间，尤所欣赖。儿童识其姓字，草木闻其威声。则夫进秩授任，就临一道，岂特为卿褒宠，亦以慰彼民之望，其尚何辞。"

岳飞：
一曲高歌"满江红"

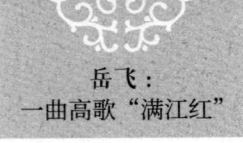

② 派幕僚潜入伪齐

从绍兴元年到绍兴三年，岳飞率领岳家军除了进行大规模的军事行动外，还分兵遣将平定若干规模不大的内乱。岳飞命徐庆和王万率三千兵马，会同江南东路安抚大使司统制颜孝恭、郝晸等，平息建昌军石陂寨姚达和饶青的兵变。他亲自招降转移至筠州的马友残部郝通，消灭盘踞舒州太湖县（今安徽省太湖县）司空山的盗匪李通。徐庆和江南西路安抚大使司统制傅选合军，击破叛将李宗亮和张式的队伍。王贵、徐庆率军击破刘忠余部高聚于袁州，击破张成于萍乡（今江西省萍乡市），并擒获高聚和张成。

绍兴三年，岳飞的长子岳云虽然刚满十五岁，但已是岳家军中军功突出的少年战将。岳云秉承父志，自幼立志许国。建炎四年，岳云十二岁时就被编入张宪的部伍从军，并立下军功。岳飞对儿子的要求极为严格。有一次，岳云身披重铠，练习飞马冲下陡坡，不慎人仰马翻。岳飞大怒说："前驱大敌，亦如此耶？"于是下令将岳云斩首，但经众将说情后，改为责打一百军棍。三年时间的严酷锻炼，岳云练就一副铜筋铁骨。他天生神力，能将一双近百斤重的铁锤抡动如飞。

绍兴三年九月十三日，岳云与父亲岳飞一同朝见高宗。高宗亲笔书写"精忠岳飞"四字，绣成一面战旗，命岳飞在用兵行师时作为大纛。同时，又赐给岳云弓箭一副，及战袍、银缠枪各一件。赏白银两千两，犒赏将士。高宗还特意下诏，擢升岳云为正九品保义郎、阁门祗候的武官虚衔。岳飞接到擢升岳云的诏旨后，立即上奏高宗，强烈辞免对岳云的任命，认为岳云尚未建树大功，不该接受皇帝的官封。高宗看到奏折后，随即降旨给岳

第七章
襄阳大捷,掌控长江上游

飞说:"皇帝的恩命是不能推辞的。"岳飞感到无奈,只得让岳云接受了高宗的恩赏。

朝见高宗后,岳飞最为挂念的就是荆湖北路和京西南路的战事。一个时期以来,宋军被伪齐主将李成击败的战报接踵而至,岳飞一直渴望与猖狂进犯的李成一决雌雄。他的心里清晰地记着高宗所说的话:"如李成归国,朕当以节度使待之。"高宗一语既出,还命岳飞派人去招降李成。

此时,岳飞已经被朝廷擢升为正四品的镇南军承宣使。在岳飞的努力下,南宋朝廷还做出以下决定:第一,命岳飞任江南西路、舒州、蕲州制置使,若"军期急速",可抽调江南西路的其他驻军"随宜措置",且淮南西路舒州和蕲州的防务也由他管辖。第二,岳家军分拨三千人往广州屯戍后,只剩下两万一千余人,除去火头军、辎重兵、病员等,战士只有不足一万六千人。为弥补兵力不足,宋廷便将驻守蕲州的统制李山、屯扎江州的统制傅选两支部队并入岳家军。岳家军的军号也由神武副军升格为神武后军,岳飞由都统制改任统制。这是因为岳飞官位尚低,不能与神武左军都统制韩世忠、神武右军都统制张俊等平列。

朝廷的决定实施后,岳飞的部队才真正壮大起来,和驻扎在上游的王𤩽,驻扎在下游的韩世忠、刘光世,形成了沿江的四个重镇。实际上,岳家军虽然人数还比较少,但其军人素质和作战能力,与其他大将的部队相比,有过之而无不及。

岳飞返回江州驻地后,伪齐傀儡头目刘豫对南宋朝廷进行了强大的政治攻势,大量招徕南宋朝廷的臣僚和江淮地区的"衣冠之士"。岳飞利用刘豫招徕能人的这一时机,从自己的幕僚中选取了一个名叫王大节的四川人士,悄悄隐瞒身份,乔装改扮,以间谍身份潜入伪齐,去做招降李成归宋的工作。王大节抵达伪齐后,被刘豫的儿子刘麟罗致门下,授给他一个承务郎的名衔,让他做伪皇子府的属官,并且给予他优厚待遇。

此时，李成已重新屯兵于襄、汉之境，成为南宋朝廷的心腹大患。岳飞虽然已经派遣自己的幕僚王大节潜入伪齐，去争取李成归宋，但在他的内心深处，并不对李成归宋抱有什么幻想。岳飞向来就蔑视李成，派遣王大节去争取李成投宋，只不过是为了敷衍高宗的旨意。

03 扩实力收编牛皋

绍兴三年秋，岳飞在临安府朝见高宗返回江州后，派部将张宪前往襄阳府，去招纳襄阳镇抚使李横，以便进一步扩充岳家军的实力。按照朝廷的决定，襄阳镇抚使李横应该由岳飞节制。

但李横不肯听从张宪的招纳，率部逃到了蕲州、黄州一带，并随即渡江，径直赶往洪州，参见江南西路安抚制置大使赵鼎。岳飞听说李横去了洪州，也马上起身赶往洪州。岳飞到达洪州，比李横晚了一天。岳飞当着赵鼎的面责备李横不听从节制，李横虽然口称服罪，可内心却不愿隶属于岳飞。

这时，牛皋、董先、李道等宋将屡次申状赵鼎和岳飞，要求听从岳飞节制。但因岳飞没得到朝廷的旨意，不敢随意招纳牛皋、董先和李道等将官，只是允许他们率部暂且到江州驻扎。

不久，在岳飞、赵鼎与南宋朝廷的交涉下，朝廷最终同意将牛皋、董先、李道等部并入岳家军，神武后军统制张玘也拨归岳飞统辖。翟琮则任江南东路兵马钤辖，李横改隶张俊。

牛皋是一位骁勇善战的将军，且居功不骄，被岳飞器重，为岳家军重要将领。牛皋生于哲宗元祐二年（1087年），卒于高宗绍兴十七年（1147年），字伯远，汝州鲁山县（今河南省鲁山县）人，比岳飞年长十六岁。当年，牛皋所在的石碑沟村处于深山老林，交通闭塞，人烟稀少。牛皋入伍前以

第七章
襄阳大捷,掌控长江上游

卖柴为生,与老母和妻儿相依为命。牛皋力大如牛,每次上山砍完柴,都去砍一棵结实的树做扁担,然后挑着柴火进鲁山县城去卖。光卖柴火似乎很难满足家庭的日常开支,这时牛皋想到了发挥自己的射猎技艺。牛皋从小就喜欢弹弓、射箭之类,随着不断练习,他的射猎技艺有了很大长进,几乎是百发百中,箭无虚发。石碑沟村林丰鸟多,这给了牛皋充分施展射艺的机会。每次进城卖柴,牛皋都要捎带一些野兔、野鸡等猎物,这样生活倒也还不愁。更重要的是,在日复一日的艰苦劳作中,牛皋不仅练就了强壮的身体,同时将射猎技艺也发挥到了炉火纯青的地步,无形中为他以后的抗金斗争做了一些准备。在金军入侵的大难关口,牛皋毅然决定加入抗金队伍,保卫家乡。牛皋曾组织汝州当地民众抗击入侵的金军,以功补保义郎,还在鲁山击破盗匪杨进。建炎三年,牛皋在京西路一带与金军进行了十余次战斗,每战必胜。建炎四年,牛皋袭击金西路渡江北归的金军,赢得大胜。此后,牛皋还一度被迫投降伪齐。绍兴三年,南宋大将李横北伐时,牛皋等人重归宋军,被南宋朝廷任命为左武大夫,安州观察使,蔡州(今河南省汝南县)、唐州(今河南省唐河县)、信阳军镇抚使兼蔡州知州。当金军元帅左都监完颜宗弼出兵增援伪齐时,李横、牛皋所部被击败。伪齐军队发动南侵战争后,襄阳府等地相继失守,牛皋、李道等渡江请求接受岳飞节制。绍兴三年十二月,南宋朝廷命牛皋、董先两部一千余人隶属岳飞。绍兴四年(1134年),牛皋和董先前往临安,向高宗面陈"伪齐必灭之理,中原可复之计"。南宋朝廷认为二将说得非常有道理,就赏银各一千两,牛皋被任命为岳飞的中军统制,后改任左军统制。绍兴十七年三月,牛皋因对宋金和议表示不满,秦桧密令鄂州驻扎御前诸军都统制田师中将牛皋毒死。牛皋临死时说:"皋年六十一,官至侍从,幸不啻足。所恨南北通和,不以马革裹尸,顾死牖下耳!"绍兴十七年五月,南宋朝廷追封牛皋为安德军节度使。牛皋之子牛倓后官至鄂州、江陵府驻扎御前诸

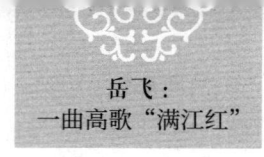

军副都统制，江陵府驻扎。

董先后来也成为岳家军的重要将领。董先，字觉民，河南府洛阳县人，原是翟兴的统制。张玘，字伯玉，河南府渑池县人，是董先的副将。两人曾在商州（今陕西省商县）、虢州（今河南省灵宝市）等地抗金，屡立战功。董先后来出任岳家军的踏白军统制。李道，字行之，汤阴县人，最早与其兄李旺聚众抗金，投奔宗泽。李旺因自身过失被宗泽处斩，由李道继续掌军。李道后来出任岳家军的选锋军统制。

由此，岳家军的实力进一步得到壮大。

04 请缨复襄阳六郡

早在绍兴二年冬，伊阳县风牛山寨的翟琮所部，联合宋军神武左副军统制李横和随州知州李道，共同向伪齐发动军事进攻。两军交战中，伪齐将领牛皋、彭玘、赵起、朱全、牛宝、朱万成等率部起义，向李横投诚。董先、张玘、董震等率部起义后归附于翟琮。

绍兴三年初，李横与牛皋、彭玘等率部克复了汝州、颍昌府（今河南省许昌市）、信阳军等地，伪齐唐州知州胡安中被李道招降。翟琮部署董震、张玘、董贵、赵通诸部攻入西京河南府，处决了挖掘宋朝皇陵的伪齐河南尹孟邦雄。军事上的节节胜利，使翟琮所部很快便控制了东至郑州、西至京兆府的广大地域。

由于翟琮和李横两军联合，从西面和南面两个方向进逼开封府，刘豫的伪齐政权岌岌可危，便慌忙向金国求援。绍兴三年三月，金国元帅左都监完颜宗弼会合李成所率共两万伪齐军，在开封城西北牟驼冈同宋军会战。结果，李横、牛皋等宋军被金军的重甲骑兵击溃。

第七章
襄阳大捷，掌控长江上游

到绍兴三年十月止，不仅伊阳县的风牛山寨、邓州、随州、唐州、襄阳府等地相继陷落，连处在较近后方的郢州也被金国和伪齐联军攻占。李横、翟琮、牛皋、董先、李道、张玘等先后退到江南西路，彭玘战死殉国。

襄阳府、郢州等地的失守，使南宋长江防线出现了巨大的缺口，金军顺江东下，进逼南宋行朝临安。

当时，伪齐傀儡皇帝刘豫得意忘形，准备在绍兴四年麦熟后，大举南下。伪齐的李成、许约等不断派遣使者，前往洞庭湖联络在当地的杨幺起义军，准备采取南北夹攻的策略，合击南宋领土。杨幺也叫杨么，名太，龙阳（今湖南省汉寿县）祝家岗人。

杨幺、黄诚等人与伪齐的李成、许约等人一拍即合，约定在绍兴四年六月，杨幺、黄诚等人率领大军出洞庭湖，顺江攻取鄂州、汉阳军、蕲州、黄州等地，接应伪齐李成的大军渡江。然后，两万联军水陆并进，顺江东下，在浙中会师。双方的目的，就是消灭南宋朝廷，各自称王、建国。

就在李横等宋军遭到伪齐军队进攻节节败退之际，处于十分恐慌状态的南宋朝廷不断发布命令，要求岳飞在大江南北岸措置堤备，并多派间谍和探马每天向朝廷报告江防情况。此时，岳飞不断得到李成和杨幺准备联合行动的情报。在与部将商讨应对策略时，岳飞觉得若先攻打并收复襄阳后，李成必然落荒而逃，杨幺就失去了援助力量。于是，岳飞主动请缨，向朝廷呈奏《乞复襄阳札子》，提出了收复襄阳六郡的作战计划。他认为，襄阳六郡地处军事要冲，战略意义重大，要收复失地就必须尽快夺回襄阳六郡，消除心腹之患。

岳飞在《乞复襄阳札子》中说："臣以为善于观察敌情的人，能够料知敌人的企图；善于克敌制胜的人，一定会先去除敌人的依仗。这就是：'善观敌者，当逆知其所始；善治敌者，当先去其所恃。'如今，我大宋外有金贼寇掠，内有杨幺匪乱，这些都是国家的大患，会危及江山社稷的。臣细心分析了当前的局势,杨幺虽然近为朝廷的心腹之患,其实,他之所以能够成为真正的祸患,就在于外敌李成与他相呼应,两方唇齿相依,互为援助,所以才能兴风作浪。今日之计,应当进兵襄阳,抢先收复襄阳六郡,击破李成,再增兵湖湘,瓮中捉鳖,剿除杨幺。况且,襄阳六郡,地处险要,乃是恢复中原的战略基地。臣已经整顿兵马,随时准备出击敌人了,恳望朝廷早定大计,允准臣出师北伐,那样则中兴可期,天下万民仰重了!"

绍兴三年十二月二十九日,金国派遣李永寿、王翊两位使臣来到南宋朝廷,代表金国向南宋提出三项要求:一是把在历次战争中所俘获的伪齐方面的军民一律归还;二是凡西北地区士民之在南宋境内者也一律遣返原籍;三是划长江为界,江北之地划归伪齐傀儡政权。这三项要求,让南宋朝廷感到了莫大的耻辱。

殿中侍御史常同向高宗建议说:"如果先以战振奋国威,则是和是战,主动权常操于我手;如果一心一意要议和,则是和是战常操之于敌手。靖康年以来,把振奋国威与议和分为两件毫不相干的事,使我们丧失主动权,其教训应该引以为戒。"高宗接过话茬儿说:"当今大宋养兵已达二十万有余。"常同回答说:"就是,没听说有二十万军队还畏惧别人的。"

此时,南宋朝廷似乎敢于挺起腰板说话了。

05 得诏令准备北伐

绍兴四年春季,金军重新组织了十万人马,由陕西南下,誓要抢占四川。此时,南宋将官吴玠、吴璘兄弟率部在仙人关(今陕西省凤县西南)对金军进行截击,并一举打败了南侵的金军兵马。此后,吴玠、吴璘兄弟屡战屡胜,先后收复了三年前被金军占领的秦川五路中的凤州、秦州、陇州等地。

第七章
襄阳大捷,掌控长江上游

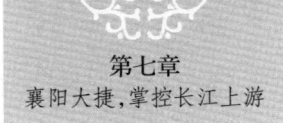

金军的这次大举入川,是因为宋军在襄阳吃了败仗,让金军感到有机可乘。绍兴三年夏,李横、董先、牛皋等宋军将领由襄阳向伪齐军队发起了进攻,并一举收复了邓州和颍昌。之后,宋军乘胜追击,去攻打朱仙镇。但由于轻敌,又处于孤军作战,以至于遭受了惨痛的失败。伪齐刘豫乘邓州、襄阳防务空虚之际,命李成率大军进驻邓州和襄阳。之后,伪齐军队与川陕地区的金军形成相互策应,目标是切断南宋朝廷联系川陕的通道,使湖南、湖北百姓长期陷入战乱之中。

金军入侵四川的人马虽然已被吴玠、吴璘兄弟打败,但金军随时有可能与李成的军队相互配合,再犯荆南或淮甸。

对于南宋朝廷来说,宋军在川陕地区的多次战役中连续获得胜利,说明金军的军事实力并不是十分雄厚。同时,南宋各路军队听说吴玠、吴璘兄弟打了胜仗,士气都振奋起来。此时,南宋朝廷出动大军北上攻取襄阳、邓州等州郡,无疑是最好的时机,而这正是岳飞的愿望。

为此,绍兴四年二月,岳飞再次向南宋朝廷呈上了一道奏章,具体阐述了自己的作战意图。他在奏章中说:"臣窃惟,善观敌者当逆知其所始,善制敌者当先去其所恃。今外有北虏之寇攘,内有杨幺之窃发,俱为大患,上轸宸襟。然以臣观之,杨幺虽近,为腹心之忧,其实外假李成以为唇齿之援。今日之计,正当进兵襄阳,先取六郡,李成如不就絷缚,则亦丧师远逃。于是加兵湖湘,以殄群盗,要不为难。而况襄阳六郡,地为险要,恢复中原,此为基本。臣今已厉兵饬士,惟俟报可,指期北向。伏乞睿断,速赐施行,庶几上流早见平定,中兴之功,次第而致,不胜天下之幸。取进止。"

岳飞的这道奏章被送达南宋朝廷后,得到了朝廷上许多大臣的赞同。就在几个月前,宰相朱胜非曾提出过加强淮甸守御的建议。对于岳飞再次奏疏中提出的收复襄阳、邓州的意见,朱胜非给予了大力支持。他在上朝时，向高宗建议说："襄阳上流，与吴蜀襟带相连，唇齿相依，我们如果占据了襄阳六郡，那么，进可以攻击、逼近敌寇，退可以保境安民。如今，襄阳六郡被贼寇占领，局势对我十分不利，的确应当尽快收复。"

高宗深知襄汉的得失已关系到南宋朝廷的安危存亡，就当即表示说："今便可议。就委岳飞如何？"参知政事赵鼎回答说："知上流利害，无如岳飞者。"

但签书枢密院事徐俯却持不同意见。他反对委派岳飞出兵，理由是岳飞作为大将，独当一面的资历尚浅，不能过于信赖。徐俯还说，驻守淮南西路的刘光世要求由他来措置荆州、襄阳。

屡次争议后，南宋君臣最终决定由岳飞出师襄汉，刘光世派兵增援，王𤩹仍按早先的布置钳制洞庭湖的杨幺起义军。

绍兴四年三月十三日，朝廷向岳飞发布出兵北伐的省札，其要点如下：

一是正式任命岳飞为荆湖北路前沿统帅，兼任荆南、鄂、岳州制置使。荆湖北路安抚使司统制官颜孝恭和崔邦弼两军，连同荆南镇抚使司的兵马，都归岳飞节制。

二是命令岳飞指挥所部军马，在当年麦熟以前，克复京西路的襄阳府、唐、邓、随、郢四州和信阳军。其中唐州和信阳军又在原李横镇抚使司管辖之外。

三是朝廷强调"自通使议和以来，朝廷约束诸路，并不得出兵"，只因李成出兵南侵，才有必要收复襄阳府等六郡。故此次出师，只能以此六郡为限。

四是支付六万石米，四十万贯钱，以作军需。四十万贯钱以十万两银和五千两金折支（当时金银尚未作为独立的货币使用）。又另加二十万贯钱"充犒设激赏"。

五是收复襄汉六郡后，由岳飞差官防守，"或用土豪"，或用牛皋等旧

第七章
襄阳大捷，掌控长江上游

将。岳飞大军则回大江沿岸驻扎。

高宗在省札之外，又特别亲下手诏叮咛和警告岳飞："现在就按照你的奏请，朝廷已做出了具体部署。命你负责收复襄阳六郡。进兵时，顺从的就招抚，抗拒的就征伐，追奔敌军的时候，不要超出李横原来管辖的地界，引惹麻烦，有误大计。倘有违令，即便你立下奇功，也要惩处，只需谨记遵从朝廷的命令就行了。"高宗部署襄汉战役的目标就是以战求和，使自己的小朝廷得以偏安东南。

到此，岳飞已经做好了出兵北伐的准备，岳家军的兵力约三万五千人。

06 克复郢州赢首战

绍兴四年四月十九日，岳飞统率三万五千人马，浩浩荡荡地由江州出发，向鄂州方向挺进。此时，岳飞所统率的人马包括：岳家军总兵力为两万八千余人；牛皋、董先、李道等部的兵力共一千余人；暂归岳飞节制的崔邦弼所部约有三千人；颜孝恭所部约有一千九百人；荆南府、归州（今湖北省秭归县）、峡州（今湖北省宜昌市）、荆门、公安军镇抚使解潜仅派统制辛太率一千二百名乡兵前来助战。崔邦弼曾在京东路青州（今山东省青州市）、潍州（今山东省潍坊市）一带与金军作战，有丰富的军事经验。颜孝恭在建炎三年秋，曾任杜充的江州、淮州宣抚司统制，与岳飞共事。

其实，岳飞这次出师北伐，高宗和南宋朝廷还是心存忧虑的。大力推荐岳飞出师襄汉的赵鼎在给高宗的奏疏中说："陛下渡江以来，每遣兵将，只是讨荡盗贼，未尝与敌国交锋。飞之此举，利害甚重，或少有蹉跌，则使伪境益有轻慢朝廷之意。"赵鼎的言外之意，就是岳飞出师襄汉只许成功，不许失败。赵鼎还建议高宗下亲笔手诏给刘光世、荆湖北路安抚使刘洪道、

岳飞：
一曲高歌"满江红"

江南西路制置使胡世将以及荆南府、归州、峡州、荆门、公安军镇抚使解潜等人，要他们想方设法驰援岳飞，包括遣发援兵、资助粮草等。

南宋朝廷宰相朱胜非也特派使者通知岳飞，只要他在这次出征中旗开得胜，朝廷就会授予他节度使的头衔。

面对朱胜非派来的使者，岳飞毫不怠慢地说："请替我岳飞辞谢宰相的好意！岳飞可以用忠义责命，却不可以用利益来驱使。此次，岳飞奉命出师襄阳，乃是奉皇上的圣旨出征，忠君之事，岳飞绝对不敢有所懈怠。攻取敌人一座城池，就获得一个官爵的升赏，那是对待普通人的奖励，并不是待国士！"

为了进一步激发岳飞冲锋陷阵的勇气，高宗特令张俊的神武右军和杨沂中的神武中军分别挑选精良的战马各一百匹，火速增援岳家军。

绍兴四年五月，南宋朝廷任命岳飞为镇南军承宣使、江南西路舒蕲州制置使兼黄州（今湖北省黄冈市）、复州（今湖北省天门市）、汉阳军、德安府制置使。同时，还把荆南镇抚使司的兵马全部拨归岳飞节制，以增强岳家军的实力。同时，高宗亲写手诏给岳飞，提出岳飞曾保奏王贵、张宪和徐庆三将多次立功，可以重用，应当奖赏，现在就兑现奖赏，给王贵等三人颁赐捻金线战袍各一领，金束带各一条。显然，这是高宗在用一种特殊的办法笼络、激励岳飞。

此外，朝廷还命令韩世忠屯泗上万人为疑兵，刘光世选精兵出陈、蔡，合势并进，互为掎角之势，以作声援。军饷除由户部员外郎沈昭远专力筹措外，高宗又下亲笔诏给鄂州、岳州以及附近各地的监司和帅守，要他们随宜供应岳飞军的粮饷，不得使其稍有短缺。

所有这些，都是岳家军从来没有受到过的优待和重视。但这并没有让岳飞产生骄傲放纵的念头，他严厉戒饬全军说："在进军途中必须严格遵守纪律，眼下正是禾稼丰收的时候，兵马经行，万不得有所践踏，做到秋

第七章
襄阳大捷，掌控长江上游

毫无犯，违者军法严惩。"

这时，吴玠、吴璘兄弟在仙人关打败金军的喜讯传来，让岳飞深受鼓舞，也让他更加蔑视金军，击敌制胜的信心倍增。岳飞统率大军自鄂州陆续渡江，旌旗直指郢州。船队行至江心时，岳飞对他手下的幕僚慷慨发誓说："岳飞此去定擒贼帅，收复襄阳六郡，如不成功，绝不涉此江而回！"

郢州是伪齐最南端的要塞。伪齐傀儡政权头目刘豫非常重视郢州城的防守，特命荆超任知州，配置了上万人马，其中还包括少量金兵。这样，刘豫自以为郢州城的防守固若金汤。

绍兴四年五月初五，岳家军直抵郢州城下。岳飞跃马环城一周，亲自侦察敌情。他举起马鞭，遥指东北角的敌楼说："那里可以作为我们设宴庆祝胜利的地方！"

郢州知州荆超率众登城据守。岳飞派张宪对巡防于城楼之上的荆超说："你等本受宋朝的恩典，委官受禄，为什么要叛变追随刘豫呢？"荆超的谋主、伪齐长寿知县刘楫害怕动摇军心，在城上抢先回应说："现在你我各为其主，不必多说。"这时，一位部属前来禀报岳飞，说军粮匮乏了。岳飞随即问道："还剩多少军粮？"部属回答："只剩下两顿饭的粮食了。"岳飞满怀信心地说："够了，我军会在明天破贼！"

绍兴四年五月初六凌晨，在紧擂的战鼓声中，岳家军发起总攻，将士们踩肩踏背攻上城头。岳飞坐在大纛下指挥。忽然有一大块炮石飞坠在他面前，他镇静自若，丝毫未动。荆超眼见岳家军攻破郢州城，大势已去，便投崖而死。刘楫被岳家军生擒，押到岳飞面前，岳飞下令将他面南斩首。攻打郢州一战，岳家军杀敌达七千人。

07　攻李成收复襄阳

岳飞一鼓作气攻破郢州城，杀了伪齐长寿知县刘楫后，分兵两路乘胜进军。一路由张宪和徐庆率领，沿东北方向进攻随州。另一路主力由岳飞本人率领，沿西北方向进攻襄阳府。

襄阳府是伪齐准备大举南下的大本营，由主将李成亲自驻守。李成一直谋求借襄阳府以图攻取荆湖，然后逐步南侵。但面对岳家军势如破竹的强大攻击力，李成再也没有勇气拒守到底，只得放弃襄阳府仓皇溃逃。

绍兴四年五月十七日，岳飞兵不血刃，就率领大军浩浩荡荡地开进襄阳城。

张宪和徐庆率部兵临随州后，伪齐知州王嵩不敢出战，便逃往随州城据守。张宪和徐庆率部连攻数日，仍不能破城。于是，岳飞命牛皋带三日口粮，前往随州增援。绍兴四年五月十八日，牛皋所带的三日粮食尚未吃完，就与张宪、徐庆合力攻下了随州城，歼灭了伪齐守军五千人。伪齐知州王嵩被俘，并被处斩。

在攻破随州的战斗中，十六岁的岳云勇冠三军。他手持两柄重达近百斤的铁锤捷足先登，冲上城头奋勇杀敌，立了大功。从此，岳云成为岳家军中的又一个响亮的名字。岳飞鉴于儿子去年无功受禄，问心有愧。但这一次，岳飞知道了儿子的英勇，便正式为岳云报请了一份战功。

伪齐傀儡政权头目刘豫得知襄阳和随州两城皆失后，急忙调遣兵力，还请兵金国的番贼，河北、河东的签军，集结在邓州东南的新野市、龙陂、胡阳、随州的枣阳县（今湖北省枣阳市）以及唐州、邓州两地。所谓的签军，

第七章
襄阳大捷,掌控长江上游

就是被强行抽调的汉族丁壮所组成的军队。

李成得到刘豫的派兵增援后,便气势汹汹地自新野市回军反扑,并号称有三十万大军。此时,岳飞驻扎在襄阳。他探知伪齐的李成还不甘失败,就把这情况急报给南宋朝廷。

很快,岳飞就接到了高宗亲自写给他的一道御札:

敕岳飞:朕具闻卿已到襄阳,李成望风而退。朕虽有慰于心,而深恐难善其后。此贼不战而归,其理有二:一,以卿纪律素严,士皆效死,故军声远振,其锋不可当;二,乃包藏祸心,俟卿班师,彼稍就绪,复来扰劫,前功遂废。卿当用心筹画全尽之策来上。若多留将兵,唯俟朝廷千里馈粮,徒成自困,终莫能守,适足以为朕忧。不知李成在彼,如何措置粮食,修治壁垒?万无刘豫肯为运粮之理。

今既渡江,屯泊何所?及金国、伪齐事势强弱,卿可以厚赍金币,密遣间探,的确具闻;盖国计之所在也。故兹笔喻,深宜体悉。

在这道御札中,高宗只是表述了种种顾虑和忧虑,丝毫没有鼓励岳飞向唐州、邓州、信阳三地进军的意向,甚至还很担心连新克复的襄阳等地也未必能保守得住。岳飞接到这道御札后,立即写了一封奏章,禀告襄阳等地的防守事宜已经做出了具体规划,让高宗放宽心。

在高宗的御札之后,南宋朝廷又向岳飞下达了一道省札:

三省枢密院同奉圣旨:令岳飞详度事机,审料敌情:唐、邓、信阳决可攻取,即行进兵;如未可攻,先次措置襄阳、随、郢如何防守,务在持重,终保成功。

董先、牛皋、李道等,可与不可差委各守一郡?荆南、德安二镇,皆与襄阳形势接连,并是江北屏翰冲要去处。荆南现有多少军马?合与不合

岳飞：
一曲高歌"满江红"

增添？德安亦合分屯一军，相为援助。逐处分拨屯军，粮道次第，详细利害，速行条具。

今已夏末，防秋不远，依元降《画一》，大军复回，屯守江上。较其利害，鄂州为重，江州为次。亦速相度，一状闻奏。

省札中示意，如果岳飞认为唐州、邓州、信阳这三个州郡难于攻取，即可就此罢休，不再前去攻取。然而岳飞已下定决心，不达到预定目标决不罢休。

李成率领大军反攻时，岳飞镇静自若地指挥着。绍兴四年六月初五，岳飞令王万率部与伪齐军队交战，岳飞亲自指挥大军合力夹攻，从而一举击败了李成所部。

六月初六，李成率军在襄阳城外四十里摆下阵势，叫板与岳家军交战。王贵、牛皋等将领纷纷向岳飞请战。岳飞察看了李成所部的阵势后，笑着对部将王贵等人说："李成这个蠢贼屡次败在我的手里，我想他应该吃一堑长一智了，努力修习兵法战策，有些长进了。却不想今日一见，他仍旧是老套路，毫无长进！"

于是，岳飞下令给王贵说："你率领一支长枪队伍，从李成的右侧攻击他的骑兵部队。"随即又下令给牛皋说："你率领一支骑兵队伍，从李成的左侧攻击他的步兵。"

王贵和牛皋所率领的两支队伍同时与李成所部交战。李成所部根本不是对手，很快就一败涂地，溃散而逃。岳家军乘胜追击，伪齐兵马横尸二十余里，李成连夜逃窜。就这样，岳家军收复并驻军襄阳城。

第七章
襄阳大捷，掌控长江上游

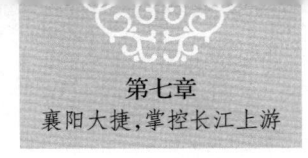

08 士气盛再克三州

绍兴四年六月初六，李成所率领的伪齐军队被岳家军打败后，从襄阳北连夜逃往邓州（今河南省邓州市）西北，与金国的刘合孛堇所部以及原在陕西的金、伪兵马会合，列寨三十余处，摆出了与岳家军一决胜负的阵势。

岳飞对金齐联军的屯兵状况了解清楚后，于绍兴四年七月十七日，派遣王贵取道于光化，派遣张宪取道于横林，两支队伍分别从两面夹攻金齐联军。同时，岳飞又派遣董先、王万各以骑兵伺隙突袭。在王贵、张宪、董先、王万等各路兵马的会合掩击之下，李成所部被全面击败。最终，李成又故技重演，指定自己的手下部将高仲进入邓州城内拒守，他自己却一走了之。就这样，岳家军的将士乘高仲还未在邓州城内安排妥帖，就争先登城猛攻，很快就占领了邓州城。

绍兴四年七月二十三日，岳家军又一举收复了唐州。八月中旬，信阳军也被岳家军收复。到此，郢州、襄阳府、随州、邓州、唐州、信阳军六郡，都被岳家军收复。而收复这六郡，岳飞仅仅用了不到四个月的时间，效率之高，是南宋朝廷始料不及的。

为了更好地加强所收复州郡的管辖防守，充分利用这些州郡建立抗击金、伪军队的前沿军事基地，岳飞向南宋王朝写了一道申状。岳飞在其中写道：

然今防守之策，正在乎分屯劲兵，控扼要害。飞虽已据数量差军马于逐处屯驻，然其势力单寡，难以善后。况今已近九月，天气向寒，边面尤

岳飞：
一曲高歌"满江红"

当严备。比闻间探，虏意犹不可测。飞朝夕计虑，不敢少懈。

且以初者恢复之时，贼徒固守，倍费攻取；继又金贼刘合孛堇、伪齐李成合陕西河北番伪之兵，多至数万，并屯邓州，力拒官军。仰赖君相之祐，成此薄效。今既得之，实控上流，国势所资，尤宜谨守，不可失也。

飞所乞六万之兵，虽蒙朝廷俞允，然必待杨幺"贼"平，然后抽摘，第恐水势未减，江湖浩涨，杨幺未可措手；纵待十二月与正月间，湖水减落便能平治，边面备御已失机会。

飞今见管军马，兼拨到牛皋、董先两项共一千余人，合飞本军，都计二万八千六百一十八人，辎重、火头、占破在内。欲望详酌，令湖南留韩京、郝晸两军在潭州弹压外，将任士安、吴锡军马尽数起发，及江西军马内，令选择成头项者，勾拨三千人，湖北帅司崔邦弼、颜孝恭并拨付飞，相度分守。计此五项止是二万人，内有不堪披带、辎重、火头之数，不下三、五千人。余乞朝廷摘那，以足六万之数。速赐遣发前来，布列诸郡，以为久安之计。利害至重，恐不宜缓。伏望早降指挥施行。

接到岳飞的申状，南宋朝廷很快答应了岳飞的这些申请，并由岳飞委派官员，酌量分拨一定数量的人马，去镇守新克复的六个州郡。部署稳妥后，岳飞便率领大军回到鄂州和德安府（今湖北省安陆市）屯驻，让军队进行战后休整。

随后，南宋朝廷就把襄阳府和郢州、随州、唐州、邓州和信阳军划为襄阳府路，诏升岳飞为清远军节度使、湖北路荆襄潭州制置使，凡属这一路各州县守令政绩的考核监察，也都委任岳飞相机措置。

岳飞能按照预定的计划，指挥大军收复被金军夺走的襄阳府等六个州郡，是自南宋建国以来，还不曾有人建立过的功勋。自南宋朝廷建立以来，高宗对于金、伪的军事力量，素来都是心存畏惧，不敢抵抗。对于李成在

第七章
襄阳大捷，掌控长江上游

岳飞初攻襄阳时不战而退，他曾怀疑李成必有阴谋诡计，担心岳飞上了李成的圈套。然而，岳飞料敌如神、运筹帷幄，实现了每战必胜、每攻必克。这样的战果，远远超出了南宋朝廷的预期，上下都对岳飞大加赞赏。

对于岳飞所取得的巨大胜利，高宗甚至都有些不敢相信，他对签书枢密院事胡松年说："岳飞行军极有纪律，这是我早就知道的，却没有料想到他能这样地破敌立功。"听了高宗的话，胡松年回答说："唯其有纪律，所以能破贼，若号令不明，士卒不整，方自治不暇，缓急之间岂能更有成功？"

显然，高宗对岳飞的了解程度，还不及一个签书枢密院事。

09 派精干驻守六郡

到绍兴四年八月中旬，岳飞统率岳家军经过近四个月的征战，一举收复了被金军攻占的襄阳府、郢州、随州、唐州、邓州、信阳军六个州郡，从而赢得了高宗和南宋朝廷的一致赞赏。绍兴四年八月二十五日，岳飞被朝廷提升为清远军节度使、湖北路、荆州、襄阳府、潭州制置使，依前神武后军统制，特封武昌县开国子、食邑五百户、食实封二百户。高宗又赏赐了岳飞一条金束带。南宋朝廷为岳飞所拟定的升迁官职的制词中这样写道：

师直为壮，正天讨有罪之刑；战功日多，得仁人无敌之勇。羽奏屡腾于戎捷，舆图亟复于圻封。肆畴进律之庸，宣告治朝之听。

镇南军承宣使、神武后军统制、充江南西路、舒、蕲州、兼荆南、鄂、岳、黄、复州、汉阳军、德安府制置使岳飞，精忠许国，沉毅冠军，身先百战之锋，

岳飞：
一曲高歌"满江红"

气盖万夫之敌。机权果达，谋成而动则有功；威信著明，师行而耕者不变。久宣劳于边围，实捍难于邦家。有公孙谦退不伐之风，有叔子怀柔初附之略。

属凶渠之啸乱，乘襄汉之弛兵，窃据一隅，萃厥逋逃之薮；旁连六郡，鞠为盗贼之区。命以徂征，迄兹戡定，振王旅如飞之怒，月三捷以奏功；率宁人有指之疆，日百里而辟土。慰我后云霓之望，拯斯民涂炭之中。嘉乃成功，茂兹信赏：建旄融水，以彰分阃之专；授钺斋坛，以示元戎之重。全付西南之寄，外当屏翰之雄。开茅社于新封，锡圭胙于真食，并加徽数，式对异恩。

呜呼！我伐用张，既收无竞维人之烈；惟辟作福，敢后有功见知之图！尚肩卫社之忠，益励干方之绩。钦于时训，其永有辞。可特授清远军节度使、湖北路荆襄、潭州制置使，依前神武后军统制，特封武昌县开国子，食邑五百户，食实封贰百户。主者施行。

当时，南宋朝廷流行一种不成文的规矩，就是每一个文武大臣在接受新任命的官职后，至少要上奏请辞两三次，朝廷每次也都降诏不允，然后受到任命的文武大臣才可以接受官职。因此，岳飞在每次晋升官职时，也都照这种惯例办事。当岳飞第一次请辞新职时，南宋朝廷在制词中写道：

卿禀雄劲之姿，蕴深湛之虑。识通机变，忠贯神明。鼓勇无前，服劳先于士卒；执谦不伐，行事合于《诗》《书》。

比总偏师，克平叛寇，坐复六州之故地，用苏千里之疲氓。嘉尔设施，出于谈笑。既策勋之甚茂，宜颁爵之特优：建大将之鼓旗，往临三路；授元戎之铁钺，增重六师。奚为逊牍之陈，犹避宠章之渥。亟膺明命，益励远图。庶见方隅绥靖之期，乃称朝廷崇奖之意。所请宜不允。

当岳飞第二次请辞时，南宋朝廷又在制词中写道：

第七章
襄阳大捷，掌控长江上游

敕具悉。卿忠义出于天资，忱恂著于臣节。志徇国家之急，身先行阵之劳。盖尝推功名而不居，岂复私富贵以为意。然赏国之典，轻重视功，师不淹时，役不再籍，连克六城之聚，复还千里之疆，振凯遄归，策勋可后？谦以自牧，卿虽必欲执三命之恭；赏或失劳，朕将何以为万夫之劝？勉服成命，毋复费辞。所辞宜不允。

显然，这三道制词都对岳飞的操行、风格和治军作战的英勇气概进行了如实的描述，充分展示了岳飞与南宋其他将领的区别。

克复襄阳府等六个州郡，标志着岳飞的第一次北伐以完胜收官。此次战役是南宋朝廷第一次收复大片失地，也是南宋建国八年来进行局部反攻的一次大胜利。襄阳府等六个州郡平定后，川、陕贡赋的水路通道从此便畅通无阻了。

此时，高宗给岳飞的手诏中说："若少留将兵，恐复为贼有；若多留将兵，唯俟朝廷千里馈粮，徒成自困，终莫能守。"

为了免于千里运粮，造成难以承受的后勤负担，岳飞将大军撤走，留少量兵力守御六个州郡。岳飞命张旦任唐州、邓州、郢州、襄阳府安抚使兼襄阳知府，牛皋任安抚副使，李道任唐州、邓州、郢州、襄阳府四州都统制，辅以孙革、李尚义、王昇、李霖、周冲翼、姚禾等属官，配置军士两千人，守卫襄阳府。命周识和李旦率一百五十名军士守郢州，孙翚和蒋廷俊率二百名军士守随州，高青和单藻守唐州，张应、党尚友和邵俅守邓州，舒继明和訾谐守信阳军。唐州、邓州的守军则在守御襄阳府的两千人中分拨。

岳飞任命的这些官员中，既有文官，也有武将。这些官员大力兴办营田，招徕归业农民，向他们借贷耕牛和种子，并规定免税三年，未归业前的官、私债赋一律免除。

岳飞：
一曲高歌"满江红"

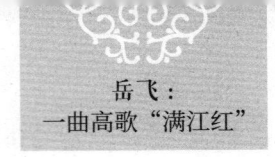

经过多年的努力经营后，襄阳府等六个州郡终于成为南宋强固的前沿阵地。伪齐军队虽然有时进行一些袭扰，但终究不能夺回六郡的控制权。岳飞收复襄阳府等六个州郡，使南宋军队控制了长江上游，东可进援淮西，西可联结川陕，北可图复中原，南可屏蔽湖广，具有重要的战略意义。

10 怒发冲冠贺兰山

岳飞对襄阳府等六个州郡的守御做了周密的部署后，参知政事赵鼎上奏说："湖北鄂、岳，最为沿江上流控扼要害之所，乞令飞鄂、岳州屯驻。不惟淮西藉其声援，可保无虞，而湖南、二广、江、浙亦获安妥。"赵鼎的奏折，强烈建议岳飞在鄂州、岳州（今湖南省岳阳市）屯兵驻守。

高宗同意赵鼎的主张，随即命岳飞驻守鄂州。鄂州城是三国时期孙吴所建，是座因山附险的石城，只开两三个城门。石城之外，市肆居屋，鳞次栉比，著名的南草市是宋朝重要的贸易中心。此时，鄂州居民至少有好几万户。由于高宗的诏命，鄂州正式成了岳家军的大本营。

岳家军进驻鄂州城后，岳飞觉得单凭自己这支两万八千余人的队伍来防守如此广阔的地区，是有一定困难的。于是，岳飞上奏朝廷说："六州之屯，宜且以正兵六万，为固守之计。就拨江西、湖南粮斛，朝廷支降券钱，为一年支遣。候营田就绪，军储既成，则朝廷无馈饷之忧，进攻退守，皆兼利也。惟是葺治之初，未免艰难，必仰朝廷微有以资之。"

岳飞所说的"券钱"，就是对驻城守御军士的加俸。岳飞的奏折很快得到了南宋朝廷的回复，同意岳飞扩充兵力，但强调"然必待杨幺贼平，然后抽摘"，方能凑足六万人之数。后经岳飞力争，南宋朝廷才将崔邦弼和颜孝恭两部正式拨入岳家军，使岳飞的队伍规模扩大到三万人以上。

第七章
襄阳大捷，掌控长江上游

在岳飞的争取下，荆湖北路和襄阳府路战区，西邻川、陕，东接两淮，南面屏障长江中游，北面与东京开封府和西京河南府相望，因此成为宋朝北伐反攻的主战场，正如岳飞请缨上奏所说的那样："恢复中原，此为基本。"此后，岳飞一直担任这个战区的统帅。

有一天，岳飞登上鄂州的一座高楼凭栏俯瞰江流，仰眺远天。时值雨后天晴，锦绣山河分外明媚。岳飞触景生情，思潮澎湃，祖国的危难、个人的际遇，一齐涌上心头。北方的故土有待收复，南望的同胞泪眼欲穿。往后的征途修远而漫长，襄汉之役的成功又何足挂齿。至于个人的功名利禄，完全是身外之物，不足挂齿。

于是，岳飞将心中蕴藏已久的澎湃激情，化作了一曲惊世的长歌《满江红·怒发冲冠》：

怒发冲冠，凭栏处，潇潇雨歇。抬望眼，仰天长啸，壮怀激烈。三十功名尘与土，八千里路云和月。莫等闲、白了少年头，空悲切。

靖康耻，犹未雪。臣子恨，何时灭。驾长车踏破、贺兰山缺。壮志饥餐胡虏肉，笑谈渴饮匈奴血。待从头、收拾旧山河，朝天阙。

毫无疑问，千百年来，岳飞这首充满爱国主义精神的绝唱，一直激励着中华儿女，为保卫祖国的安全、捍卫领土完整而不惜牺牲生命。

关于《满江红》词的真伪问题，北京大学著名历史学家邓广铭说，现在《满江红》就是岳飞，岳飞就是《满江红》。关于《满江红》，邓广铭先后发表了两篇文章，特别是《再论岳飞的〈满江红〉词不是伪作》，强调《满江红》词确是充分地体现和抒发了岳飞的爱国情怀。人们可以对《满江红》词提出一些疑点，但如果要断然判定《满江红》为伪作，还是没有充分的证据。

岳飞：
一曲高歌"满江红"

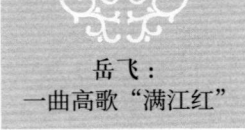

中国社会科学院研究员王曾瑜认为，今人已无法准确判定《满江红》一词的创作时间。王曾瑜经过很长一段时间的研究，将《满江红》一词的创作时间推断为绍兴四年岳飞克复襄汉、荣升节度使之后。

宋朝时期的节度使，是军人最重要的虚衔，相当于现在的元帅。岳飞不是官迷，不会因荣升而沾沾自喜。相反，荣升只能让岳飞更加关注山河一统的大业，更加感到自己肩负责任的重大。"三十功名尘与土，八千里路云和月"，用以反映他此时的心态，也许是最为恰当的。

第八章

软硬兼施，瓦解湖湘寇匪

岳飞：
一曲高歌"满江红"

01　得敌情速报朝廷

绍兴三年九月，岳飞利用刘豫招徕能人的有利时机，从自己的幕僚当中选取了一个名叫王大节的四川人士，以间谍身份潜入伪齐，准备寻找机会劝降李成归顺南宋。一年后的绍兴四年九月，王大节悄悄地回到了鄂州，向岳飞带来了金国、伪齐联军将大举进犯两淮的情报。

王大节虽然在刘豫之子刘麟的帐下听令，但却没有机会同李成接触。时间久了，王大节就对争取李成归顺的事情不再抱希望。

有一天，刘麟突然向王大节征询征伐江南之策。于是，王大节就以四川人的身份建议刘麟先攻四川，然后再顺江东下。这样，江南的南宋守军肯定会闻风丧胆。听了王大节的建议，刘麟觉得他是一个值得信赖的人，就向他透露了一些秘密消息，说金国已有成命，准备会合伪齐军队攻占两淮，渡过长江，直捣临安府。

为了迷惑刘麟，王大节表现出固执己见的神态，说如果南宋军队扼守长江，必然会使金齐联军钝兵挫锐。这样，金齐联军不如去攻打四川。虽然攻打四川遥远，却是万全之计。王大节知道，刘麟不可能轻易改变金国的成命，而冒重蹈仙人关覆辙的风险。于是，王大节寻找机会从伪齐脱身，回到岳飞的军中报信。得知金齐联军要进犯两淮的消息，岳飞立即将王大节送往临安府，向南宋朝廷报告敌情。

由于金齐联军在西部和中部战场接连遭受失败，金国首领和伪齐头目颜面尽失，士气受挫，因此急于寻求报复，以振军心。但他们不敢在西部战场与吴玠、吴璘兄弟二人正面交锋，也不敢在中部战场与岳家军硬碰硬

第八章
软硬兼施，瓦解湖湘寇匪

地交战。金齐联军只能避实击虚，选择进攻东部的淮南东、西两路。由于两淮距离临安府最近，往往成为金齐联军进攻南宋的主战场。

金军由左副元帅完颜宗辅、刚升任的右副元帅完颜昌和元帅左都监完颜宗弼三员大将统率，伪齐军则由刘麟指挥，于绍兴四年九月下旬分两路渡过淮河。联军采纳了李成的意见，远远避开岳家军的防区，以免岳飞出兵使联军腹背受敌。刘豫在出兵前还发布伪诏，扬言要"直捣僭垒，务使六合混一"。

王大节将金齐联军大举进犯两淮的情报禀报给南宋朝廷后，南宋朝廷"举朝震恐"，很多官员纷纷建议高宗即刻解散百官，远遁避敌。此时，宰相赵鼎对提出解散百官建议的朝官加以怒斥，然后提议说："必须派遣精锐部队迎击金齐联军，如果战而不捷，再想办法撤离也不晚。"

当时东南地区有韩世忠、刘光世和张俊三支大军，另加杨沂中的神武中军等，总兵力在十五万人以上，比西部战场的吴玠、吴璘兄弟所部和中部战场的岳家军多了好几倍。然而，在一些贪生怕死的官员看来，淮南东、西路无法守住。

而此时，刘光世仍旧按未战先逃的惯例行事，立即退兵江南，将整个淮南西路拱手让给金齐联军。而狡猾的张俊主张划江而守，提出"当聚天下兵守平江，俟贼退，徐为之计"，避免自己孤军与敌对抗。他以"坠马伤臂"为借口，拒不出兵渡江。

看到这样的局面，宰相赵鼎勃然大怒，立即派人监督张俊发兵，并奏请高宗严惩张俊。但由于高宗的姑息，严惩张俊的奏请不了了之。

韩世忠所部在大仪镇、鸦口桥和承州守御拒敌，获得了三次胜利，但终因孤军奋战难以支撑，只能退守镇江府。同时，张俊所部退守常州，刘光世所部退守建康府。三支大军，都只能凭借大江天堑来阻遏金齐联军的攻势。

02 岳家军驰援庐州

在金齐联军进攻两淮的关键时期，湖南宣抚使兼知潭州李纲向南宋朝廷上奏建议说："岳飞新立功于襄汉，其威名已振，陛下倘降明诏，遣岳飞以全军间道疾趋襄阳，捣颍昌以临畿甸，电发霆击，出其不意；则伪齐必大震惧，呼还丑类，以自营救，王师追蹑，必有可胜之理，此上策也。"与此同时，参知政事沈与求也对高宗上奏建议说："诸将之兵，分屯江岸，而敌骑逡巡淮甸之间，恐久或生变。当遣岳飞自上流取间道，乘虚击之，敌骑必有反顾之患。"

李纲与沈与求的意见的不谋而合，充分体现了在南宋朝廷生死存亡的关键时期，总有官居要职的文武大臣会想到岳飞。

高宗立即采纳了沈与求的建议，声称"当如此措置，兵贵拙速，不宜巧迟"。他立即写手诏给岳飞说："近来淮上探报紧急，朕甚忧之，已降指挥，督卿全军东下。卿夙有忧国爱君之心，可即日引道，兼程前来。朕非卿到，终不安心，卿宜悉之。"

绍兴四年十二月，岳飞按照高宗的命令出兵东下，但不是全军东下，而是留一半的兵力部署在襄阳府等六个州郡一带，以加强军事防务。岳飞命令徐庆和牛皋带两千余骑兵为先锋，自己和李山等部将率领岳家军为后援，迅速驰援淮西抗击金齐联军。

此时，庐州知州兼淮南西路安抚使仇悆正处于险境。仇悆招募庐州（今安徽省合肥市）和寿州（今安徽省凤台县）守军几百人，加上两千乡兵，几次打退来犯的金齐联军。而当刘麟再次增兵攻打庐州时，仇悆已做好了

第八章
软硬兼施,瓦解湖湘寇匪

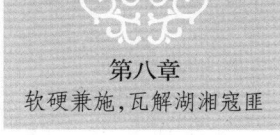

严守城池、以身殉国的准备。

当徐庆和牛皋率领部伍赶到庐州时,仇悆喜出望外。牛皋即刻命令手下将士展开"岳"字旗和"精忠岳飞"旗,以示队伍的军威。这一招果然奏效,金齐联军的五千敌骑看到旗帜,大为惊愕。他们根本没料想到岳家军会出现在庐州,恐惧的情绪立即传播给每名士兵。

很快,不足两千人的岳家军骑兵排开队形,以少击众,与金齐联军的五千骑兵短兵相接,前后交锋三个回合,岳家军骑兵所向披靡。交战之中,徐庆突然坠下马来,联军骑兵一拥而上,企图活捉或杀害徐庆。这时,牛皋手疾眼快,抢先拍马赶到,将徐庆扶掖上马,并接连斩杀十几个联军士兵。

杀红了眼的牛皋甚至摘去头盔,并大声呼喝道:"我牛皋也,尝四败完颜宗弼,可来决死!"只见他挥舞着长矛,杀向敌阵。在牛皋的带领下,岳家军的骑兵形成一股不可阻挡的铁流,将联军冲得七零八落、溃不成军。战斗从申时一直持续打到酉时,岳家军斩杀了联军的一批将领,活捉八十多名敌军,夺得八十多匹战马。徐庆和牛皋又率军追奔三十多里,然后才收兵回城。

首仗胜利后,仇悆非常称赞岳家军的骁勇善战,随即写信向岳飞致谢,信中还特别表彰了牛皋的功劳。在徐庆和牛皋军立功的第二天,岳飞亲统大军来到庐州,再次击破金齐联军。此后,金齐联军逐渐丧失战斗力,大部分官兵叫苦连天。正在两军交战的关键时刻,金国传来了金太宗病危的消息。完颜宗辅、完颜昌和完颜宗弼听知消息,无心恋战,慌忙撤兵。伪齐头目刘麟接到金军的命令后,立即抛弃全部辎重,昼夜兼程奔逃二百余里。

岳飞在金齐联军狼狈撤退后,率领全军的一半人马暂驻江南东路的池州。张俊和刘光世为了敷衍朝廷,也乘机派兵渡江,消灭了小股联军。同时,刘光世的副手王德率部到达庐州。王德颇感难堪,对自己的部属说:"当

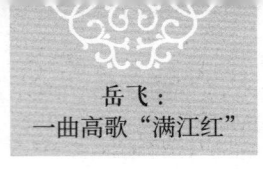

事急时，吾属无一人渡江击贼。今事平方至，何面目见仇公耶！"

庐州之战虽然称不上是宋军与金齐联军之间的大战，但却是击破了金齐联军的一次非同一般的战斗。岳家军的迅速东援，同刘光世和张俊的怯战避敌形成鲜明反差。在东部战场的韩世忠、刘光世和张俊等三大主力退缩江南之时，岳飞率领岳家军果敢出击，从而保全了淮南西路的首府庐州，对扭转宋军与金齐联军之间的战局，起到了决定性的作用。

03 奉命剿湖湘匪寇

绍兴四年十二月，岳家军在庐州打败金齐联军后，一举扭转了南宋与金国、伪齐之间的战局走向，金齐联军已经不敢轻易进犯南宋。就在金、伪齐军队休战时期，南宋朝廷抓住机会将目标转向平息土寇盗匪。绍兴五年（1135年）二月，高宗下诏，命岳飞去征剿湖湘起义军首领杨幺。

建炎四年二月，杨幺与巫师出身的湖南老乡钟相在鼎州武陵（今湖南省常德市）聚众起义，主要抗击被金军打败的南宋溃军的大肆剽掠和统治者的横征暴敛。

南宋建立后，面对金军的多次入侵，南宋军队在与金军作战中缺乏战斗力，被金军不费吹灰之力击败，溃败兵士又大多成为土寇盗匪，沿途劫掠百姓，无恶不作。江南百姓纷纷组织起来，用各种方式进行抵抗。

建炎四年二月，钟相、杨幺率众起义后宣布建立楚国，年号为天载，称钟相为楚王，立钟相的长子钟子昂为太子，并设立官属。

起义军在钟相、杨幺的率领下，英勇抗击南宋溃兵游寇。起义军队伍破州县、焚官府、杀贪官，号召等贵贱、均贫富，迅速得到了鼎州、澧州（今湖南省澧县）、潭州、岳州、辰州（今湖南省沅陵县）等十九州县百姓

第八章
软硬兼施,瓦解湖湘寇匪

的积极响应。

但起义军组建刚刚一个月,就遭到了南宋溃军游寇孔彦舟所部的袭击。起义军奋力抗击,首战获得了胜利。后来,因为孔彦舟用计派遣奸细混入起义军队伍之中做内应,打了钟相一个措手不及,钟相和长子钟子昂被孔彦舟所部俘获杀害。钟相被杀后,数十万起义军在杨幺等起义军首领的率领下,转移到洞庭湖区,以湖泊港汊为依托,临湖设寨,一边搞农业生产,一边搞武装斗争,继续与官府抗衡。

绍兴元年,鼎澧镇抚使兼知鼎州程昌寓,奉朝廷之命率水军攻打起义军水寨,在下沚江口(今湖南省汉寿东北)被起义军所击败。起义军缴获官军车船后,大量砍伐鼎、澧两州的松、杉、樟、楠等木材,模仿官军的车船大量打造车楼大船,一边坚守防御,一边种田养蚕,队伍实力不断增强。

绍兴三年四月,杨幺宣布,重建楚政权,立钟相的少子钟子仪为太子,自号大圣天王。杨幺的复楚之举引起了南宋朝廷的极大恐慌,朝廷将杨幺视为心腹大患,不断派遣南宋军队去征剿。同年六月,按照高宗的旨意,荆南、潭鼎澧岳置制使王躞统领官军三万五千余人,还节制荆潭制置司水军统制吴全所部一万余人、战船数百艘,与统制崔增、高进等将官一起浩浩荡荡地进入了洞庭湖区域。同年十月,王躞大军到达岳州后,指挥水军与杨幺起义军的车船水军进行了一场激战。由于荆潭制置司水军的船只都比较小,根本不是起义军水师的对手,因此很快战败,退到桥口(今湖南省湘阴县西南)一带。

同年十一月,王躞率官军卷土重来,再战杨幺起义军。王躞与程昌寓率军从下沚江口出发,水陆并进,逐个围剿起义军水寨。由于杨幺早有提防,官军所至皆为空寨。而下游的官军发现湖面游荡的起义军的车船后,万余人争相登上百艘舟船,驶入湖中对其进行拦截。当官军即将行至阳武口(今

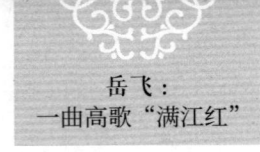

湖南省汉寿县东洞庭湖口）时，起义军车船突然掉头，冲撞官军水军的舟船。官军猝不及防，一艘艘舟船被撞沉于湖中，很快，吴全、崔增所指挥的官军水军几乎全军覆没。杨幺率领起义军迅速回师，很快打败王躞所部的官军。

绍兴四年七月，王躞奉朝廷之命再次率军进剿杨幺。这一次杨幺乘江水暴涨之机，亲自率领车船水军出湖反击，很快战胜了王躞的官军，王躞再一次败逃。杨幺起义军的屡战屡胜，成为南宋朝廷的一大心病。

岳飞在庐州战胜金齐联军后，被南宋朝廷晋升为镇宁、崇信军节度使。接着，岳飞又被南宋朝廷任命为荆湖南北襄阳府路制置使，升神武后军都统制，并赐钱十万贯、帛五千匹作为犒军费用。之后，高宗亲自下诏命岳飞"将所部平湖贼杨幺"。

绍兴五年三月，岳飞率领岳家军从池州出发，前往潭州。同时，南宋朝廷延续了文臣督军的惯例，命右相兼知枢密院事张浚以都督行府的头衔，与岳家军一同赶赴潭州。

04 软硬兼施降黄佐

岳家军在进兵潭州的途中，遇到了连日阴雨，道路极其泥泞，队伍行军十分艰难。看到这种情况，岳飞下马步行，行走在泥浆之中，与士兵同甘共苦。就这样，岳家军的将士被主帅身先士卒的精神所感动，意志变得更加坚强，行军速度明显加快，很快就到达了潭州。

在采取军事行动开始之前，岳飞派兵扮作商人抓获了几百名起义军士兵。岳飞随即对起义军士兵进行了公开审讯。他问道："你们造反已久，残害了这一方百姓。目前，该是你们应受死刑的时候了。但你们所造罪孽

第八章
软硬兼施，瓦解湖湘寇匪

如此深重，单是一死实在不足以偿罪，你们看，应该如何办理？"

这几百名俘虏都认为他们不能活命了，就不再向岳飞乞求怜悯，而是表示为起义军甘愿一死。面对起义军俘虏，岳飞和气地说："我知道你们都是良民，不幸生在这兵荒马乱的年代，被人裹胁驱迫，以致到此地步。现在我虽带兵来此，是为了拯救你们，不是要来杀害你们。你们居住在水寨中，究竟有何可乐？"看到岳飞很和气，说话也在理，起义军俘虏就说出了心里话，告知岳飞起义军的营寨之中，都非常艰难困苦，大多数人并不愿意过这样的日子。

岳飞了解了起义军队伍的状况，就吩咐属下分给起义军俘虏每人一些钱帛，要他们各自购买一些东西带回营寨去，照顾各自的老小。而在暗地里，岳飞派人告知集市上做生意的人，让他们把物价降低一些，差额由岳家军来贴补。

这批被释放的起义军士兵回到各自的营寨后，外面生活富足的情况随之得到传播。听了这样的消息，起义军中的一些人不免产生了动摇、妥协的念头。接着，岳飞就派人带着"金字牌旗榜"前往杨幺水寨，对起义军进行招降。在兵发潭州之前，岳飞已按朝廷的旨意领了"金字牌旗榜"十副，以备招安起义军使用。同时，高宗还应岳飞的请求下诏，规定杨幺、黄诚等起义军首领如果率众归顺，可以授予荆湖南北路的知州差遣。

当时，岳飞手下的兵士都不愿意当使者，去起义军大寨劝降。因为在此之前，官军派出的到起义军水寨说降的使者都被杀了。有了前车之鉴，自然谁也不愿意去白白送死。岳飞鼓舞前去当劝降使者的兵士说："我岳飞派你前往，你只要照我说的去做，是绝不会被杀的。"

就这样，劝降的使者在岳飞的传授下，欣然前往杨幺的营寨。当使者接近杨幺营寨时，就大声喊道："岳节使遣我来！"结果，起义军诸寨都开门将使者迎入，使者将手中的招降文告交给了杨幺部众后，便有人捧着

岳飞：一曲高歌"满江红"

招降文告进行宣读，更有人让使者转达对岳飞的致意。起义军的头领虽暂时没做出投降的决定，但都不敢怠慢来使，更没有敢杀死来使的。

时任潭州兵马钤辖的杨华，也奉岳飞之命进入起义军内部进行招降。在岳家军强大军威的震慑下，岳飞的招抚工作很快取得实效。杨幺起义军中最先投诚的头领是黄佐。黄佐投降时对他手下的人说："我听说岳节使号令如山，非同一般。若与之对敌，我辈只有死路一条，不如速往投降。岳节使是一个讲诚信的人，一定会善待我等的。"于是，黄佐就率领自己手下的起义军到潭州向岳飞投降。

岳飞当即上奏朝廷，保荐黄佐为正七品的武义大夫、阁门宣赞舍人，并给予丰厚的赏赐。岳飞还单独到黄佐所部的营地巡视一番，进行安抚慰问，以示对起义军投诚的信任不疑。

黄佐十分感动，心悦诚服地拜谢了岳飞，并接受军令，回到洞庭湖杨幺叛军中进一步开展劝降活动。不久，有三百余名叛军来降，岳飞都予慰劳，任命其首领做官，奖赏给他们银两和绢帛，然后再将他们放归叛军中活动。几天后，又有两千余人来降，岳飞都给予相应的优待。

绍兴五年四月十四日，黄佐率部伍攻破起义军首领周伦的营寨，杀死不少叛军，俘获统制陈贵等九名头目，夺取了许多衣甲、器杖，将整个水寨的寨栅、粮食、船只焚毁。周伦被黄佐打得大败，率领残部逃走。岳飞得知后，立即向南宋朝廷上报黄佐的功劳，黄佐因此被晋升为武经大夫，他的部下也因为作战有功得到了应有的奖赏和抚慰。

岳飞制定的"抚剿并重，分化瓦解，促其内讧，以敌制敌"的策略，不但立竿见影，收到了很大的实效，而且也很符合高宗的意图，令高宗非常满意。

第八章
软硬兼施，瓦解湖湘寇匪

05 杨钦出降岳家军

正当岳飞紧锣密鼓地以软硬兼施的手段对起义军进行招抚时，南宋朝廷又担心金齐联军再度南犯，便下诏给张浚，要他尽早还朝商定防御金、伪齐南犯的策略。其实，让顶着都督行府头衔的张浚还朝，就是让岳飞退兵。

为了尽早还朝，张浚把岳飞召还到潭州，与岳飞商谈还朝撤兵一事。张浚说："征剿起义军的事，恐怕不是短期内就能做得到的，日子耽搁得多了，就要影响到防御金、伪齐的军事部署。依我之见，还是把征剿杨幺的事，推到明年再说吧。"

岳飞根本不同意还朝撤兵，就对张浚说："都督行府且少留。除掉进军、退军的日程，我看只需八天时间就可把军事行动全部结束，十天后，都督行府就可还朝了。"

听了岳飞的话，张浚简直不敢相信自己的耳朵，惊讶地说："王燮征剿起义军整整两年尚且不能成功，你竟然想以八日破贼，你为什么说得这么容易呢？！"

岳飞从容地回答说："王燮以官军攻水寇，就很难成功。我以水寇攻水寇，就很容易成功。"

张浚似乎有些摸不着头脑，疑惑地问道："什么是以水寇攻水寇？"

岳飞解释说："杨幺一帮湖寇的巢穴，艰险莫测，舟师水战，正是我军的短处、敌军的长处，进入敌寇的巢穴而没有向导，那是以我军所短而对抗敌军所长，这样成功就难了。如果因敌人之将，用敌人之兵，去掉其手足之助，离间其腹心的援助，使顽固的敌军孤立，然后以官军进击，打

岳飞：一曲高歌"满江红"

败敌人就易如反掌了。除掉进军、退军的日程，我看只需要八日时间，就可以将杨幺等全部匪首擒获，献俘于都督之庭了。"

岳飞虽然将八日破敌说得如此详明和透彻，但张浚依然将信将疑。但他感觉与岳飞所争论的归朝撤兵日期不差多少天，便决定不再争执，索性依从了岳飞的意见，并上奏高宗说："杨幺水寨乏粮，部众离心，岳飞声称十余天之内就可以取胜。我若按皇上的命令立即返朝，不免动摇军心，贼寇势盛，不若等到六月上旬，若杨幺未平，就将岳飞召来潭州再做规划，兼程赶回朝廷。"

岳飞回到兵营后，加紧部署征剿起义军事宜，同时，进一步整饬军纪。荆湖南路安抚司统制任士安在跟随王燮征剿起义军时，曾经不服从王燮的命令，拒绝出战起义军。岳飞了解这一情况后，为了严明军纪，打了任士安一百鞭子，并命他前往起义军营寨与其交战，若三日内不能获胜就将他斩首示众。

绍兴五年五月初五，钟子仪和黄诚集中各寨两万多名步兵来进攻官军。任士安和统领陈照一同迎战，并指使士兵高喊："岳太尉大兵二十万到了！"

起义军没看到岳飞大军出现，胆子就大了起来。起义军鼓起勇气与官军展开了激烈的交战。就在两军都打得人困马乏之际，岳飞预先布置的伏兵四起，结果起义军大败。战斗中，官军缴获了许多战马、器甲。任士安率部追杀过苟陂山，再一次获得了胜利。随后，任士安与牛皋共同率军乘胜移屯龙阳旧县以南，从而逼近了杨幺大寨。杨幺率军出战，官军奋勇迎击，又俘虏了数百名起义军。

绍兴五年五月二十五日，岳飞赶到驻扎在鼎州的前沿军营，指挥剿灭杨幺起义军的最后战斗。

起义军中有一位名叫杨钦的头目，在与官军作战中表现得异常骁勇善战。为了收服杨钦，岳飞派黄佐实施招诱，但杨钦一直在犹豫不决之中。

第八章
软硬兼施，瓦解湖湘寇匪

绍兴五年六月初二，岳飞再派幕僚黄纵前往汎州村杨钦水寨，对其进行再次招降。杨钦见到黄纵后，仍然借故推托投降。这时，黄纵要求在起义军的水寨中巡行。黄纵看到起义军的水寨茅屋竹舍鳞次栉比，特别易于火攻，便对杨钦说："岳飞等候在鼎州城上，立圭臬、备漏壶以待，若过时不降，踏白军统制董先早已部署了强弩火箭，要将全寨焚烧一空。"黄纵最后又说："你今日若不归降，我一死无所谓，你可要全军覆没了。"

杨钦终于被黄纵说服了，带领全寨老小一万多人出降岳家军，其中士兵三千多人。此外，还有大小舟船四百余艘，牛五百多头，马四十多匹。

岳飞听到杨钦归降的消息后，非常高兴，立即申报都督行府张浚，授予杨钦武义大夫的武阶官，并派副手王贵设宴招待杨钦。

岳飞以优厚的礼遇款待杨钦，使杨钦和他的部属很感动，只恨投降太迟了。随后，岳飞又派杨钦返回起义军大营，去进一步招抚起义军。杨钦果然没有辜负岳飞的信任，过了两天，为岳飞劝降了全琮、刘诜等起义军头目。

06 斩杀杨幺平盗匪

杨钦被岳飞招降后，随即便成为岳家军的中坚力量。岳家军下一个目标就是杨幺和钟子仪的两个大寨。这两个大寨是起义军中最为强大的营寨，坐落在龙阳军（今湖南省汉寿县）江水北岸。虽然起义军中的许多头目都在岳家军强大的压力下投降了岳飞，但起义军最大头目杨幺与官军的对抗态度依旧很坚定。他在自己的大寨中从容地调度舟船兵士，做好抗拒官军的军事准备。

此时，岳飞亲自率领岳家军中的牛皋、傅选、王刚等将官及这些将官

岳飞：
一曲高歌"满江红"

各自帐下的威武精兵，分乘大量车船浩浩荡荡地向着杨幺的大寨进发。

由于岳家军训练有素、军纪严明，因而展现出超乎寻常的精神风貌和强大的战斗力。岳家军的车船与杨幺起义军的舟船相遇时，起义军的舟船简直不堪一击，被冲得七零八落。当杨幺看到他的前卫舟船已被岳家军的车船冲散、岳家军的旗帜越来越近时，自知情势不妙。但他仍然下定决心，不愿屈膝投降，更不愿束手就擒。

可是，让杨幺没有料到的是，在钟子仪手下的一个名叫陈瑢的小将官已被策反，早就做好了策应的准备。这个小将官一见到岳家军到来，就率领自己的手下劫持了钟子仪所乘的那艘豪华船只，先去投降了岳飞。杨幺眼看着钟子仪被陈瑢劫持到了岳家军的军中，被气得嗷嗷直叫。他再也无法控制自己的情绪，觉得起义军大势已去，就纵身跳入水中，但求一死。但他刚刚跳进水中，就被岳家军中的一个叫作孟安的水手给救了上来。此时，杨幺深深体会到了求生不易、求死不能的滋味。

就这样，杨幺、钟子仪所率领的起义军被岳家军打败。由于杨幺和钟子仪一直拒不投降，岳飞及手下部将都非常气恼，岳飞不得不下令将杨幺、钟子仪斩杀，并将二人的人头送往都督行府张浚的驻地。

得知杨幺、钟子仪被斩，起义军头目刘衡、全琮、周伦等人相继投降于岳家军，征剿起义军的战役取得最后的胜利只是时间的问题。征剿战役进行到此，起义军布置的防御攻势，就剩下夏诚所指挥的几个营寨。

夏诚是起义军中最具有军事智慧和指挥才能的一名首领，他的大寨坐落在一个最险要的处所。这里倚靠高山，三面临江，形成天险屏障。为了确保征剿夏诚所部的万无一失，岳飞决定还要像以往一样，亲自率军去攻打夏诚的营寨。

夏诚的大寨最大的优势就是一面靠山、三面临江。岳飞根据起义军营寨的特点，下令手下将士砍伐君山上的树木，用木头做成巨筏，把夏诚大

第八章
软硬兼施，瓦解湖湘寇匪

寨周围的港汊填塞得满满的。然后，岳飞又从沿江的上游积聚了大量的腐木烂草，使其顺流而下，用来填塞下游的浅水地段。再有，又派遣了两千名口齿伶俐、善于吵骂的将士，在浅水处且走且骂。就这样，夏诚营寨中的起义军被官军激怒，向外投掷瓦石。草木瓦石，累积成堆，填塞了舟船的通道，等于替官军铺成了进攻的道路。等起义军想把舟船由港汊移往湖外时，到处受到木筏的阻碍。于是，岳家军乘势向起义军大寨发起进攻。经过一番激战，一座最难攻击的起义军大寨被攻破，夏诚也被岳家军俘获。

至此，征讨杨幺起义军的战斗胜利结束，所得丁壮共有近六万人。如果将老弱兵力计算在内，所得士兵有十万余人。同时，还获得了几千艘大小船舶。

从岳飞劝说都督行府张浚暂缓还朝撤兵之日算起，到夏诚大寨被攻克，时间恰恰是八天，岳飞的诺言已经不打折扣地得以兑现。对此，张浚非常钦佩，发自内心地赞叹说："岳侯真神算呀！"从此，湖湘一带似乎恢复到起义军出现之前的平安状态。

07 晋升少保受妒忌

绍兴五年六月，岳飞仅仅用了不足半个月的时间，就完成了征剿杨幺起义军的大业，解决了多年来南宋朝廷最感头疼的农民起义问题。在此之前，南宋朝廷曾命赵俊率领数万官军，对钟相、杨幺所率领的农民起义军进行了两年的征剿，一直未能取得胜利。

为奖赏岳飞立下的特殊战功，南宋朝廷给岳飞发了一道诏书，把岳飞的官阶提升为检校少保。从此以后，岳飞就被人们尊称为"岳少保"。

岳飞之所以能够迅速取得征剿农民起义军的胜利，是因为他在软硬兼

岳飞：
一曲高歌"满江红"

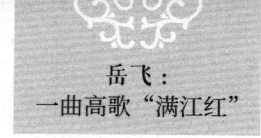

施的征剿战略中，着重采取了软的手段，就是分化离间，几乎在兵不血刃的情况下，将起义军迅速瓦解。这一胜利，给南宋朝廷带来的最直接好处，就是把整个长江贯通起来，为促进湖湘区域的经济发展和政治安定提供了保障。

在岳飞取得征剿湖湘起义军全面胜利之时，岳家军中的幕客黄纵向他提出建议说："孔明之所以对孟获七擒七纵，是要以此服南人之心，免得军回而复叛。今兵不血刃而平'大寇'，余众散匿于湖山之中者还多得很，他们见德而未见威，我看还有师回复反的可能。因而应先耀兵振旅，然后回军鄂州。"

岳飞觉得黄纵说的很有道理，就采纳了他的建议，在岳家军回师鄂州之前，在洞庭湖畔举行了一次大规模的阅兵仪式。这次阅兵仪式，充分地展示了岳家军的军纪严明和队伍精良，让当地的官吏和百姓大开眼界，无不感慨敬佩。

岳飞所取得的胜利，赢得了南宋朝廷中绝大多数人的赞赏。但正如"祸兮福之所倚，福兮祸之所伏"所言，岳飞的大胜在朝廷某些高阶将官心中，引起了不小的嫉妒甚至仇恨，特别是韩世忠、张俊二人，对岳飞所建立的功绩已经是难以相容。

毫无疑问，刘光世、韩世忠、张俊是南宋朝廷建立之初的三员等级最高的军事将领，本是国家的栋梁之材，但他们之间却总是钩心斗角，猜嫌仇怨之情极深。有时，他们之间险些酿成武力冲突。为了平衡他们之间的关系，高宗和几员执政大臣屡次出面调解和斡旋，才使得他们之间一直保持着相对的安定。而当岳飞的声名和职位上升到与这三员大将不相上下时，一向与岳飞有着较多交集的韩世忠和张俊，特别是张俊，便把强烈的嫉恨心理从三个人的争斗中转移到了岳飞的身上。

岳飞是张俊的部下，由张俊指挥他的行动。但情况逐渐发生了非常大

第八章
软硬兼施，瓦解湖湘寇匪

的变化，岳飞的征战功绩和军事职位都已经赶上了张俊。就朝廷官职而言，岳飞已经与张俊平级。而就个人威望而言，岳飞实际上已经超过了他。这样，张俊感觉到了来自岳飞的威胁，对岳飞已经变得侧目而视，心怀不平。

其实，岳飞对这些情况是有所察觉的，他不愿意让韩世忠和张俊这两员大将把这种嫉恨心情发展下去。因而，他在平素就不断地写信给这两位大将。尽管对方都不肯写回信，但岳飞还是照样给他们去信。岳飞希望借助于对他们的尊重，来平息他们的嫉妒和愤怨。这期间，岳飞单写给韩世忠、张俊两位将领的信札就有三十多封。

在岳飞征剿湖湘起义军大功告成后，岳家军无疑获得了非常多的战利品。为此，岳飞从中拣选了两艘车船，附带着船上原有的作战人员和战守之具，赠送给韩世忠和张俊各一艘。在岳飞看来，这样做，可以收到让两位前辈不与他计较的效果。但岳飞这个美好的愿望，也许最多只收到了一半的效果。韩世忠收到船只后，喜悦非常，消除了此前内心所积存的一部分嫌怨。而张俊收到船只之后，却认为这是岳飞故意向他夸耀战功，在心头反而产生了更多更深的怨仇之情。

08 毫不手软剿匪盗

岳飞取得征剿湖湘起义军的巨大胜利，不仅解决了南宋朝廷多年的心腹之患，赢得了朝野上下的一片欢呼，而且为成就南宋的中兴之功奠定了基础。

岳家军平定以杨幺为首的农民起义军之后，荆湖路一带再未出现类似规模的农民起义或武装叛乱。经过一段时期，这个地区的生产有所恢复，社会矛盾也有所缓解，岳家军在此后的抗金战争中，也有了一个安定的

岳飞：一曲高歌"满江红"

后方。

绍兴五年秋，岳飞自湖湘回军鄂州，被南宋朝廷任命为淮南西路蕲州和黄州制置使，并在两镇节度使以外另加检校少保的虚衔。同年十二月，南宋朝廷又改命他为荆湖北路、襄阳府路招讨使。

招讨使是南宋时期大战区的长官。南宋初年，将招讨使职务定位在宣抚使之下，制置使之上。但岳飞的职务虽然晋升了，但管辖范围却少了荆湖南路。这是因为荆湖南路已无战事，南宋朝廷将此路的军务处置权限收归到朝廷，不再让岳飞负责。当时，朝廷的抗战派宰相张浚期望岳飞北上，去征讨金军。

岳飞在鄂州专心致志地从事军队的整编和操练，并按朝廷命令在襄阳府、唐州、邓州、随州、郢州、信阳军、复州、汉阳军等地部署州县的治理，安排山城水寨的防御。

此时，岳家军人数由三万多人陡增至十万人以上，并在以后的岁月里一直维持在这个数字。与当时各支大军相比，岳家军不但兵力最多，而且素质最好，成为名副其实的抗金主力军。

绍兴五年岁末，南宋朝廷下令，将五支屯驻大军的军号都改为行营护军。张俊所部称为行营中护军，韩世忠所部称为行营前护军，岳家军称为行营后护军，刘光世所部称为行营左护军，吴玠所部称为行营右护军。而此前，岳家军还先后被南宋朝廷冠以神武右副军、神武副军、神武后军等称号。

在南宋时期，人们习惯以将军的姓来称谓军号，如张家军、韩家军、岳家军之称。但随着时间的推移，张家军、韩家军等称谓被人们渐渐遗忘，唯独岳家军流传千古，独享盛名，这足以说明岳飞军事才能的出类拔萃和人格魅力的深入人心。

岳飞的军事思想在一定程度上是自成一统的。他几度参与平定各地的

第八章
软硬兼施,瓦解湖湘寇匪

变乱,或是土寇盗匪,或是农民起义军,并都以胜利而告终。虽说是奉了朝廷之命进行征剿,但加以分析和总结,就可以看出岳飞有着非常明确的"攘外必先安内"的思想意图。他在《招曹成不服乞进兵札子》说:"臣窃惟内寇不除,何以攘外;近效多垒,何以服远。比年群盗竞作,朝廷务广德意,多命招安;故盗亦玩威不畏,力强则肆暴,力屈则就招。苟不略加剿除,蜂起之众未可遽殄。"但岳飞剿灭南宋内部变乱的最终目标,还是为了更好地抗击金国的侵略和收复大宋疆土。岳飞在《题翠岩寺》中写道:

秋风江上驻王师,暂向云山蹋翠微。
忠义必期清塞水,功名直欲镇边圻。
山林啸聚何劳取,沙漠群凶定破机。
行复三关迎二圣,金酋席卷尽擒归。

岳飞认为,必须取得"山林啸聚"军事活动的胜利后,再抽身做好击破"沙漠群凶"大事。他还在江南西路临江军新淦县(今江西省新丰县)萧寺壁上的题诗中写道:

雄气堂堂贯斗牛,誓将直节报君仇。
斩除顽恶还车驾,不问登坛万户侯。

意思是说,堂堂的英雄之气直冲霄汉,为了洗雪国耻,愿意将生命奉献,斩除凶恶的敌人,迎回君王的车驾,不为那封侯拜将谋求高官。愿以生命迎回徽宗、钦宗"二圣"的车驾,足见岳飞志向的高远。

岳飞认为,只有稳定好国家内部的局势,让百姓能够正常地从事生产、正常地进行生活,进而源源不断地为朝廷提供兵员和战争给养,才能让军队专注于对外作战,才能取得攘外的胜利。

岳飞：
一曲高歌"满江红"

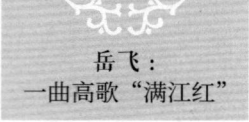

实际上，岳飞在积极平定内乱的过程中，收编了大量的武装力量，将这些骚扰朝廷及百姓的叛乱力量，转变为共同抗金的重要力量。同时，又有力地恢复和保护了百姓正常的生产、生活，为朝廷建立了功劳，为百姓解除了祸患。

第九章

北伐中原，赢连胜传佳讯

岳飞：
一曲高歌"满江红"

01　梁兴慕名来投奔

绍兴五年秋后，随着以杨幺为首领的湖湘农民起义军被岳家军征剿平定，南宋政权的一个比较稳定的统治局势逐渐形成。

这年冬季，南宋朝廷在把军队改称"行营护军"的基础上，对各军的防区分别做了重新划分。具体的驻军防守区域是：张俊所率领的"中护军"驻屯建康，韩世忠所率领的"前护军"驻屯承、楚二州，刘光世所率领的"左护军"驻屯太平州，共同担任长江中下游和淮水流域的防务；王彦所率领的"前护副军"驻屯荆南，岳飞所率领的"后护军"驻屯鄂州，共同担任长江中上游的防务；吴玠所率领的"右护军"扼守四川以及陕、甘的部分地区。

此时，驻屯在鄂州的岳家军所表现出来的精神面貌，在沿江诸军中是绝对领先的。在岳家军的队伍中，一部分是岳飞从中原带来的生长于河北、河东的一些兵将，一部分是历次征剿土寇盗匪以及农民起义军所收编的士卒，还有一部分是每当受命出征时由南宋朝廷明令拨归给岳飞节制指挥的部队。在征剿平定杨幺所率领的农民起义军后，岳飞将杨幺余部改编成一支强大的水军。由此，岳飞和岳家军已经闻名遐迩。听闻岳飞和岳家军的发展壮大，中原以及两河一带的豪侠忠义之士，凡是要归顺于南宋朝廷的，都把驻屯在鄂州的岳家军营作为投奔的首选目标，忠义人士梁兴就是投奔岳飞的人之一。

早在金军的铁骑攻破太原并占据大部分河东地区时，梁兴、赵云、李进等当地的一些忠义人士，组织太原府、绛州（今陕西省新绛县）一带的

第九章
北伐中原,赢连胜传佳讯

忠义民兵,先后收复过怀州、泽州(今山西晋城市)、潞州(今山西省长治市)、平阳(今山西省临汾市)等城。后来忠义民兵又转战到河北一带,继续与金军铁骑战斗。在长达八九年的时间里,忠义民兵与金军交战数百次,先后杀死金军大小头目三百多人。由此,两河地区的民众对这些忠义之士都非常爱戴,都愿意听从他们的指挥。

赵云率领忠义之士屡次阻击金军后,金军曾以平阳府路副总管的军职对赵云进行诱降,但被赵云断然拒绝。金军一怒之下,残忍地杀掉了赵云的父亲,并把他的母亲关进监牢,对他施加压力,可意志顽强的赵云仍然没有降服金军。岳飞奉命在庐州抗击金齐联军之时,赵云毅然投奔了岳家军。

梁兴表现出来的抗金能量更加强大,他的名声远远高于赵云,忠义之士都亲热地称他为梁小哥。跟随梁兴的忠义之士人多势众,队伍达到了四千人。梁兴的队伍攻破了金军所占领的平阳府神山县(今山西省浮山县),金国平阳帅府派总管判官邓奭带兵三千人前往镇压。邓奭带领的金军队伍远远看见梁兴"忠义保社"的战旗,不敢轻易接近。而到了夜里,金军才敢在距梁兴所部十几里的地方扎营,并多置火炬,彻夜巡逻,士兵甚至不得安眠。而后,曾经为金国灭亡北宋立下赫赫战功的金军将领耶律马五亲临战场,率领金军精骑队伍与梁兴率领的队伍鏖战,结果,梁兴所部大败金军,并一举斩杀耶律马五和万夫长耿光禄。

此后,金军组织更加强大的军力对梁兴所部加以围剿。梁兴感觉自己实力难以取胜金军铁骑,就和另外几名忠义首领一起,率领上百名骁勇善战的骑士以及四千人的队伍,取道襄阳府来到鄂州,投奔在这里驻守的岳家军。

岳飞看到梁兴来投,非常高兴,就将此事禀告给南宋朝廷。高宗得知梁兴投奔岳家军,对参知政事沈与求说:"梁兴等既来归,当优与官赏,以劝来者。派往敌方的间探，其报告多半不甚可信，只有这些忠义之士来归，才可借以了解敌方的真实情况。"高宗同意对梁兴授予官职，以劝募更多的忠义之士来投奔。

沈与求听了高宗的话，觉得高宗说的很在理，就附和着说："像梁兴这样来投奔的人，真是越多越好。我军中这样的人多起来，就必然显示出金军已经日渐衰败，我军也自然而然地了解了敌军的真实情况，这对我军抗击金军非常有利。"

有了梁兴在岳家军中任职，联结河朔的军事行动变得更加主动，从而揭开了北方人民抗击金军侵略斗争新的一页。

02 拜见张浚谋北伐

为谋求北伐抗金方略，绍兴六年正月，岳飞专程赶往到平江府，拜见宰相张浚。岳飞征剿以杨幺为首领的起义军，就是为北伐中原、收复失地做准备。如今湖湘地区已经平定，内忧问题得以解决，抗击外患无疑成为岳飞心中的当务之急。于是，春节刚过他就去拜见张浚，共商抗金大计。当时，张浚以右相的身份兼都督诸路军马，他的都督行府设置在平江府。张浚一直是南宋朝廷中的一个比较坚定的抗战派，位尊权重，岳飞平定以杨幺为首领的农民起义军后，他更是对收复陷落的大宋河山充满信心。绍兴六年，张浚显然更加雄心勃勃，力争在抗金大业中有所作为。

张浚生于宋哲宗绍圣四年（1097年），字德远，汉州绵竹（今四川省绵竹市）人，比岳飞年长六岁，是南宋初年一度左右朝廷大事的显赫人物。他一生主战，举荐贤才，为南宋政权的巩固做出了突出贡献。张浚于北宋末年进入仕途，担任太常博。他亲身经历北宋徽宗、钦宗被金军掳走，看

第九章
北伐中原，赢连胜传佳讯

到朝廷皇族被掳、黎民百姓遭受涂炭的耻辱，发誓不与金人共存，终生都不主张和议。后来，张浚因为指挥平定了苗刘之变，从而得到了朝廷的重用，后来晋升为宰相。他做宰相时，所推荐、重用的吴玠、刘锜、虞允文、杨万里等人都成为南宋朝廷的名臣。

张浚的识人之明，尤其体现在其早就看透了秦桧的阴险。在张浚引咎辞去相位时，高宗问张浚朝廷现有的大臣中，谁可以代替他出任宰相。张浚思考之时，高宗紧接着又问："秦桧怎么样？"张浚立即回答说："最近与他共事，才知道他的昏暗！"高宗说："那么就用赵鼎吧！"于是，赵鼎就被任命为宰相。

秦桧得知张浚反对他，对张浚记恨于心。后来，秦桧担心张浚再次发表意见损害于他，就令朝廷的台臣谏官只要有所弹劾，就一定要涉及张浚，声称张浚是国贼。秦桧甚至扬言要杀掉张浚。秦桧采取了一系列实际措施来陷害张浚：命张柄为潭州知州，汪召锡出使湖南，让他们图谋害死张浚；命张常先出使江西，审理张宗元案件，株连张浚，捉赵鼎的儿子赵汾交付大理寺，命令他自诬与张浚图谋不轨。但秦桧陷害张浚的阴谋被张浚识破，秦桧直到死去也没能得逞。

据史书记载，张浚离开朝廷二十年后，天下士大夫都无不倾心敬佩于他。南宋朝廷的武夫健将一旦提起张浚，就会发出感慨和叹息。金人极其害怕张浚，每次金国的使者来到南宋朝廷，都会问及张浚在什么地方，唯恐被南宋朝廷重新起用。

对于张浚在朝廷中的作用，高宗评价说："有才而能办事者固不少，若孜孜为国，无如浚。"高宗又说："朕得浚，何愧王导。"高宗还说："朕与卿父，义则君臣，情同骨肉。"

绍兴六年正月，张浚以右相兼都督诸路军马的身份到沿江各地进行视察，部署诸路军马对金国、伪齐的防务。在张浚的心目中，岳飞所率领的行营后护军和韩世忠所率领的行营前护军有着非常重要的位置,并得到了张浚的高度赞赏。张浚认为,岳飞与韩世忠这两人都是朝廷可以倚办大事的将领。就在朝廷下令更改五支屯驻大兵的军号时,张浚就设计好了诸路军马所侧重的防务体系。张浚的意图是:由张俊练兵建康,相机进屯盱眙(今江苏省盱眙县);刘光世屯兵庐州,以扼伪军;韩世忠由承州、楚州进图淮阳;岳飞则改任湖北路、襄阳路宣抚副使,进驻襄阳,作为直捣中原的主力。此后不久,襄阳路又改称为京西路。

岳飞在平江府见到张浚后,把湖北、襄阳两路的一些亟须改革的事情汇报给都督行府,得到了张浚的认同和支持。两个人促膝相谈,十分投机,在北伐抗金上达成了许多共识。

03 临安府朝见高宗

绍兴六年正月,岳飞在平江府拜见了张浚,更加坚定了北伐中原的信心。岳飞从平江府转往镇江府(今江苏省镇江市),然后到达临安府,谋求朝见高宗皇帝。

在岳飞的努力下,绍兴六年二月中旬的一天,高宗在临安府内殿召见了他。岳飞向高宗面奏说:"襄阳、唐、邓、随、郢、金、房、均、信阳军原本隶属京西南路,请求恢复旧制。"岳飞又说:"襄阳自收复后,未置监司,州县无以按察。"高宗听了,都一一予以采纳。

岳飞朝见高宗后,南宋朝廷随即发布了一道诏令,主要内容是:湖北、襄阳两路州县如有阙官,自知州、通判以下,都许可岳飞自择精明强干的人去补充,应行升擢和调转的官吏,可由岳飞推荐,而官吏中如有蠹政害民和赃污不法的,也任凭岳飞加以制裁,或者罢免。

第九章
北伐中原，赢连胜传佳讯

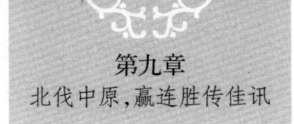

在临安府，岳飞还得到了南宋朝廷的另一道诏令，要他向伪齐地区散发一篇声讨刘豫和对伪齐军民招降纳叛的檄文，以此来动摇伪齐的士气民心。岳飞从朝廷的诏令中感受到北伐中原即将成为现实，内心非常高兴。绍兴六年二月十九日，岳飞辞别朝廷，高宗赏赐给岳飞一些酒器以及黄金二百两，对岳飞的随行人员也进行了犒赏。

岳飞随即赶回了鄂州军营，并立即让他手下主管机宜文字的胡闳休撰写了一篇《代岳制使飞移河南郡县讨刘豫檄》，全文如下：

契勘：

刘豫窃据汴都，僭称伪号，旧蒙任使，累忝台臣，是宜图报国家，执节效死；乃敢背弃君父，无天而行。以祖宗涵养之恩，翻为仇怨；率华夏礼义之俗，甘事腥膻。紫色余分，拟乱正统，想其面目，何以临人？方且妄图襄汉之行，欲窥川蜀之路，专犯不悛，自速诛夷。我圣朝厄运已销，中兴在即，天时既顺，人意悉谐。所在皆贾勇之夫，思共快不平之忿。今王师已尽压淮泗，东过海沂，驲骑交驰，羽檄叠至。

故我得兼收南阳智谋之士，提大河忠孝之人，仗义以行，乘时而动。金洋之兵出其西，荆湖之师继其后。虽同心一德，足以吞彼围之枭群；然三令五申，岂忍残吾宋之赤子。尔应陷没州县官吏兵民等，元非本意，谅皆胁从，屈于贼威，归逃无路。我今奉辞伐罪，拯溺苏枯，惟务辑安，秋毫无犯。倘能开门纳款，肉袒迎降，或愿倒戈以前驱，或列壶浆而在道，自应悉仍旧贯，不改职业，尽除戎索，咸用汉条。如或执迷不悟，甘为叛人，嗾桀犬以吠尧，罾猎师而哭虎，议当躬行天罚，迅扫凶顽，祸并宗亲，辱及父祖，挂今日之逆党，遗千载之恶名。顺逆二途，早宜择处。兵戈既逼，虽悔何追，谨连黄榜在前，各令知悉。

> 岳飞：
> 一曲高歌"满江红"

刘豫受金国的指使在河北大名建立的伪齐政权，国号大齐，简称齐，辖区为原宋朝黄河以南的全部领土。伪齐是金国继伪楚后，在黄河以南又建立的一个傀儡政权。伪齐政权作为金国扶植的傀儡政权，其存在期间，一直执行听命于金国的内外政策，充当金国对中原人民进行残暴统治和灭亡南宋的帮凶。伪齐正因为充当了金国的帮凶，最终导致了自身的灭亡。

伪齐设立期间，金国在伪齐境内驻兵示威、干涉政治、索要巨额岁币，伪齐政权根本不得民心。同时，宋朝旧臣也大多不肯归附于伪齐，致使伪齐的政令难以畅通实行。

刘豫外依金国侵略势力，内联杨幺等地方割据势力，在几年时间里羽翼渐丰，于是就有了觊觎南宋疆土的野心，成为南宋军队北伐中原、收复失地最直接的障碍。由此，南宋朝廷对刘豫采取了征剿和分化的政策，逐渐削弱刘豫的势力，直至其消亡。正是基于这种考虑，南宋朝廷在高宗的授意下，给岳飞下了一道诏令，吩咐岳飞"刘豫亲党有能察时顺理，以众来归，自王爵以下，皆所不吝，罪无大小，一切宽贷。卿可多遣信实之人，宣谕朕意"。

岳飞看了胡闳休撰写的声讨檄文，感到非常满意。岳飞认为，檄文中的内容充分体现了南宋朝廷的强大和威严，也充分表达了他本人对刘豫的痛恨及对伪齐辖区兵民同情的心声，是对刘豫及伪齐政权官员的巨大震慑和归附诱导。岳飞立即派人将征讨檄文转送给刘豫及伪齐政权官员，并散发到民间，对伪齐境内的州县官吏兵民发起了强大的宣传攻势。

04 移孝作忠返军营

就在岳飞积极筹备北伐中原的战略大事时，岳飞的眼病严重发作，难

第九章
北伐中原，赢连胜传佳讯

以忍受。看到自己眼疾加重无法处理军务，岳飞不得不上奏朝廷，恳请解除自己的官职，另选他人打点军务。

此时，高宗感觉南宋朝廷正处在以战求和、以战求生的节骨眼儿上，不希望岳飞这样享有极高威望的良将辞职。于是高宗横下一条心，坚决不准岳飞辞职。高宗在回绝岳飞申请的诏书和省札中说，岳飞措置襄汉上流事务责任繁重，正当奋发忠愤之志向，雪国家之积耻，成就更大的功勋，请不要再辞职。得到高宗的诏书，岳飞只好一边料理军务，一边治疗眼疾。

俗话说："福不双至，祸不单行。"正当岳飞眼疾严重复发之时，他的七十岁老母姚太夫人，于绍兴六年三月二十六日病逝于鄂州军营之中。而此前不久，岳飞就已经在庐山上修建了几间房舍，并在山下购置了一些田地，准备把那里作为一家人永久的居址。但人算不如天算，姚太夫人永远离开了人间，再也不能与家人一起享受天伦之乐。

姚太夫人早在沦陷区就饱受忧患、惊悸和折磨，被岳飞接到南方后，又严重水土不服。这个年过七旬的老人，几乎常年卧病在床。岳飞对姚太夫人一直是极其孝顺，他尽管军务繁忙，但只要不出兵，就会经常侍候在母亲身边，亲自调药换衣，照顾得无微不至。为照顾母亲的休息、调养母亲的身体，岳飞甚至连走路和咳嗽都不敢出大声。两年前，岳飞在克复襄汉六郡后，就曾因为母亲病重以"别无兼侍，以奉汤药"为由上奏南宋朝廷，恳请暂时解除自己的官职，同时建议由王贵和张宪两人代统岳家军，但朝廷没有准奏。

姚太夫人病故后，岳飞悲痛万分。他在三天之中甚至连水都不喝一口，哭得双目红肿，导致眼疾越发严重。同时岳飞立即奏报南宋朝廷，再一次请求解除自己的军职。而这一次，还没等朝廷回报到来，岳飞就自行解除了军职，做好了挈带眷属、扶护母亲的灵柩前往庐山安葬母亲的准备。高宗得知岳飞的母亲姚太夫人病逝的消息，特赐银一千两、绢一千匹。

岳飞：
一曲高歌"满江红"

此时，距离南宋朝廷否决岳飞因眼疾复发请求辞去官职刚过不久。南宋朝廷已经将重兵集中部署在江淮之间，并料定金齐联军也势必将重兵向同一地区集结，这样，金齐联军在京西一带就会出现顾此失彼、力不暇供的局面。按照朝廷的部署，如果岳飞能尽速移屯襄阳，并尽速从襄阳出兵去进攻陈、蔡，金齐联军必将无法抵抗。在这样一个引而未发的关键时刻，南宋朝廷怎么也不会容岳飞离军去专门为母亲处理丧事。南宋朝廷接到岳飞的奏报后，立即以御前金字牌降诏，命岳飞起复。南宋朝廷的诏旨大意是：因现正措置进兵渡江，不可等待，令岳飞日下返回鄂州主管军马，措置边事。

按照当时的礼法，父母去世，儿女必须丁忧守孝三年，期满之后才可外出就职。岳飞是朝廷倚重的大将，身当重任。如此一来，高宗和左相赵鼎、右相张浚等大臣都着急了，他们要岳飞放弃丁忧，立刻起复，到军中就职。

岳飞平日虽然自奉俭薄，但母亲病逝后却例外极其铺张，达到了"仪卫甚盛，观者填塞，山间如市"的程度，使母亲极尽哀荣。

岳飞带着儿子岳云前往江州庐山安葬姚太夫人时，高宗还特意派遣了一个做"东头供奉官"的宦官邓琮前往庐山，对岳飞进行慰问和敦促。到五月中旬，南宋朝廷在没有得到岳飞返回军营的消息时，除了又降诏给岳飞本人、力加敦促外，还由三省枢密院下令给岳家军的全体属官将佐，命他们共同敦请岳飞，如因延迟而致有误军机，所有属官将佐都要受到处分。

恰在此时，伪齐将领王威趁机率部攻陷了唐州，杀害团练判官扈从举、团练推官张汉之等宋军将领。

事态发展到了这种地步，岳飞只好移孝作忠。他强抑丧母之痛，忍受着因母丧而加重的眼疾重返鄂州，立即率兵从鄂州移屯襄阳，开始了他的第二次北伐征程。

05　第二次北伐告捷

绍兴六年六月，右相兼都督诸路兵马事张浚眼看盛夏将逝，便下令各路大军放弃进攻金齐联军的计划，转入部署秋季防御。

经过一番精心的治疗，加之期盼北伐中原的心情极为急迫，岳飞的眼疾逐渐好转。此时，岳飞曾经的上司王彦差点成为他的下属。荆南府知府王彦曾经是有名的"八字军"首领。建炎元年秋，岳飞在王彦的率领下在新乡抗击金军，年轻气盛的岳飞擅自出战，导致宋军遭受惨败。岳飞随后离开王彦，不再是他的部属。因为此事，王彦差点把岳飞斩首。

绍兴六年二月，距岳飞被命为湖北、襄阳两路的宣抚副使，并率部驻屯襄阳府仅仅过了几天，王彦就被南宋朝廷诏命为知襄阳府充京西南路安抚使。表面的原因是，襄阳是南宋的军事重地，因此委派德高望重的王彦率部镇守。而真正的原因是，王彦已体衰多病，朝廷右相兼都督诸路兵马事张浚担心王彦万一去世，很难找到一个合适的人继续统领他所率领的这支队伍。如果把王彦调往襄阳，一旦他的身体出现意外，部队就可并入岳家军。这就是说，如果王彦到襄阳就职，就意味着他从前的一名部属将变成他的上司。

王彦恰恰缺乏这样的一种襟怀。当王彦接到朝廷的委任后，毅然向朝廷提出辞职。朝廷考虑王彦是位老臣，就改派刘洪道去做襄阳知府，改派王彦为前护副军都统制兼任都督行府参议军事。

其实，岳飞无论在军事才能方面，还是在气度方面，都远远超过王彦。在岳飞的心目中，以前的嫌隙全可置之度外。当王彦带领他的全部兵马从荆

岳飞：
一曲高歌"满江红"

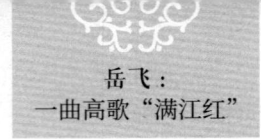

南顺江而下、到张浚的都督行府就任参议军事时，还在鄂州驻屯的岳飞便派人与他相约。于是，两个人在江边把手相谈，岳飞充分展示了其大将风度。

岳飞与王彦分别后，随即率部前往襄阳驻屯，准备岳家军的第二次北伐。岳家军的第一次北伐是在绍兴四年四月至八月间，岳飞率军三万五千人，打败了伪齐的将领李成等人，成功地收复了襄阳府、唐州、邓州、随州、郢州、信阳军、复州、汉阳军等。

岳飞由鄂州起身进行第二次北伐时，南宋朝廷又下了一道诏令，岳飞的职务又增加了"宣抚河东路"和"节制河北路"。

绍兴六年七月下旬，岳飞率领岳家军到达襄阳，从而拉开了第二次北伐的序幕。到达襄阳后，岳飞首先派牛皋率兵攻打伪齐新设立的镇汝军。镇汝军的薛亨向来骁勇善战，牛皋出发前就向岳飞表示，一定要把薛亨活捉回来，然后献于朝廷。出兵不久，牛皋就从镇汝军得胜归来，并带回一个活生生的薛亨。后来在绍兴六年十一月，薛亨被押往南宋行朝临安府。

在派出牛皋出战薛亨的同时，岳飞又派出王贵、郝晟、董先等将士去攻击虢州州治卢氏县（今河南省卢氏县）。董先等将士曾经在虢州地区执行过军事任务，熟悉当地的地理、民情。王贵等将士不但攻占了卢氏县城，还获得敌人存储在卢氏县的谷物超过十五万斛。

岳家军迅速占领卢氏县城后，将此地作为根据地，又出兵攻取了商州和伊阳县。在攻取商州和伊阳的同时，驻扎在卢氏县的统制官王贵，还派遣第四副将杨再兴等统率军马收复西京长水县（今河南省洛宁县西）。杨再兴所率领的将士进抵长水县界内的业阳时，伪齐顺州安抚使张宣赞、后军统制满在率领数千士兵出战。杨再兴当即排布军马，分头迎击伪齐敌军。杨再兴等将士冲锋陷阵，当场斩杀伪齐士兵五百余人，并活捉了后军统制满在和士兵一百余人，其余残部皆奔溃。杨再兴率部乘胜追击，于绍兴六年八月十四日到达了长水县界的孙洪涧，再次与张宣赞率领的两千人马激战，一举击败了张宣赞所部，残军四下溃散，当晚就将长水县完全占领，缴获马万匹，粮万余石。杨再兴把缴获的粮食全部分给当地的官兵和贫苦百姓。

随后，永宁（今河南省洛宁县）和福昌（今河南省洛宁县东北）两县也相继被岳家军所攻克。

06 无奈班师回鄂州

绍兴六年八月，岳家军在第二次北伐中出师大捷，接连收服了镇汝军、卢氏、虢略（今河南省灵宝市）、朱阳（今河南省灵宝市西南）、栾川、上洛（今陕西省商洛市商州区）、商洛（今陕西省商洛市商州区东南）、洛南（今陕西省洛南县）、丰阳（今陕西省山阳县）、上津（今湖北省十堰市郧西县西北）、应山（今湖北省广水市）、伊阳、长水、永宁、福昌等诸县。岳家军收复福昌县后，距离西京河南府城已近在咫尺。在这次北伐中，岳家军还夺取了伪齐的一个掌马政的马监，缴获上万匹战马，有力地充实了自己的骑兵队伍。

岳飞率军长驱直入伊、洛一带，成为南宋开国以来宋军第一次堂堂正正的大规模反攻。绍兴四年四月至八月，岳飞克复襄汉六郡，是南宋第一次收复大片失地的战役，也是第一次大规模的主动进攻性战役，被称为岳家军的第一次北伐。第一次北伐也仅仅是将伪齐军一年前侵占的地区夺回，弥补了长江防线的巨大缺口。当时，胆怯懦弱的高宗和南宋朝廷强令战争不得超出宋将李横所守的旧界。而这次的第二次北伐，才算得上宋金开战十二年来，宋军第一次堂堂正正的大规模进攻战，充分展示了岳家军强大的战斗力。

岳飞的第二次北伐，是宋金两军实力对比继续变化的标志。岳家军的

岳飞：一曲高歌"满江红"

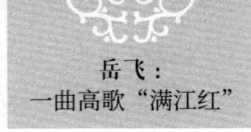

成就表明，光复故土已非可望而不可即的事。

正当岳家军从襄阳长驱直入伪齐的统治区后，南宋朝廷的大臣再一次建议高宗移驾建康府，借以振作江、淮间的军事气势。在大臣们近乎胁迫的劝说下，高宗决定在绍兴六年九月初一离开临安府。在动身之前，高宗前往天竺寺烧香，祈求佛主保佑他平安。高宗刚走出宫门，便接到武翼郎李遇送来的岳家军前线得胜的捷报。接到捷报后，高宗觉得捷报有夸大的成分，就对身边的随从说："岳飞的捷报，恐怕不无兵家缘饰之处。卿等可写信给岳飞的幕属，仔细叩问实情。这并非吝惜爵赏，只是要了解真相和措置机宜罢了。"

在高宗身边的张浚深知岳飞的胜利来之不易，就马上回应高宗说："岳飞措置甚大。现今既已到达伊、洛，则太行山一带山寨首领必更易通谋。自从梁兴等归命以来，岳飞的意志就已十分坚决，就已着手经营进取的事了。"同在身边的赵鼎也接着说："河东山寨首领，如韦铨忠等人，虽因力屈暂就金人招安，然还都据险自保，未尝下山。器甲如故，耕种自如。金人只是加以羁縻，实际上却无如之何。一旦岳飞能率王师渡河，则此辈人必为我用。"

对岳飞北伐所立的战功，南宋朝廷的君臣都给予充分的肯定。皇帝立即下了一道《抚问诏》给岳飞，主要内容是：

敕：叛臣逆命，屡寇边陲。长策待时，始行天讨。卿义不避敌，智能察微，密布锐兵，指踪裨将。陈师鞠旅，进貔虎以凭陵；斩馘执俘，戮鲸鲵于顷刻。遂复商於之地，尽收虢略之城。夫瑕叔盈麾蝥弧以登，勇闻旧许；公子偃蒙皋比而犯，功止乘邱；犹能著在遗编，名垂后世。有如卿者，抑又过之：长驱将入于三川，震响傍惊于五路。握兵之要，坐图累捷之功；夺人之心，已慑群凶之气。精忠若此，嘉叹不忘。故兹抚问，想宜知悉。

第九章
北伐中原，赢连胜传佳讯

南宋朝廷的谏官陈公辅，在上奏给高宗的《论已破汝、颍、商、虢、伊阳、长水，乞预防房、叛会合之计奏札》中说："恭维陛下以九月初吉銮舆顺动，将抚巡江上之师。六军已行，而京西岳飞先已荡平汝、颍，既而连破商、虢，又取伊阳、长水，捷音五至，中外称快。"

江西安抚大使李纲在写给岳飞的信中说："自闻大旆进讨，不果通记室之问。……屡承移文，垂示捷音，十余年来，所未曾有，良用欣快！伊、洛、商、虢间不见汉官威仪久矣，王灵乍及，所以抚循之者无所不至，想见人情之欢悦也。……所愿上体眷注，乘此机会，早建不世之勋，辅成中兴之业，深所望于左右也。"

尽管岳家军这次进军获得了巨大的胜利，但岳家军本身的处境依然非常不利。岳家军驻扎在襄阳，距离南宋王朝所在的临安府有数千里，而且是在其上游，粮饷的运送非常不及时，常有粮食不足之忧。岳家军深入陕、洛，留在襄阳兵营中的士兵竟有因饥饿致死的，以致岳飞不得不把已经开赴前线的部分队伍又匆忙地调回。这样，不但导致进取之计半途而废，还让已经克复的部分地区再度陷入伪齐统治之下，使得当地的忠义军民遭受金齐联军的屠杀。

绍兴六年九月中旬，由于岳家军处于孤军无援的状态，岳飞不得不把他的大本营从襄阳迁回鄂州。

07 第三次北伐速胜

绍兴六年九月，伪齐政权头目刘豫强行签发乡兵二十万，号称七十万大军，分兵三路进犯淮南西路。东路军由刘豫侄儿刘猊统领，从紫荆山出涡口，攻打濠州定远县（今安徽省定远县）；中路军由其儿子刘麟率领，从寿春府攻打庐州；西路军由孔彦舟指挥，企图夺取光州（今河南省潢川县），直指六安（今安徽省六安市）。

为了给自己壮胆并恫吓宋军，刘豫还专门派遣所部乡兵身穿金兵的衣甲，扮作金军在京西各州县往来招摇，宣称金军大队人马已经到来，威胁宋廷君臣。

刘豫假称金齐联军攻宋这一招，果然吓坏了南宋朝廷许多大臣，满朝官员都惊恐不安起来。

面对慌乱的局势，宰相张浚冷静地加以处置。张浚迅速抵达镇江府，得到了伪齐军队并无金军配合南侵的确切情报，而伪齐刘麟的中路军不过只有六万人。张浚根据宋军与伪齐部队的力量对比，认为这是一个不应错过的打击伪齐侵略军的良机。

于是，张浚连忙上奏高宗说："淮南的驻军是为了屏蔽大江，如果张俊、刘光世等军渡江淮南失守，则大江天险与敌人所共有。伪齐军占据淮西，因粮就便，江南又如何能防守？现在合兵掩击淮西敌寇，可保必胜。若一有退却之意，大势便无从挽回。"

高宗看了张浚的奏章，得知伪齐的军队中并无金军，心中的惶恐之意略微淡化了一些，于是放弃了赵鼎的意见，转而同意了张浚的建议，授权他统一部署御敌之策，并亲笔写了份手诏给张浚说，诸将中有不从命的，尽可依军法从事。

于是，在张浚的统一部署下，伪齐的三路大军都被宋军打败。宋朝成功遏制了伪齐的三路进犯，消除了南宋君臣惊慌失措的恐惧心理，阻止了南宋大军的南撤。张浚回到平江府后，立即劝阻高宗后撤临安府的计划。

就在高宗授权张浚严令刘光世和张俊两军迎战伪齐军队进攻时，高宗还担忧两军难以胜任，就下诏命岳飞督率全军兵马火速前往江州、池州救援淮西。

第九章
北伐中原，赢连胜传佳讯

岳飞接到诏书后，即日便率军启行。岳飞率军抵达江州时，淮西战役已经结束，他白白空跑了一场，只好率部返回鄂州。这次毫无必要的调遣，致使襄阳等地前沿兵力空虚，给了金齐联军以可乘之隙。

在进攻淮西被张浚所统筹的宋军击退后，刘豫得知岳飞已率部救援淮西，襄阳兵力空虚，就立即派遣使者再次前往金国求援，搬来了一部分金兵助战。绍兴六年十一月初一，刘豫集结全部兵力，分五路对宋朝的商州、虢州、唐州、信阳、邓州发起攻击。

得到伪齐军队来犯的消息后，岳飞率部开启了第三次北伐的征程。此时，距离岳家军第二次北伐结束刚刚过去一个月，而且岳家军从淮西班师还未稳稳落脚。

岳家军与金齐联军的战斗很快全面展开。

在商州，刘猊率领金齐联军一万多人，进犯商州东部的商洛县，岳家军的贾彦率部迎战。在虢州，金将安琥率领金军一万五千多人，战马三百匹，与伪齐刘麟统领的两万兵马协同作战，攻击虢州的铁岭关。铁岭关守兵看到敌军势大，抵挡不住，急报统制寇成。寇成所部只有三千多人，知道无法力敌，遂移军横涧设伏，击破一千多名敌骑，杀死一百多人，夺得战马二十多匹。次日，寇成再次挥军击破一千多敌军，将营寨迁移到了朱阳县五里川，向岳飞请求火速增援。寇成得到援兵后，一举击败敌军。但是，他违背岳飞的战俘政策，将俘获的五百名敌军官兵全部杀掉，因而受到岳飞的责备和处罚。

在唐州，刘豫之弟刘复率领金齐联军主力，企图直犯襄阳府。牛皋与将官王刚等人，领步兵八千人，在唐州方城县（今河南省方城县）东北的昭福痛击敌军，一直追至和尚寨，斩伪齐将马汝翼，降敌军一千人，得马三百多匹。

在信阳，金齐联军发起了攻击，岳家军的统制崔邦弼派遣将官秦佑出战，在长台镇大破敌军，一直追敌到了望明港大寨才收兵。

在邓州，伪齐西京留守司统制郭德、魏汝弼、施富、任安中等人率领几万人猛攻镇汝军。而张宪仅仅率领一万将士迎战。双方在内乡县（今河南省西峡县）相持两天后，张宪召集郝晸、杨再兴等将商议说："贼势甚锐，必欺敌。我以轻兵迎战，佯败退走。贼见，必来追我，我即伏兵取胜。"第三天会战，岳家军的饵兵退却后，伪齐军果然乘势追赶，遭到正兵和奇兵的前后夹攻。郭德、施富等一千人当了俘虏，岳家军夺得战马五百余匹。魏汝弼等带领残兵，逃回西京河南府。

十一月初十，王贵率军在何家寨附近与依山布阵的刘复所部激战。刘复不堪一击，被杀得尸横遍野，刘复本人只身逃脱。

到此，岳家军的第三次北伐已经取得了初步的胜利，并决定了宋金战争的胜负走向。

08 功绩卓著升太尉

绍兴六年十一月初十，岳家军开始全面转守为攻，金齐联军被打得节节败退。岳家军的最后目标，就是攻打蔡州城。

蔡州一直是兵家必争之地，唐朝时，这里就曾经发生过著名的蔡州之战。唐元和十二年（817年），唐随邓节度使李愬在宰相裴度的支持下，采用归唐大将李祐之计，于雪夜引兵奇袭叛军吴元济总部所在地蔡州城，一举擒获吴元济，彻底摧垮了淮西叛军。

建炎四年正月二十一日，蔡州因知州程昌㝢弃城南逃而沦陷于金军之手，后归伪齐所管辖。

当岳飞率领援军到达蔡州城前沿时，王贵已先行攻入蔡州城下。岳飞

第九章
北伐中原，赢连胜传佳讯

亲率的部队有两万人，其中，战士一万四千人，辎重兵、火头军等非战斗人员六千人，共准备了十天口粮。牛皋、董先、傅选、李建等大将都在这支队伍之中。队伍从夜间二更部署，三更出发，进逼蔡州城。岳飞身先士卒，靠前侦察，只见城壁严整，城壕既深且宽，城上竖立黑旗，但无守军。当岳家军摆出攻城的架势时，黑旗立即挥动，一队伪齐兵士上城抵御。而当岳家军做出停止攻城的架势时，这队敌军也相机撤下城去。显然，这是一座守备坚固的要塞，一时不可能强攻拿下。由于所带粮食无法维持旷日持久的战斗，岳飞当即下令撤军。

岳飞的撤军决策是完全正确的。经过伪齐多年的经营，蔡州城已是一座设防坚固的城池，根本无法速胜。况且岳家军只有十天口粮，无法维持旷日持久的攻坚战。

岳飞撤兵后，才知道蔡州城的确是伪齐为岳家军布下的一个陷阱。当时，伪齐将领李成、李序、商元、孔彦舟、王彦先、贾潭等十将领，率领重兵在蔡州城附近埋伏，准备在岳家军攻取蔡州城时加以围歼。刘豫开出的条件是，给这十名将领预赐华丽的豪宅各一所，婢女各十名。李成又给每名军士发一条绳索，规定凡捉住一名岳家军士兵，就用绳索穿其手心，捉住十人，就可连成一串。他们甚至设想消灭这支岳家军后发兵东下，直捣鄂州，占领襄阳。但伪齐的部署失败了，岳飞适时撤兵了。

岳家军撤至白塔后，不甘心失败的李成率部追来，企图堵截岳家军的归路。王贵当即指挥骑兵与李成交战，双方形成了僵持局面。不久。岳飞亲率大军前来接应，李成远远望见，惊恐不已，便抢先逃命，全军随即崩溃。

伪齐军队奔逃了几十里，到了一个叫牛蹄的地方，早已人困马乏，连忙歇息进食。突然之间，四面山冈上到处竖起了岳家军的战旗，随即喊杀声震天，岳家军从四面八方冲来，杀得敌军尸横遍野。此战岳家军俘虏伪齐几十员将领，几千名兵士，还夺得战马三千匹。岳飞将俘获的伪齐几千

岳飞：
一曲高歌"满江红"

名兵士集中到一处空旷地带，对他们训话："你等都是中原百姓，大宋朝的良民，不幸为刘豫驱而至此。那么，你等都是无辜的。我岳飞今天特别开恩，释放了你等，还要每人发一些银钱，让你等回家生活。日后，你等见到中原百姓，当广为宣布大宋朝廷的恩德，劝他们不要为伪齐刘豫卖命，回归大宋来，这里才是你等的乐土。等到我大宋兵马攻入伪齐，收复失地之时，你等要响应官军。"

随后，众俘虏领了银钱欢呼而去，并到处宣扬岳飞及大宋朝廷的恩德，对瓦解伪齐军心起到了非常有效的作用。

岳家军的第三次北伐，其规模、声势以及战绩都比前两次小。淮西战场有刘光世、张俊和杨沂中三部共同作战，而从商州到信阳军，范围更加辽阔，却只有岳家军单独作战。岳家军少数前沿部队承受金齐联军的突然袭击后，很快由防守转入反攻，显示了这支雄师的威力。

岳家军取得第三次北伐胜利后，依旧返回鄂州大本营屯驻。

从岳家军第三次出师北伐开始，捷报一次接一次地送达南宋朝廷，满朝上下为之欢欣鼓舞。绍兴七年（1137年）二月二十五日，南宋朝廷颁布了一道诏令，把岳飞的官阶由校检少保擢升为太尉。同时，岳飞还享受依前武胜定国军节度使、湖北京西路宣抚使兼营田大使、加食邑五百户、食实封二百户等待遇。在岳飞被擢升为太尉的同时，王贵被晋升为正任棣州防御使，龙、神卫四厢都指挥使，牛皋被晋升为建州观察使。

第十章

抵制议和,进谏赤胆忠心

岳飞：
一曲高歌"满江红"

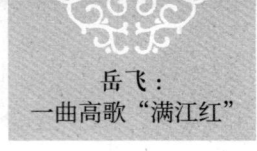

01　平江府论马高宗

绍兴七年正月，岳飞第三次北伐得胜归来时，南宋大将刘光世被诸多大臣奏请罢免兵权，理由是刘光世在抗击伪齐入侵的战争中，将自己率领的南宋军队从庐州前线撤退到长江沿岸的当涂，把淮右一带白白地送给伪齐。而身任都督诸路军马的张浚自淮西归来后，也斥责刘光世沉湎酒色，不恤国事，极应解除其兵权，以警示诸将。在群臣建议的压力下，高宗有意罢免刘光世的职权，但因暂时没能找到接替他的人选，并未立即下诏。

南宋朝廷的三省枢密院以《省札》传达高宗的旨意，要岳飞"前来行在所奏事"，表明在高宗的心目中，岳飞是接替刘光世的人选之一。

高宗在平江府召见岳飞时，首先询问了他对诸位南宋大将的期望。交谈中，高宗说道："飞今见之所进论议皆可取，朕当谕之国家祸变非常，唯赖将相协力，以图大业。不可时时规取小利，遂以奏功，徒费朝廷爵赏。须各任方面之责，期于恢复中原，乃副朕委寄之意。"

对于高宗所言，岳飞心领神会。他借机把他在第二次、第三次北伐中的所思所想、所忧所盼，都一股脑地说了出来，让高宗越听心里越敞亮，对岳飞的信赖和倚重感更加强烈。

在此之前，南宋朝廷的右相张浚与左相赵鼎之间的矛盾愈加不可调停，已经达到了无法共事的程度。张浚力主朝廷迁往建康府，保持对伪齐和金军的进攻态势；而赵鼎却力主撤回临安府，苟安一隅。张浚计划乘胜攻取河南地，擒拿刘豫父子，消灭伪齐政权；赵鼎则认为刘豫虽然无能，但有金国当后盾，强敌窥伺，不可迅速攻取，应当固守现状；张浚说刘光世骄

第十章
抵制议和，进谏赤胆忠心

惰不战，不可为大帅，应当罢免其兵权；赵鼎则反对，认为若是无故罢免刘光世，会造成军心不安。

在高宗面前，张浚因绍兴六年冬成功在淮西一带击退了伪齐的进犯，为南宋朝廷立了一功，自然是理直气壮；而赵鼎在伪齐进犯淮西时措置慌乱，自愧弗如，无奈提出辞官。就这样，赵鼎于绍兴六年十二月外任绍兴府知府。从此，张浚总揽朝政，权倾一时。

由于张浚掌握大权，对刘光世的罢免就自然提上日程。于是，谁来取代刘光世接管这支屯驻淮西的行营左护军，成为南宋朝廷广泛关注的焦点问题。在满朝文武官员的心目中，无论才干、威望、资历，岳飞都是最为合适的人选。尤其是高宗，也把岳飞当成了接任刘光世的不二人选。

高宗与岳飞的交谈越来越融洽，似乎没有了君臣之间的那种礼节上的约束。君臣之间高谈阔论一番国势军情后，高宗忽地话锋一转，与岳飞谈起了有关马的话题。

高宗问岳飞："岳宣抚在军旅多年，可曾遇到过千里马吗？"

岳飞稍稍思索了一番，答道："臣曾经有两匹千里马，天矫不群，很是不凡。这两匹马食量很大，每天要吃数斗草料，喝一斛泉水，并且，水不清洁，草料不精，它就拒绝进食，宁可饿死也不吃。当我为它披上鞍甲，跨马出征时，奔跑起来，起初并不太快，但等到跑了上百里之后，它才开始振鬣长嘶，奋蹄奔驰，从午时到酉时，还能跑上二百多里路。卸下鞍甲后，它既不喘息，也不出汗，就像没事一样。这种马接受的多，却不随便索取；气力充足，却不好表现，乃是致远之材，这才是真正的千里马啊！前年，臣率部收复襄汉六郡，后又剿灭杨幺，这两匹千里马在征战中不幸相继死掉了，臣为此伤感不已。现在，臣所骑乘的战马不是千里马了，它每天所食草料不过数升，而且从不挑剔草料的精劣，喝水也不选择泉水的水质好坏。用之出征，笼头马缰还没有安好，它就开始放开四蹄飞奔了。但是，它跑不了上百里的路，就精疲力竭、汗水淋漓、气喘吁吁了，就像快要累死了一样。这种马要求的少，容易满足，很好逞强，却容易力衰，这就是驽钝之材啊！"

岳飞在回答高宗的话语中，希望高宗能够高瞻远瞩，交付给他更多的军队和权力，让他承担再次大举北伐的重任。高宗听了岳飞这番论马高见，内心更是感叹，非常称赏地说："卿见识极进，所言精辟，很有哲理，论议皆可取。有卿担当朝廷大将，不愁大宋中兴。"

毫无疑问，岳飞这番论马言谈引起了高宗的重视。为此，高宗以奖赏抗击伪齐刘豫有功的名义，将岳飞由检校少保擢升为正二品的太尉，并将宣抚副使兼营田使晋升为宣抚使兼营田大使。此时，岳飞的实职官阶已超越吴玠，与韩世忠、刘光世、张俊三大将平列。

02 信心满满乞出师

绍兴七年二月，高宗采纳张浚的建议，将朝廷行在从平江府迁往建康府。此时，在平江府刚刚被高宗召见的岳飞，也扈从高宗一同前往建康府。

绍兴七年三月初九，高宗和他的随行官员到达建康府。当天，高宗就在寝阁里再次单独召见岳飞，并对岳飞说："中兴之事，朕一以委卿，除张俊、韩世忠不受节制外，其余并受卿节制。"

按照高宗的说法，岳飞节制的范围不仅包括刘光世的行营左护军五万两千余人，还包括仍为宣抚副使的吴玠行营右护军六万八千余人，杨沂中殿前司军约三万人，侍卫马军司和侍卫步军司军一万两千人以上，总计十六七万人。不归节制的韩世忠所率领的行营前护军约有三万人，张俊所率领的行营中护军有七万余人。

第十章
抵制议和,进谏赤胆忠心

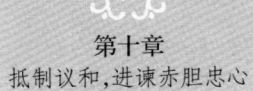

同年三月十四日,高宗决定,将刘光世率领的淮西行营左护军王德、郦琼等部五万多人、马三千多匹拨归岳飞,并将亲笔手诏交付岳飞,以备岳飞去淮西接管行营左护军时面授王德、郦琼等统制。

此时,由于罢免刘光世的诏令尚未宣布,南宋朝廷发给岳飞的三个省札和都督府札只由岳飞密切收掌,命其不得下发宣抚司机构,以免泄露朝廷机密。就这样,高宗将全国大约七成的兵力都慷慨地授予了岳飞一人指挥,这在北宋以来尚无此先例。

高宗及南宋朝廷的信任,让岳飞欣喜不已。岳飞深感皇恩浩荡,让他有机会再次出师北伐,成就抗击金军、收复失地的大业。他多次觐见高宗,谈论恢复中原方略,认为伪齐刘豫是金人的藩篱,一定要先灭掉伪齐政权,然后再谋求恢复中原。

为此,岳飞满怀激情,用工整的楷书写了一篇奏札,于同年三月十一日进呈高宗,向高宗提出了信心满满的用兵计划。这篇奏札,就是著名的《乞出师札子》:

臣伏自国家变故以来,起于白屋,实怀捐躯报国、雪复雠耻之心,幸凭社稷威灵,前后粗立薄效。而陛下录臣微劳,擢自布衣,曾未十年,官至太尉,品秩比三公,恩数视二府,又增重使名,宣抚诸路。臣一介贱微,宠荣超躐,有逾涯分;今者又蒙益臣军马,使济恢图。臣实何人,误辱神圣之知如此,敢不昼度夜思,以图报称。臣[窃]揣敌情,所以立刘豫于河南,而付之齐、秦之地,盖欲荼毒中原生灵,以中国而攻中国。粘罕因得休兵养马,观衅乘隙,包藏不浅。臣不及此时禀陛下睿算妙略,以伐其谋,使刘豫父子隔绝,五路叛将还归,两河故地渐复,则金贼诡计日生,它时浸益难图。然臣愚欲望陛下假臣日月,勿复拘臣淹速,使敌莫测臣[之]举措。万一得便可入,则提兵直趋京、洛,据河阳、陕府、潼关,以号召五路叛将,则刘豫必舍汴都,而走河北，京畿、陕右可以尽复。至于京东诸郡，陛下付之韩世忠、张俊亦可便下。臣然后分兵澶、滑，经略两河，刘豫父子断可成擒。如此则大辽有可立之形，金贼有破灭之理，四夷可以平定，为陛下社稷长久无穷之计，实在此举。假令汝、颖、陈、蔡坚壁清野，商於、虢略分屯要害，进或无粮可因，攻或难于馈运，臣须敛兵，还保上流。贼定追袭而南，臣俟其来，当率诸将或挫其锐，或待其疲。贼利速战，不得所欲，势必复还。臣当设伏，邀其归路，小入必小胜，大入则大胜，然后徐谋再举。设若贼见上流进兵，并力来侵淮上，或分兵攻犯四川，臣即长驱，捣其巢穴。贼困于奔命，势穷力殚，纵今年未尽平殄，来岁必得所欲。亦不过三二年间，可以尽复故地。陛下还归旧京，或进都襄阳、关中。唯陛下所择也。

臣闻兴师十万，日费千金，邦内骚动七十万家，此岂细事。然古者命将出师，民不再役，粮不再籍，盖虑周而用足也。今臣部曲远在上流，去朝廷数千里，平时每有粮食不足之忧。是以去秋臣兵深入陕、洛，而在寨卒伍有饥饿闪走，故臣急还，不遂前功。致使贼地陷伪，忠义之人旋被屠杀，皆臣之罪。今日唯赖陛下戒敕有司，广为储备，俾臣得一意静虑，不为兵食乱其方寸，则谋定计审，仰遵陛下成算，必能济此大事也。

异时迎还太上皇帝、宁德皇后梓官，奉邀天眷归国，使宗庙再安，万姓同欢，陛下高枕无北顾忧，臣之志愿毕矣。然后乞身还田里，此臣夙昔所自许者。

高宗看到岳飞的奏疏后，亲笔批复："览奏，事理明甚，有臣如此，顾复何忧。进止之机，朕不中制。惟敕诸将广布宽恩，无或轻杀，拂朕至意。"

根据南宋朝廷内定的安排，岳飞实际上已不再是荆湖北路和京西南路的宣抚使，而是宣抚诸路。

第十章 抵制议和，进谏赤胆忠心

03 愤然请求辞兵权

绍兴七年三月，在高宗的亲自调度下，把刘光世所部划并给岳飞统领的方略紧锣密鼓地加以进行。刘光世所部的兵马将佐数目，差不多是岳家军的两倍。把这支部队并合到岳家军中，岳家军的数量和质量要远远超过韩世忠或张俊的部队。由此，岳飞对完成讨伐金军、光复失地大业充满期盼。

按照高宗和张浚等君臣的构想，除京东东路和西路是韩世忠与张俊两军的作战区外，其余京西、陕西、河北、河东等各路辖地都作为岳飞的作战区。岳飞在《乞出师札子》中提出了全盘作战计划，准备用两三年时间尽复故地。

南宋初年，岳飞一直坚守迎还徽宗、钦宗的目标。但由于徽宗已逝，金人又不断放出风声，要以钦宗或钦宗之子来搭建傀儡政权，因此，岳飞在《乞出师札子》中，没有提出迎还"二圣"，只是将钦宗隐含在"奉邀天眷以归故国"中，不想再刺激高宗。

岳飞在建康府暂住一个多月后，便返回鄂州，在兴奋中等待朝廷的诏命。然而，让岳飞万万没有料到的是，合并刘光世军的计划却中途夭折了。

其实，在这次并军变革中，一直存在着一个疑点，就是虽然高宗已下旨给王德等人，令其"听飞号令，如朕亲行"，也命张浚的都督府把刘光世所率领的全部将官人马开列了清册，要岳飞"密切收掌"，但却始终没用皇帝或朝廷的名义向岳飞下一道更直接、更明确的诏文，指令他去收编刘光世的全部军队。而这一疑点，正是高宗、张浚所预定的一个谋略，为后来可能发生的变故留了一个可以回旋的余地。

岳飞：
一曲高歌"满江红"

高宗虽在自己的御札中亲笔写下了"兵家之事势合则雄"之类的言辞，但在他的内心深处却是深恐武将事权过高、人马过于雄壮，以致尾大不掉。因此，在考虑罢免刘光世军职的最初阶段，高宗、张浚虽都有意把刘光世的部队并入岳家军中，但不久他们又变了念头。主要的原因就是既然罢免了刘光世的兵权，就绝不应使其他大将因此事得以壮大实力，将来难以制驭。于是，高宗与张浚等商议决定，推翻前议，仍把刘光世军作为一支独立的部队，把王德提升为都统制，归都督府直接统领。

这样的军事格局确定后，高宗又写御札和岳飞说："淮西合军，颇有曲折。前所降王德等亲笔，须得朝廷指挥，许卿节制淮西之兵，方可给付。仍具知禀奏来。"

这样的结果，让岳飞大失所望。收到高宗的御札后，岳飞立即动身去找张浚，打算用非十万兵众不能实现恢复中原计划为理由，去说服张浚不要把并军之事再行变更。

岳飞诚恳地对张浚说："想讨平刘豫并非难事。如果把刘光世的部队合并过来，我即当率领这十万人马横截伪齐的北部边境，使金人不能出兵相援。刘豫势孤力弱，必然抵抗不住，如此则中原即可恢复。"

张浚本经常把用兵收复失地的事挂在口头上，所以，岳飞以为用这个道理是可以把他说服的。然而，张浚此刻所想的，是把刘光世的部队划给他本人统领，当然不会赞同岳飞领十万兵众出击伪齐的计划。结果，两人就并军一事并未谈拢，出现了严重分歧。随后，岳飞又急着请求面见高宗，想再做一次实现合并的努力。岳飞在见到高宗后，除了把奏章中所陈述各事又摘要举述一遍外，还特别把由商、虢取关、陕的计策加以强调。最后，岳飞仍表示希望并统刘光世所部。而此时，高宗竟带着刁难的语气问岳飞："照你所说的去做，恢复中原的工作何时可以完成？"岳飞稍作思考便回答说："估计三年时间可以做到。"

第十章
抵制议和，进谏赤胆忠心

高宗随即不屑一顾地说："我现时住在建康，实际上就是依靠驻守淮南的军事实力作为屏蔽。如果抽拨了刘光世那支淮甸之兵即能平定中原，我当然舍得那支队伍；但如因调动了淮西的这支部队，不但不能恢复中原，却先把淮甸丢失了，那么，势必连建康和临安也难保安全，那问题就十分严重了！"

这时，岳飞已经从高宗的容色和语调感觉到，并军的事已经没有了商议余地，只好默默无言地退出。

岳飞怀着极端失望的心情，于绍兴七年三月下旬离开建康府，回到庐山东林寺旁自己的住所。回到住所后，岳飞更加按捺不住自己愤愤不平的心情，就上了一道奏章给南宋朝廷，来发泄对高宗及张浚的不满。在行文时，岳飞不便把高宗写入，就不得不说因与宰相张浚议事不合，请求解除自己的兵权，留在庐山，为他的母亲持完余服，将鄂州军营中的一切事务，都委托给张宪去处理。

04 公辅上奏劝高宗

绍兴七年三月末，高宗收到岳飞的请辞奏章后，内心很是不快。有一天，左司谏陈公辅在上殿奏事时，高宗仍激动地提起此事。高宗隐瞒了自己在行营左护军归属问题上的出尔反尔，而是指责岳飞骄横跋扈。陈公辅是南宋朝廷中属于抗战派的大臣，与张浚属于同一派系。私下里，陈公辅与张浚的关系较为密切。他知道岳飞之所以提出辞职，是由于高宗、张浚在淮西军归属问题上措置失当造成的，可又觉得不能当面把内幕和盘托出，以此来证明责任不在岳飞。于是，陈公辅便在下朝后上了一道奏章送给高宗，以委婉的口气替岳飞说话，请求宋高宗予以谅解。陈公辅在奏札中写道：

岳飞：
一曲高歌"满江红"

　　昨亲奉圣语，说及岳飞。前此采诸人言，皆谓飞忠义可用，不应近日便敢如此。恐别无他意，只是所见有异，望陛下加察。

　　然飞本粗人，凡事终少委曲。臣度其心，往往谓："其余大将，或以兵为乐，坐延岁月，我必欲胜之。"又以"刘豫不足平，要当以十万横截敌境，使敌不能援，势孤自败，则中原必得"。此亦是一说。陛下且当示以不疑，与之反复诘难，俟其无辞，然后令之曰："朝廷但欲先取河南。今淮东、淮西已有措置，而京西一面缓急赖卿。"飞岂敢拒命！

　　前此朝纲不振，诸将皆有易心，习以为常，此飞所以敢言"与宰相议不合"也。今日正宜思所以制之。如刘光世虽罢，而更宠以少师，坐享富贵，诸将皆谓朝廷赏罚不明。臣乞俟张浚自淮西归，若见得光世怯懦不法，当明著其罪，使天下知之，亦可以警诸将也。

　　陈公辅的这道奏札，字里行间都在替岳飞说话，替岳飞解释申辩。一个私下里与张浚关系非常密切的人，能够站在岳飞的立场上替岳飞在宋高宗面前开脱，一来说明陈公辅本人为人公道，二来说明岳飞在朝廷大臣心目中的影响。陈公辅的奏札对高宗的情绪起到了一定的疏解作用。

　　高宗权衡利害得失后，听从了陈公辅的劝告。一方面，高宗写了一封御札给岳飞，让岳飞不能辞职，尽快回到鄂州的军中处理相关事务，并封还了岳飞所写的请辞奏札，不在朝廷上予以公开；另一方面，又根据张浚的建议，暂先委派兵部侍郎、枢密都承旨兼都督府参议张宗元，到鄂州军营去做宣抚判官，以示对岳家军的重视。

　　而张浚建议高宗派张宗元到岳家军中做宣抚判官，实际是为了遏制岳飞。在张浚做川陕宣抚使时，张宗元就在宣抚使司中担任主管机宜文字的职务，是张浚的亲信之一。张浚推荐张宗元到鄂州的岳家军中去充任宣抚判官，目的是如果岳飞真的辞去官职，不肯回到鄂州处理军务，就干脆把

第十章
抵制议和，进谏赤胆忠心

岳家军移归给张宗元统领。

当时，张浚并不满于当空头都督，一直谋求将刘光世所率领的行营左护军作为都督府的直属部队。而按照高宗的操作，岳飞的宣抚诸路一职其实已在相当程度上取代了都督的职权。张浚一向自视甚高，绍兴六年冬的淮西抗击伪齐大捷，更使他居功自傲，忘乎所以。在他眼里，统一节制全国兵马指挥北伐战争，只有自己才名副其实，岳飞是不够资格的。张浚一贯主张北伐，总是希望自己担当率军北伐这一角色。

其实，岳飞与高宗、张浚之间所发生的矛盾纠葛，重点全在如何处理淮西军队归属问题上。从矛盾引发的本身来看，责任在于高宗、张浚一方，而不在岳飞一方。事件之初，高宗与张浚就考虑欠妥，处理过程更是出尔反尔，可谓是算了不说、说了不算，从而引起岳飞的极大不满，直至愤然提出辞职。这一局面的形成，严重影响了淮西军队的划归问题，更严重影响了岳飞与高宗、岳飞与张浚之间的君臣、相帅关系，使南宋朝廷的军队建设出现了滞缓的局面。

岳飞的北伐用兵计划中途夭折，还与另外一个重要人物秦桧有着直接关系。绍兴七年正月，当高宗得知徽宗及显肃皇后死讯后，重礼发丧，任命秦桧为枢密使，地位仅次于南宋朝廷抗战派的宰相张浚。秦桧看出张浚志大才疏、自命不凡、不满于兼空头都督的弱点，于是就在张浚面前煽风点火。两人共同说服高宗，不应让岳飞掌握太大的兵权，以免功盖天下，威略震主。就这样，高宗当即收回成命，使岳飞的北伐计划成了泡影。

绍兴二年八月，秦桧遭到黄龟年的弹劾，被高宗罢免了宰相职务。而在绍兴五年二月，秦桧复官为资政殿学士，六月拜为观文殿学士、知温州，绍兴六年七月改知绍兴，不久被任命为醴泉观使兼侍读、行宫留守，并暂去尚书省、枢密院参议政事。秦桧的一路晋升，为后来再次晋升宰相、迫害岳飞埋下了伏笔。

岳飞：
一曲高歌"满江红"

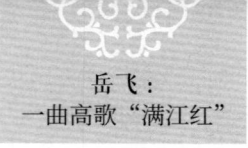

05 淮西兵变自请缨

绍兴七年四月至五月间，为尽快让岳飞返回鄂州管理岳家军，高宗连发了三道御札给岳飞，态度一次比一次诚恳。同时，南宋朝廷又用三省枢密院的名义，下了一道省札给鄂州宣抚使司的参议官李若虚和统制王贵，要他们一同到庐山敦请岳飞返回鄂州军营管军。

李若虚等抵达庐山东林寺后，立即向岳飞转达了朝廷的旨意。尽管李若虚、王贵二人与岳飞商谈了六天之久，岳飞却始终坚持不肯返回鄂州管军。

后来，李若虚不得不措辞严厉地对岳飞说："这样坚持不听从朝廷的旨意，绝非好事。朝廷上岂不要发生疑虑，琢磨岳宣抚这样做最终是要干什么？而且，宣抚原只是河北的一个农夫，受到皇上这样的信任，做了一个方面军的统帅，难道您以为可以和朝廷相抗吗？您今次若仍坚持不肯回鄂州军营中去，我们势必受刑而死，我们究竟何负于宣抚，宣抚何忍把我们置之死地呢？"

听了李若虚一番指责，岳飞的头脑顿时冷静了下来，终于明白自己若是一味固执下去，不但是给李、王二人出难题，更会给抗金大业带来损害。于是，岳飞接受了高宗的诏旨，决定返回鄂州军中。而此时，宰相张浚也觉得自己对岳飞有所歉疚，便写了封信给岳飞，除了规劝岳飞及早复职外，还明示岳飞在复职之前，要前往建康府向高宗请罪。

按照张浚的明示，绍兴七年六月，岳飞赶到建康府，向原本理亏的高宗请罪说："前些日子，臣一时头脑冲动，妄有奏陈辞职，触犯了朝廷法度，

206

第十章
抵制议和，进谏赤胆忠心

臣有罪，恳请皇上明正典刑，昭示天下，臣等候皇上降罪惩处。"

高宗虽然对岳飞心怀愧疚，但内心仍恼怒他的擅自离职与固执不化，同时又感觉南宋朝廷确实不能失去岳飞，便说道："卿日前奏陈轻率，动不动便以辞职要挟，擅离职守，藐视朝廷法度。但朕爱惜你的忠勇，所以并不怪罪你。若是怪罪你时，肯定要有惩处的。本朝太祖爷所谓：'犯吾法者，惟有剑耳！'断非虚言！朕所以封还你的辞呈，仍旧命你掌握大军，委任你要职，负责措置恢复故疆的大计，那正是说明朕没有怪罪你的意思！"随后，高宗命岳飞返回鄂州军中管军，并召回了张宗元。

这次岳飞与高宗之间所爆发的矛盾冲突，虽然最终得到了解决，而且岳飞还向高宗道了歉，但在高宗的心里，岳飞已由最为赏识的大将变成了最为猜忌的武人。他在表面上对岳飞做些委婉的应付，而骨子里已深怀戒备之心，毫无包容诚意。

张宗元从鄂州回到建康后，立即把他在岳家军营中的所见所闻向高宗做了奏报。奏报说："将帅辑和，军旅精锐。上则禀承朝廷命令，人怀忠孝；下则训习武技，众智而勇。"

张宗元的奏折，是岳家军的真实写照。为此，高宗根据张宗元的奏报，有些不情愿地颁布了一道《奖谕诏》给岳飞，内容是：

敕：朕致天之讨，仗义而行。秉律成师，誓清乎蟊贼；整军经武，必借于虎臣。眷予南服之区，实捍上流之势。卿肃持斋钺，洞照玉钤，茹苦分甘，与下同欲，裹粮坐甲，唯敌是求。旗甲精明，卒乘辑睦。士闻金鼓而乐奋，人怀忠孝而易从。动焉如飘风，固可以深入；延之如长刃，何畏乎横行。览从臣之奏封，知将帅之能事。卿诚如此，朕复何忧。想巨鹿李齐之贤，未尝忘者；闻细柳亚夫之令，称善久之。故兹奖谕，想宜知悉。

岳飞返回鄂州军营后，岳家军群情振奋，随即投入紧张的讲武教战之中，一切都恢复正常。

刘光世因临阵怯敌被罢军职，他的队伍最终被收归到张浚兼任的都督府直接管辖。之后，张浚任命刘光世的部将王德为左护军都统制、郦琼任副都统制，并接受兵部尚书、都督府参谋军事吕祉节制。张浚的任命，在淮西军中引起了极大的不满，尤其是郦琼不服王德排在他的前面任都统制，多次找到张浚进行申述，但始终不被张浚重视。

绍兴七年八月初八，原隶属刘光世所部的统制官郦琼、王世忠、靳赛等将官发动叛乱，杀死监军官吕祉等人，带领全军四万余人，并裹胁百姓十余万人，投降了伪齐刘豫，一举震惊了整个南宋朝廷，史称"淮西兵变"。

"淮西兵变"发生后，张浚以处置淮西军不当而辞去相位，先是提举宫观，后贬居永州（今湖南省永州市）。张浚离开朝廷时，高宗问张浚朝中谁可以代替宰相一职，张浚没有回答。而当高宗又问秦桧如何时，张浚却回答说秦桧昏庸无能。于是，宋高宗就任命赵鼎为相。至此，南宋朝廷的一切抗金规划和措施都成了一纸空文。

岳飞得到淮西兵变的消息后，立即上疏朝廷，旗帜鲜明地表示愿率军进屯淮甸，保卫建康行朝的安全。但高宗没答应岳飞进屯淮甸，而是让岳家军到江州驻扎。

06 奏请立储惹高宗

绍兴七年九月，岳飞接到宋高宗诏旨，命他和参谋官薛弼前往建康府朝见议事。岳飞与薛弼一同乘舟，前往建康府。

船行途中，薛弼得知岳飞在赶写一份密奏，恳请皇上早立皇储，便

第十章
抵制议和，进谏赤胆忠心

大吃一惊地说："太尉不可上此密奏！太尉熟读史书，晓畅历代宫廷权术，岂不闻大将在外统兵，不当参与立皇储的大计吗？"

岳飞淡然一笑地说："薛公的话不对了。文官和武将都是朝廷的大臣，国家兴亡，匹夫有责，都当忧心国事才对，但有利国兴邦的建议，都可以提出来给皇上酌定，不应当将文武臣僚区别开来。前些天，我得到谍报，金国想要废黜刘豫，而改立钦宗的儿子为傀儡皇帝，图谋制造两个宋廷，南北对峙。而今圣上不能生育的宫闱传言早已天下尽知，因此，我觉得皇上应当及早确定赵瑗的皇储地位，颁示四海，以破灭敌国的阴谋。"

薛弼非常感叹地说："太尉太过忠勇，不恤自身，一心只为朝廷社稷着想，却不知如此一来，皇上和那些权臣就要疑忌太尉了。"

交谈中，薛弼一直替岳飞担心，但始终无法劝动岳飞改变初衷。

高宗在即位前，曾有一子名叫赵旉，在"苗刘之变"平定后不幸夭折，年仅三岁。后来，高宗因惊怖而产生了生理问题，已经没有生育子嗣的能力。由此，高宗必须从宗室中过继一个儿童来做他的儿子，以备将来继承他的皇位。

绍兴二年夏天，一个名叫赵伯琮的七岁小孩获得了高宗的认可，得以纳入宫中，由得宠的张婕妤负责抚养。这就是三十年后改名为赵昚的孝宗皇帝。在张婕妤负责养育赵伯琮后不久，另一个得宠的吴才人即后来的吴后，也在高宗的允许下养育了一个名叫伯玖的五岁小孩，以备将来参加继承皇位的挑选。这样一来，赵伯琮和赵伯玖便长期处于竞争皇储的状态。

看到赵伯琮后，岳飞觉得赵伯琮是一个英明君主的人选。因此他认为，应及早把赵伯琮确定为皇位的继承人。

绍兴七年十月，岳飞与薛弼一同到达建康后的一天，二人分别被引见于内殿。岳飞为第一班，薛弼为第二班。在被高宗接见的过程中，岳飞把他在船中写好的奏章在高宗面前诵读。在诵读的过程当中，他突然感觉到

岳飞：
一曲高歌"满江红"

正如薛弼所说那样，这样的建议似乎不是他职责以内的事，因而心中感到十分惶恐。这时，恰恰有一阵微风吹来，吹得他手中的奏章摇摆不定，他诵读奏章的声音，便有些颤动，以至于读不成整句。

岳飞读完奏章后，果然如他最担心的那样，高宗很不愿意他越级论及此事，便向他说道："卿言虽忠，然握重兵于外，这类事体，并不是你所应当参与的。"仅仅高宗这一句责难之辞，便使得岳飞在退下殿陛之时，面孔犹如死灰一般。

就在岳飞退下后，薛弼紧接着登殿奏事。这时，高宗开口就说："岳飞刚才奏请确立建国公为皇太子，我告诫他说……"不等宋高宗说完，薛弼就主动接过话茬儿说："臣虽在其幕中，却从来不曾听他谈及此事。前几天赶到九江见到了他，只见他整天在舟中练习小楷，才知道他正在书写'密奏'。岳飞的所有密奏，全都是他自撰自写的。"

高宗又说道："岳飞听了我的话后，似乎很不高兴。你可按照你的意思，再去对他进行一番开解。"薛弼在领受了这一任务后，有些惶恐地退了出来。

岳飞、薛弼朝见高宗的第二天，高宗又与赵鼎相见，首先向赵鼎说道："岳飞昨日奏讫立建国公为皇太子，这事情不是他应当参与的。"

赵鼎回答说："想不到岳飞竟这样的不守本分！"于是，在退朝后，赵鼎把薛弼找来，向他说道："岳飞是大将，现时正领兵在外，岂可干预朝廷上的大事？怎么竟不知道避免嫌疑？岳飞是武人，不可能想到做这样的建议，大概是他的幕僚们教他的。你回去后请告知幕僚们，再不要出这样的主意了，这绝不是保全功名、善始善终的做法。"

赵鼎这番话，其实是他凭自己的主观臆断，冤枉了岳飞宣抚司的幕僚们。岳飞建言立储这件事，完全是他自己的主张，而且做得很机密，确实不关幕僚们的事。为了息事宁人，薛弼随即对赵鼎表态说："我当详细地告诉岳飞，并且详细地告知幕僚中所有的人。"

第十章
抵制议和,进谏赤胆忠心

岳飞密奏建储,其实是他想表现自己的耿耿忠心。但他这番苦心与忠心,是不会得到宋高宗理解的。因为高宗与朝中大臣所秉承的,是宋朝的传统国策,那就是疑忌武将,以文治武。而岳飞的这次不恤自身的忠言进谏,也只能加深他与宋高宗之间的裂隙。

07 伪齐被废盼恢复

绍兴七年八月,郦琼率领淮西军发动兵变并渡淮投靠了伪齐,让刘豫感觉自己的军事实力比以前有了明显的加强,腰杆又硬朗起来。但郦琼的来降,反而遭到了金国统治集团的妒忌。

当初,金国统治集团之所以在中原扶植一个傀儡政权,主要是因为本身的力量还不够充足,在还不能与南宋直接对垒的情况下,把中原地区牢固地控制起来。金国统治集团是希望借用一个傀儡政权作为缓冲,既代理金国统治者统治这一地区,也为金国统治者抵御南宋的军事力量。

然而,在伪齐政权建立以来的七八年内,伪齐政权一直依赖金国的军事支援,无异于用金国的实力为伪齐支撑全部局面。这样的局势使金朝的大部分当权者都把伪齐视同赘疣。而在高庆裔、完颜宗翰等一派势力垮台后,完颜昌废除伪齐的主张,更容易为金国统治集团所采纳。

郦琼投靠刘豫后,刘豫便派人去向金国的统治者陈说请求出兵相助,以新投降的郦琼为向导,乘势并力,一同攻打南宋。而金国当权者便将计就计,要趁机把伪齐搞掉。

绍兴七年九月中旬,金国尚书省和元帅府共同向金国皇帝上了一道论劾伪齐的奏章,其中主要内容是:

岳飞：一曲高歌"满江红"

自赵佶、赵桓失道，兴兵讨伐，废灭社稷，举族北迁，后准元帅府申到，……建立张楚。无何，旋为彼人所废。王师再举，无往不克。后来帅府复申前议，册立刘豫，建号大齐。置国之初，恐其不能自保，故于随路分驻兵马，至今八年。载念上国大事以来，大劳远戍，兼齐国有违元议，阙乏军需，比年以来，益渐减损。……与之征讨，则力既不齐；为之拊循，则民非我有。凡事多误，终无所成。

况齐人假我国家之力，积有岁年，事悉从心，尚不能安国保民，……兹实有乖从初康济生灵、免其荼毒、使天下早致隆平之意，反使庶民困苦，两国耗乏。相度从初所申，实为过举。既知其非，岂可不行改置。……今臣等议欲定一民心，变废齐国，不惟亡宋旧疆，至于普天之下，尽行抚绥，是为长便。

这一奏章奏陈后，立即得到了金熙宗完颜亶的批示："齐国建立，于今八年，道德不修，家室不保，有失从初两获便安之意，岂可坐视生民久被困苦。宜依所奏施行。委所司速为措置。"

有了这样的决定，金国对刘豫前来乞求救兵表面上慷慨应允，暗地里却另有谋划。为此，金国向刘豫提出：一要刘豫先把伪齐军队调发集结到淮水北岸；二要伪齐军队听从金国将帅的统一指挥。另外，还约请刘豫之子刘麟单骑到浚州、滑州之间，与金国的军事首脑会谈。

绍兴七年十一月中旬的一天，刘麟带领了二百名骑兵赴约，刚到黄河岸边就全部成了金军的俘虏。紧接着，完颜宗弼、完颜昌等人率领数千骑兵驰赴开封，捉获了刘豫，并把他囚禁起来。紧接着，金国又颁布了一道正式诏令，废掉刘豫和其建立八年的伪齐政权。至此，宋金两国之间消失了一个缓冲力量，又回归于直接相邻的状态。

伪齐政权被金政权废掉后，生活在中原地区的百姓及伪齐所管辖的官

第十章
抵制议和,进谏赤胆忠心

吏、将士,又产生了强烈的回归大宋的念头。原为伪齐所重用的知临汝军(今河南省新蔡县)崔虎和知蔡州刘永寿,都于绍兴八年正月先后率部归附于鄂州的岳家军大营。伪齐知亳州宋超、伪齐军队中的统制官王宗,也都在同一月内分别率众归附了南宋。王宗抵达建康府后,还受到了高宗的召见,并被赐予官职和银帛。

伪齐辖域官吏军民的心态动向,说明刘豫傀儡政权被废后,正是南宋恢复中原的大好时机。因此,南宋的殿中侍御史金安节上疏给高宗,提出了非常中肯的建议:

[金人之废伪齐,]是殆上天悔祸,复为国家驱除,以启中兴之运尔。……此诚天下举安之机,南北复合之会,不可失也。臣谓正当申严守御以固吾疆陲;多遣间谍以招彼携贰。通好之使,未可遽遣,顺动之计(按:指南宋王朝又打算由建康返回杭州事),更宜缓图。使民心不摇,军听无惑,养威持重,徐观其变,然后起而赴之,则定计审而临机果,庶几举无遗策矣。臣愿陛下上承天眷,下副人望,命心腹大臣深谋审处,无失机会,以定中兴之业,天下幸甚。

在这道奏章中,金安节所表达的思想见解在当时极具代表性,南宋朝廷的文武臣僚绝大多数人都是这样想的。但南宋朝廷那些当权的人物,包括高宗、赵鼎和秦桧等,与很多文武官员和广大军民的意见背道而驰。

08 北伐计划再搁浅

伪齐被废后,崔虎、刘永寿等人投奔到岳家军中,让岳飞重新燃起了兴师北伐的希望。岳飞抓住时机,于绍兴八年正月下旬上疏朝廷,阐明他

岳飞：一曲高歌"满江红"

所驻防的江淮上流地区面积过于广阔，万一金人大举南犯，他的军队实难把这一广大地区照顾周全。为避免敌人乘虚而入，他请求朝廷为岳家军增加人马。他认为，在实力充实之后，就可以择机北伐中原。

绍兴八年二月初六，在接到岳飞请求增兵的奏章后，高宗对身边的大臣说："岳飞所防守的江淮上流地区，过于广阔，但宁可把他的防区缩小，也不可以再增加他的人马。今日诸将之兵，已患难于分合。末大必折，尾大不掉，古人所戒。近来的形势，虽还没有发展到那样严重，但与其增加大将的实力，倒不如再另外添置几支部队，庶几缓急之际易为分合。"说完这番话，高宗力排众议从建康府出发，将南宋朝廷又迁回临安府。

一天，充任兵部侍郎的王庶在被高宗诏见时，将秦、蜀两地的形势利害向高宗口陈手画，被高宗所赏识。由此，王庶当即就被提升为兵部尚书。几天后，王庶又做了枢密副使。

王庶是一个喜欢谈论军事，也确实懂得军事的人。绍兴六年，王庶曾做鄂州的知州兼湖北路安抚使，与岳飞的关系非常不错。王庶就任枢密副使几天后，便受命到江淮视师，负责调遣诸路兵马，为防御之计。

王庶到江淮后，把知庐州的刘锜调往镇江，成为防御江左的主力干将。同时，又改派张宗颜率军七千人，以知庐州兼主管淮南西路安抚司身份驻守庐州；命巨师古率领三千人马，驻屯太平州；分别差遣韩世忠军中的两支人马去驻屯天长及泗州，在缓急之际可以互为声援。

王庶视师所到之处，不论大将或沿边州郡的地方官吏，都向他表示说："若失今日之机会，他日劳师费财，决无补于事功。"

岳飞得知王庶到江淮之间视师的消息后，就写了一封信给王庶，态度非常坚定地表示："今岁若仍不用兵，我就要交还帅印，请求罢官，回庐山闲住去了。"

"淮西兵变"后，右相兼都督张浚因为负有措置不力的责任，成了众

第十章
抵制议和,进谏赤胆忠心

矢之的,从而被高宗罢相。但身为枢密使而主兵的秦桧,却因狡诈、阴险,做事隐蔽,又经常取悦于高宗,而没受弹劾,反而觊觎行将空缺的相位,并为此大动脑筋。

此时,高宗正派遣使者王伦与金国权臣完颜昌进行和谈。高宗对金国传话说:"只要归还梓宫(指宋徽宗的棺材)以及皇太后(指宋高宗生母)和渊圣皇帝(指宋钦宗),其余一切都好说。"其实,高宗的这些要求早已被金国主和派权臣完颜昌所接受,宋金和谈已经悄悄地拉开序幕。

当岳飞迟迟得不到朝廷批准出兵北伐的命令后,只好自江州还军于鄂州,继续操练兵马。与此同时,岳飞还不断地向朝廷提出增兵的请求。岳飞的这一做法,更加引起了高宗的不满和疑忌。因此,对岳飞的一些请求,不管是合理的还是不合理的,高宗一概加以回绝。

绍兴八年三月,岳飞意外接到枢密院的札子,要他详细陈奏北伐的计划措置。就这么一道札子,让岳飞高兴得彻夜难眠。他立即写好奏折派人送往临安府。在奏折中,岳飞详尽陈述了自己的北伐计划,将兵马来源、率兵将领、粮草所需、船只配备、作战线路等相关细节,都一一作了陈述。

然而,就在奏折送出不久,岳飞的使者就返回了鄂州,得到的消息是北伐计划没能获得朝廷的批准,阻力主要来自高宗和秦桧等君臣。

就这样,岳飞的满腔热血换来的是昏君庸臣的阻挠,他只好仰天长叹,再一次放弃北伐计划。

随着伪齐政权的垮台,许多原属于金国和伪齐的官兵纷纷倒戈投降了南宋,更多的是投降了岳家军。

岳飞坚持正确的劝降政策,做了很多分化瓦解工作,收到很好的成效。绍兴八年八月至九月间,金国镇汝军知军、马军统制胡清率一千多人起义归宋,岳飞予以热情接待,并任命他为选锋军副统制。此外,金军统制王镇、统领崔庆、将官李觊及华旺、孟皋等人,也先后带领部伍投归岳飞。前伪齐河南府尹孟邦杰也起兵反金，逮捕永安军的知军，将其处死，然后南下归降岳飞。此后，一批又一批的原属于大宋的兵士络绎不绝地投诚归来，既有投岳家军的，也有投其他屯驻大军的。同时，应天府还爆发了两万伪齐军的起义。

09 临安府屈辱求和

金国废掉伪齐政权后，随即将南宋派去交涉徽宗灵柩的使臣王伦、高公绘遣返。完颜宗弼要他们带书信给高宗说，如果他肯屈服于金国，不但徽宗灵柩和高宗的生母韦氏可以送还，刘豫旧日所统辖的河南之地也可以归还南宋。

当王伦、高公绘回到南宋时，立即向高宗汇报了金国统治者的和议意见。高宗听了喜出望外，赐给王伦和高公绘很多的奖赏。

随即，高宗又派遣王伦以奉迎梓官的名义，再一次去往金国。这一次，高宗实际上是向金国表明南宋朝廷同意议和的态度，并希望金国及早派遣使臣来南宋，共同议定议和事宜。

得到南宋朝廷的明确表态后，金国于绍兴八年五月派遣乌陵思谋和石庆作为谈判使臣来到临安府，与南宋朝廷商谈议和事宜。

金国派遣使臣的消息传到南宋朝廷后，高宗急忙催促在淮上视师的王庶回朝，要他与赵鼎、秦桧等人一起，共同研究怎样与金国派遣的使臣进行议和谈判。

其实，王庶是坚决反对和议的。他在返回临安府的过程中就写好了一道奏章，着力陈述议和策略的不正确性："先帝北征而不复，天地鬼神为之愤怒。陛下与贼有不共戴天之仇，忍复见其使乎？其将何以为心，其将

第十章
抵制议和，进谏赤胆忠心

何以为容，其将何以为说？且彼之议和割地，不过画淮、画河二者而已。若曰画淮为界，则我之固有，安用和为？若曰画河为界，则东西数千里荆榛无人之地，倘我欲宿兵守之，财赋无所从出，彼必厚索岁帛以重困我矣。不若拘其使而怒之。"

王庶回到临安府后，又给高宗写了一道奏章，再一次表达了坚决反对议和的心情。他在奏章中说："陛下当两宫北狩之后，龙飞睢阳，匹马渡江，扁舟航海，以至苗刘之变，艰难万状，终无所伤。天之相陛下厚矣至矣。今虽未能克复旧疆，銮舆顺动，而大将星列，官军云屯，百度修举，较之前日，可谓小康。何苦不念父母之仇，不思宗庙之耻，不痛宫闱之辱，不恤百姓之冤，逆天违人，以事夷狄乎！"

可是，王庶的两道奏章，根本没引起高宗的重视。

当时，像王庶一样反对借议和之名而实行向金国屈膝投降的人很多。当南宋朝廷的文武官员听到乌陵思谋即将到来的消息时，顿时一片哗然，许多人都递上奏章或者请求面见高宗，陈说对金国统治者的话万万不可以轻信。然而，高宗的决心已下，求和的大方向已不能改变。对于朝廷那些臣僚的反对意见，他不是严词加以拒绝，就是大发脾气加以责难。

金国使者乌陵思谋到达临安府后，表现得很是傲慢。他一方面不肯向南宋朝廷交出他所携带的"国书"，另一方面不肯屈尊到宰相办公的"都堂"去与南宋朝廷的文武大臣会谈，而是要求南宋朝廷的宰相到他所居住的"宾馆"去会谈。后来，乌陵思谋考虑到北归期限的临近，才不得不与石庆二人同赴都堂，与南宋朝廷的相臣会谈。参加会谈的南宋朝廷官员是赵鼎、秦桧、王庶等人。会谈中，赵鼎、秦桧与金使互相问答，而王庶只是坐在一旁，与金使之间简直是口未尝相交一语，目未尝少觇其面。这次会谈，很快把交递"国书"和由南宋宰相引领乌陵思谋去见高宗的事情定了下来。

但是，乌陵思谋和石庆二人去见高宗时，态度依旧极其傲慢。他们递交了"国书"后，要求高宗对"国书"中所提出的议和条件当场表态。高宗没有照办，叫他们回去，等待南宋朝廷做出决定后，再通知他们。

乌陵思谋所携来的"国书"中，主要包含了这些内容：一、送还赵佶的棺木；二、送还高宗的生母韦氏；三、把原属伪齐的黄河以南、淮水以北的地区一律拨归南宋政权统治。这些条款，当然是高宗乐于接受的。但"国书"中还提出：一、南宋向金主称臣纳贡；二、高宗自动取消帝号并自动取消宋的国号，只作为金国的一个藩属。

对这一"国书"，高宗竟然没做丝毫的修改。显然，高宗已经决定不惜一切代价去换取金国不再大军南侵，让他在东南半壁称孤道寡就满足了。高宗之所以不肯对乌陵思谋当面表态，是希望南宋朝廷的相臣与他一同承担议和的责任。赵鼎虽然是一个主和的人，但他并不主张无条件投降。赵鼎认为金国在"国书"中所提的条件，对南宋政权侮弄太甚，是不能接受的。而参与谈判的秦桧却是顺从高宗的意旨，主张接受金国在"国书"中提出的全部条件。最终，南宋朝廷不管有多少人反对"和议"，却仍是按照高宗、秦桧的意见，向乌陵思谋作了全面接受议和条件的答复。

10 一封谢表讽议和

绍兴八年春，金国使者乌陵思谋在与南宋朝廷的议和谈判中，予取予求都得到了满足，胜利地完成了谈判使命。乌陵思谋北归复命后，高宗、秦桧又于绍兴八年七月，派遣王伦出使金国，再次向金国统治者郑重表达无条件议和的决心。

绍兴八年十月上旬，金国的最高统治集团批准了乌陵思谋与南宋朝廷

第十章
抵制议和，进谏赤胆忠心

谈判的结果，又派遣张通古和萧哲两人随同王伦来到临安府，依照此前的谈判结果正式订立议和条约。这一消息，促使南宋朝廷持不同意见的各派臣僚的矛盾又一次激化。

事到如此，对议和持有不同意见的赵鼎再也坐不住了，他以身体患病为由，请求高宗罢免他的宰相一职。绍兴八年十月二十一日，赵鼎果然被高宗罢免了宰相职位，让他去做绍兴知府并兼任两浙东路的安抚制置大使。

金国这次派遣的两名使者，张通古的头衔是诏谕江南使，萧哲的头衔是明威将军。两个使者进入临安府后，南宋朝廷一系列难以忍受的侮辱接踵而来：张通古在进入南宋境土之前，先派遣了一个银牌郎君去告知南宋政府官员说，诏谕使进入宋境之后，"接伴官"在迎接时须跪膝在台阶上；州县官则必须望"诏书"迎拜；二人到达临安府之日，还必须要高宗脱下皇袍，改穿大臣服装，拜受这道"诏命"；高宗对待诏谕使人，则必须像接待宾客那样，亦即以对等地位相待。金国的银牌郎君还说：上面所谈及的种种礼节，都是在金国的朝廷上规定了的，意即不准有所改变。

高宗得知金国提出的这些要求后，向南宋朝廷的文武大臣宣告说："若使百姓免于兵革之苦，得安其生，朕亦何爱一己之屈。"

为把朝廷官员的意志引领到赞成议和的方向上来，高宗在绍兴八年十一月十九日下了一道诏令说："大金遣使至境，朕以梓官未还，母后在远，陵寝宫阙久稽汛扫，兄弟宗族未得聚会，南北军民十余年间不得休息，欲屈己就和。在廷侍从台谏之臣，其详思所宜，条奏来上，限一日进入。"

绍兴八年十二月二十八日，秦桧作为高宗的代理人，到左仆射馆拜见了张通古，并跪拜接受了金国的"诏书"，承认南宋只是金国的一个藩属，实质也就是承认了金、宋之间的君臣关系。

绍兴九年（1139年）的正月初一，高宗下诏说："大金已遣使通和，割还故地，应官司行移文字，务存两国大体，不得辄加诋斥。布告中外，

岳飞：
一曲高歌"满江红"

务令知悉。"

绍兴九年正月初五，高宗又下了第二道诏书，大赦天下。在颁布这道大赦诏令后，高宗派韩肖胄去金国报聘，派王伦去做交割地界的专员，派方庭实去宣谕汴京和西京洛阳、南京归德、北京大名诸地，派遣周聿、郭浩去宣谕陕西，派郭仲荀去做汴京的守臣，派皇亲赵士褒、张焘去河南恭谒祖宗陵寝，还派楼熠到永兴等路去"宣布德意"。以上所派的使臣，全都随身携带了数量浩瀚的官吏兵民同往，每个使臣的开销，每年都有三十几万贯。

绍兴九年正月十二日，南宋朝廷的大赦诏书递送到鄂州的岳家军营中。赦书中所谈到的"新复州郡"中的西京河南府一带，划归岳飞管辖。按照定例，岳飞应当在接奉这道赦书之后上表致谢。于是，岳飞就利用这一机会，委托幕僚当中那个出身河朔、豪侠尚气的张节夫撰写了一封谢表：

今月十二日准进奏院递到赦书一道，臣已即躬率统制、统领、将佐、官属等望阙宣读讫。

观时制变，仰圣哲之宏规；善胜不争，实帝王之妙算。念此艰难之久，姑从和好之宜。睿泽诞敷，舆情胥悦。臣飞诚欢诚抃，顿首顿首！

窃以娄敬献言于汉帝，魏绛发策于晋公，皆盟墨未干，歃血犹湿，俄驱南牧之马，旋兴北伐之师。盖夷虏不情，而犬羊无信，莫守金石之约，难充溪壑之求。图暂安而解倒垂，犹之可也；顾长虑而尊中国，岂其然乎！

恭惟皇帝陛下，大德有容，神武不杀，体乾之健，行巽之权，务和众以安民，乃讲信而修睦。已渐还于境土，想喜见于威仪。

臣幸遇明时，获观盛事。身居将阃，功无补于涓埃；口诵诏书，面有惭于军旅。尚作聪明而过虑，徒怀犹豫以致疑：谓无事而请和者谋，恐卑词而益币者进。

第十章
抵制议和，进谏赤胆忠心

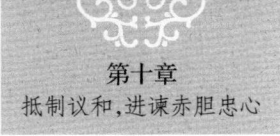

臣愿定谋于全胜，期收地于两河。唾手燕云，终欲复仇而报国；誓心天地，当令稽颡以称藩！

臣无任瞻天望圣，激切屏营之至！谨奉表称贺以闻！

从内容上看，这道被岳飞称为"奉表称贺"的贺表，其实完全是一道"抗议表"，这道贺表悲愤激昂，壮怀激烈，迸发出多年来郁结在岳飞胸中的积愤，激励人心，鼓舞士气，给所有具有民族意识的南宋人民和官僚士绅以极大的希望、信心和力量。而秦桧读了此表后，气得切齿大骂，高宗也心生不满，又一次记了岳飞的仇。

第十一章

郾城抗敌，大军直逼开封

岳飞：一曲高歌"满江红"

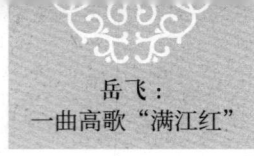

01 朝廷笼络愤难抑

绍兴九年正月十一日，南宋朝廷为了庆贺宋金两国达成议和协议，把京湖宣抚使岳飞和川陕宣抚副使吴玠的官阶晋升为从一品的开府仪同三司，这既是对武将的一种奖赏，更是对武将的一种笼络。朝廷为岳飞晋升官阶的制词是：

门下：搜卒乘而缮甲兵，尤谨艰难之日；听鼓鼙而思将帅，不忘闲暇之时。乃眷爪牙之臣，夙勤疆场之卫。爰加褒律，丕告治廷。

太尉、武胜定国军节度使、充湖北京西路宣抚使、兼营田大使、武昌郡开国公、食邑三千五百户、食实封一千四百户岳飞：霍卫有闻，沈勇多算。有岑公之信义，足以威三军；有贾复之威名，足以折千里。临敌而意气自若，决策则机智若神。陷阵摧坚，屡致濯征之利；抚剑抵掌，每陈深入之谋。眷彼荆襄，实勤经略。边鄙不耸，几卧鼓而灭烽；流亡还归，皆受田而占籍。奠兹南纪，隐若长城。

属邻邦讲好之初，念将阃宣劳之久。肆因庆泽，式表高勋。是用进同三事之仪，仍总两藩之节。衍封多井，增实朕租，以昭名器之崇，以就宠光之渥。

呜呼！丰报显赏，盖以褒善而劝功；远虑深谋，尚思有备而无患。祗若予训，益壮尔猷。可特授开府仪同三司，依前武胜定国军节度使、湖北京西路宣抚使、兼营田大使、加食邑五百户、食实封三百户。封如故。主者施行。

第十一章
郾城抗敌，大军直逼开封

在制词中，南宋朝廷既把岳飞与西汉的卫青、霍去病相比，又把他与东汉的岑彭、贾复相比，说他临敌有智略，决策若神明。全文都是褒奖之词，历数了岳飞和岳家军几乎全部的功劳。朝廷的褒奖诏令，并不是为大战之后的论功行赏而发，而是在关键时期对岳飞的一种笼络，避免岳飞对这次议和出面作梗。却不料，这道制词不但没有达到笼络岳飞的目的，相反让岳飞借用"辞免"的机会，对这次议和进行了又一次无情的抨击。岳飞在送给南宋朝廷的札子中写道：

臣正月二十四日，准都进奏院递到白麻一道，除臣开府仪同三司、加食邑五百户、食实封三百户者。臣初捧制文，尚怀疑惑：岂谓非常之典，遽及无功；又于二月十四日准本司往来干办官王敏求差人赍到前件告一轴，乃知朝廷以逆虏归疆，而将闻之寄例进优秩。不惟臣一己私分愈切惊惶，至于将士三军，亦皆有觍面目。

伏念臣奋身疏远，叨国显荣，每怀尸素之忧，未效毫分之报，岂可因此需泽，遂乃滥预褒升！伏望圣慈，特此睿断，毋嫌反汗，亟寝误恩。所有告命，臣不敢祗受。已令本司签厅牒鄂州寄收，以待朝廷追取外，冒犯天威，不任激切俟命之至。取进止。

在札子中，岳飞将"岂谓非常之典，遽及无功"作为他不应晋官加封的理由，并以"至于将士三军，亦皆有觍面目"，来展示岳家军对这次屈膝投降的强烈抗议。岳飞的这道札子态度倔强，措辞激切，用意绝不在于例行的公事，而是坚定拒绝把自己及岳家军卷入议和的勾当之中。

岳飞抵制晋升后，南宋朝廷又依照惯例下诏给岳飞，不许他再上疏辞免。于是，岳飞在绍兴九年二月二十七日接到不许辞免的诏书后，又上疏恳请辞职：

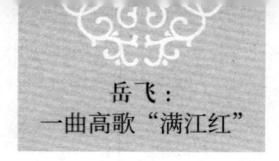

臣近者累犯天威，力辞恩宠，庶几陛下洞烛危恳，终赐矜从。而温诏谆谆，未回睿听。跼地吁天，不知所措。

夫爵赏者人君所以为厉世磨钝之具，人臣得之，所以荣耀乡里而显贲宗族也，谁不欲贪多而务得哉！然得所当得，固以为荣；受所非受，反足为辱。伏念臣奋迹羁单，被恩优胙，使臣终身只守此官，已逾涯量；岂可分外更冒显荣，遂速颠隮！虽陛下推天地至宽之量，在所兼容；而微臣抱金石图报之心，宁无自愧！所有臣为将不效、献言悖理之实，臣于累奏中固已缕陈，更不敢谆复絫烦圣听。伏望陛下检会臣累次札子，追寝成命，特降俞音，庶使微臣少安愚分。取进止。

南宋朝廷与金国议和，让岳飞难以抑制愤懑的心情。岳飞再次决定，把自身所担任的军职一律辞掉。绍兴九年二月至三月间，岳飞向南宋朝廷接连奏进了两道乞解军务的札子。两道请辞的奏章递达南宋朝廷后，高宗在被迫做出的批示中说：

敕：具悉。卿竭忠诚而卫社，迪果毅以临戎，元勋既著于鼎彝，余暇尚闲于俎豆。蕃宣所赖，体力方刚。遽欲言归，殊非所望。顾安危注意，朕岂武备之可忘；惟终始一心，汝亦戎功之是念。益敦此义，勿复有云。所请宜不允。

看了高宗的批示，岳飞深深地感到自己是欲进不得，欲罢不能，无奈之下，他只好守在鄂州军营当中，继续安抚部下将士。

02　跋文表意斥议和

自绍兴八年十二月南宋朝廷与金国实现议和以来，岳飞对继续执掌重

第十一章
郾城抗敌，大军直逼开封

兵有着一种深重的负疚感。特别是高宗把与金国达成议和协议当作举国欢庆的喜事来庆祝，强迫授予他开府仪同三司的高官，他更是一直寝食难安。他甚至两次上奏朝廷，恳求"解罢兵务，退处林泉""就营医药"，并沉痛地表示"臣叨冒已逾十载，而所施设，未效寸长，不惟旷职之可羞，况乃微躯之负病""今讲好已定""臣之所请，无避事之谤"。

其实，解除岳飞手握的兵权，是高宗近年来一直梦寐以求的事情，但由于岳飞的个人魅力和岳家军的巨大影响，高宗总是迫于政治和军事影响的压力，不敢轻举妄动冒此风险。对此，岳飞也只能无奈地据守在岳家军的大营之中，悉心操练将士，静静地等待出师北伐的良机。

绍兴九年冬，高宗为了进一步安抚岳飞，御笔书写了历史上曹操、诸葛亮和羊祜屯田足食的故事，专门颁赐给岳飞，将屯田列为保守半壁残山剩水的重要措施。显而易见，高宗是在奉劝岳飞放弃北伐的想法，能够像曹操、诸葛亮那样屯田足食。

绍兴十年（1140年）正月初一，岳飞在写给高宗的跋文中，严厉指责曹操"酷虐变诈"，同时又指出诸葛亮和羊祜"德过于操远矣"。岳飞在这篇跋文的结尾说："用屯田以足兵食，诚不为难。臣不揆，愿迟之岁月，敢以奉诏。要使忠信以进德，不为君子之弃，则臣将勉其所不逮焉。若夫鞭挞四夷，尊强中国，扶宗社于再安，辅明天子，以享万世无疆之休，臣窃有区区之志，不知得伸欤否也？"

岳飞痛斥曹操"酷虐变诈"，实际是在指责秦桧。岳飞虽然拥护加强屯田，但他不赞成以此作为对金国求和的资本。在跋文中，岳飞巧妙地利用了发问的方式，清晰地表明了自己力主抗金、绝不退让的原则立场，并对高宗进行了非常恳切的劝谏。

在南宋朝廷与金国达成的议和协议中，金国统治者在议和的条款中，明确提出了归还宋朝河南之地。其实，这一承诺并不是金国统治者的真情

岳飞：
一曲高歌"满江红"

表达，而是有所图谋的。对此，岳飞以高瞻远瞩的战略家目光，将幕后的诡计看得清清楚楚。他在写给南宋朝廷的奏疏中，明确阐述了自己的观点。岳飞指出："金国自侵略宋朝、并灭亡北宋十余年来，一直打着议和的幌子来欺诈南宋朝廷，实则进行残酷的军事侵略，烧杀掠抢，无恶不作，使南宋朝廷蒙受了惨重的损失。而现在金国与南宋朝廷谋求议和，主要原因是金国国内统治集团的高层出现了种种矛盾，导致他们不能合力举兵来侵略南宋朝廷。后来，再加上伪齐刘豫的垮台，导致金国的藩篱空虚，金国统治集团才出此议和的诡计。"岳飞还一针见血地指出："金国在名义上归还宋朝河南土地，只不过是寄地而已。"岳飞所说的寄地，是寄放妻儿财货的地方。

事实上，金军在入侵南宋时，屡屡受挫于长江天堑，损失了许多兵力。在与南宋朝廷议和的谈判中，金军统帅完颜昌就使出了归还河南土地这个诡计。完颜昌的用意就是将南宋朝廷以步兵为主的大军，引诱到河南的平原地带。因为那里地势广阔，便于金军重装骑兵聚集作战，从而为彻底消灭南宋军队的有生力量创造条件。

从当时金国在军事上的一系列措置看，金军卷土重来的图谋一目了然。其一，金军将黄河一带的船只尽数地搜罗、聚集到黄河北岸。显然，这是在等待渡河的时机，然后突然大规模地出动军队渡河作战。其二，金军有意识地保存了黄河桥，以确保往来自由。而黄河桥恰恰是联结同州（今陕西省大荔县）与金军所占据的河中府（今山西省永济市）之间的重要通道，战略意义非常重大。其三，金军明确规定，他们在河南之地所设置的官吏，宋朝不得随意更换。显然，这是为将来再度入侵南宋埋下的卧底力量。

但鬼迷心窍保皇帝位的高宗当然看不懂金人的图谋。高宗最害怕的是统兵在外的将帅总是惹是生非，得罪金军，因而对岳飞做出新的约束。高宗在手诏中说："过界招纳，得少失多。"于是，高宗诏令岳飞不得再接纳

第十一章
郾城抗敌，大军直逼开封

河北、河东、燕云等地的豪杰。同时还规定："凡是北来者，必须送还金国。"

03 抗金潮空前高涨

绍兴八年十二月，南宋朝廷与金国所达成的议和完全损害了南宋的利益，是一个完全有利于金国的不平等和约。

金军进入中原十几年来，一直残酷压榨和奴役中原百姓，很不得民心，激起了中原民众的强烈反抗。应该说，北宋时期中原民众的生产力水平，与整个北宋的生产力水平一样，处于全世界的先进行列。但金国侵略者一旦俘虏了中原民众，就会把他们变成只能从事简单体力劳动的低级奴隶，这简直就是一种非人性化的征服和统治方式。

绍兴八年夏，金国元帅府就曾下令，凡积欠公私债务而无力偿还者，即以本人和妻子儿女抵偿。由于金国统治者"回易贷缗，遍于诸路"，贯彻此令就可得到成千上万的债务奴隶。于是，一切不愿做奴隶的人们便纷纷起来反抗金国统治者的统治，或者逃亡他乡，或者杀死债主。

金国统治者完颜昌为强制推行奴隶制，于绍兴九年夏颁布新令，规定凡藏匿逃亡者之家，家长处死，产业由官府和告发者均分，人口的一半当官府奴婢，一半当告发者私人奴婢，连犯罪者的四邻也须缴纳"赏钱"三百贯。完颜昌还出动大批金军到处进行搜捕，实施野蛮统治。金国统治者的搜捕队遇到百姓就进行拷掠，或迫使百姓自诬，或威逼百姓诬人，从而形成了"生民无辜，立成星散，被害之甚，不啻兵火"的态势。而一旦有持棍棒反抗者，就会被捕被杀，出现"积尸狼藉，州县囹圄为之一盈"的局面。在苛政、暴刑、重赋、饥荒等交相煎逼之下，大批大批的中原百姓宰耕牛、焚庐舍、上山寨，加入抗金队伍行列。尤其是自岳飞大力开展

岳飞：
一曲高歌"满江红"

联结河朔活动后，抗金斗争又出现了新的高潮。此后，与岳飞有直接联系的太行义士最为活跃，河东路的很多通道被他们截断。高岫和魏浩等率领人马攻占怀州河内县的万善镇。"忠义人"王忠植的队伍也转战和攻取了河东路的一些州军，并与陕西的宋军取得联系。

在京东路，岳飞派遣的李宝开辟了新的抗金游击战场。李宝是兴仁府乘氏县（今山东省菏泽市）人，绰号"泼李三"。李宝习惯挥舞双刀，勇鸷绝伦。最初，李宝聚众三千多人，企图杀死金国的濮州（今山东省鄄城县一带）知州，但没有成功，便脱身南归，来到南宋朝廷所在的临安府。当时，南宋朝廷正忙于应付求和活动，根本没人理睬他。绍兴九年九月至十月间，岳飞到南宋朝廷奏事，李宝乘机找到这位慕名已久的统帅。岳飞收留了他，将他带回鄂州当马军。李宝见朝廷不准出师，怏怏不乐，暗中组织四十余名军士，准备私渡大江，北上抗金。此事被朝廷内探发觉后，李宝挺身而出，说"乃宝之罪，众皆不预"。因此，岳飞更加赏识他，授其"统领忠义军马"的头衔，发遣北上回乡。李宝回到京东路后，与孙彦、曹洋等组织抗金武装，到处攻袭金军。

除了李宝外，一些和岳飞没有联系的北方起义者也使用岳家军的旗号，与金作战。绍兴九年夏，一支"岳家军"进袭东平府。金东平府尹完颜奔睹带兵出击，双方相持数日，这支队伍才泛舟而去。淮阳军也曾出现一支"岳家军"，围攻城垒。由于金国援军的到达，他们才不得不撤出战斗。

此外，张青还指挥一支抗金队伍，渡海直抵辽东。他使用宋军旗号，攻破金国苏州（今辽宁省大连市金州区一带），当地百姓也纷纷起义响应。

面对风起云涌的反抗斗争，金国统治者惊慌失措，有的人甚至丧失信心。乌陵思谋出使南宋朝廷后，出任怀州知州。当他听到万善镇被抗金队伍攻破的消息时，便对当地的百姓说："尔等各抚谕子弟，无得扇摇，南朝军来，吾开门纳王师。"于是，乌陵思谋每天夜里辗转反侧，有时披衣起坐，唉声叹气地说："我未知其死所矣！"就连完颜宗弼的心腹、悍将韩常在夜饮时也对人坦白说："今之南军，其勇锐乃昔之我军；我军，其怯懦乃昔之南军。"

总之，河朔地区出现了前所未有的抗金队伍活跃的局面，似乎都在迎候着宋金再次大战，也似乎都在期盼岳家军第四次北伐。

04 金兵来袭得信赖

绍兴九年七月至八月间，金国主战派右副元帅完颜宗弼、领三省事完颜宗干等发动政变，先后杀掉了领三省事完颜宗磐、领三省事完颜宗隽、由左副元帅降任行台尚书左丞相的完颜昌等主和派。完颜宗弼升任都元帅、领行台尚书省事兼掌军政大权。

绍兴十年五月，金国在完颜宗弼的主导下，悍然撕毁宋金两国达成的议和协议，分兵四路向南宋发动了侵略攻势。元帅右监军完颜杲负责攻打陕西、李成负责夺取西京河南府、完颜宗弼亲率主力负责突入东京开封府、聂黎孛堇负责出兵京东路。

进攻南宋的战争打响后，金国骑兵势如疾风骤雨，很快占领了毫无设防的河南各州县。

高宗得知金军再度入侵的消息，立即感到岳飞当初对议和的指斥是忠义之言。危急时刻，高宗又想起了一直坚持抗金立场的岳飞。高宗随即下诏，命岳飞竭忠尽力图谋抗金大计。高宗在写给岳飞的御札中说："金人过河，侵犯东京，复来占据已割旧疆。卿素蕴忠义，想深愤激。凡对境事宜，可以乘机取胜、结约、招纳等事，可悉从便措置。若事体稍重，合禀议者，即具奏来。"

岳飞：
一曲高歌"满江红"

其实，早在绍兴九年三月，高宗就得知金国即将发生政变的消息。当时，南宋与金军办理交割河南地界的手续时，完颜宗弼的一名属下秘密来见南宋外交官王伦，告知了金国统治集团的重大变化。完颜宗弼的这名手下是汉人，曾经在王伦手下做官。他秘密告诉王伦，说金国皇帝金熙宗完颜亶的叔父完颜宗弼意图秘密发动政变，要杀掉主和派领袖完颜昌等人，然后，集结金军灭亡南宋政权。

王伦得知这个消息后非常震惊，当即写了一封密奏给高宗，请求南宋朝廷速调张俊镇守东京开封府，以韩世忠守卫南京应天府，岳飞固守西京河南府，吴玠守御京兆府，并且起用张浚重开都督府节制诸大将，以策万全。但高宗对王伦的这道密奏置之不理，而且还让王伦不必多虑，安心出使金国。

绍兴九年六月，王伦刚刚渡过黄河到达中山府就被金国部队扣押。随即，金国就命南宋朝廷的副使节蓝公佐返回宋廷。蓝公佐除了按照盟约索取岁贡外，还提出宋朝必须用金国的年号等无理要求，以此来挑衅南宋朝廷。

当金国发生政变时，南宋大将军韩世忠发现，金国把淮阳军的戍兵和屯田兵都已撤回。于是，韩世忠感到这是南宋趁机收复淮阳军的大好时机，便立即上奏南宋朝廷，请求出兵淮阳军，乘虚进行攻击以先发制人。

但高宗不但不同意韩世忠出兵淮阳军，还痛斥韩世忠是武夫粗人，不识大体，并大谈要对金国坚守和解的信义。高宗虽然对南宋朝廷的臣僚阴狠狡诈，善耍权谋手腕，无信义可言，但对有着杀父囚兄仇敌的金国统治者却讲求信义，不敢主动反击。

金国擅自撕毁和约，南宋朝廷处境最狼狈的当数力主议和的高宗和秦桧。按照惯例，完颜宗弼南侵之日就应该是秦桧引咎辞职之时。而在金军大举进犯的形势下，秦桧突然摇身一变，以坚决抗战的面目出现。他大言

第十一章
郾城抗敌，大军直逼开封

不惭地表示，自己"愿先至江上，谕诸路帅同力招讨"，还要高宗效法汉高祖，运筹帷幄，指挥将士"以马上治天下"。

随即，南宋朝廷发布声讨诏文，以节度使的官衔，银五万两，绢五万匹，良田百顷，第宅一区，悬赏擒杀完颜宗弼，又任命韩世忠、张俊和岳飞兼河南、北诸路招讨使，以示收复失地的决心。

岳飞得知金国撕毁和约、大举南侵的消息，十分愤慨，以公文的方式通知岳家军的各大"军区"，时刻准备大举反击入侵金军。

此时，岳家军已经在鄂州整整被羁束三年，士兵们枕戈待旦。岳飞总是以无战之年作为有战之时，一直注重对部队实施最严格的实战训练。

不久，高宗便连续不断地以御札的方式督催岳飞做好应急的军事准备，并命他派遣部队去应援在顺昌（今安徽省阜阳一带）抗击金军的刘锜。显然，在金军大举入侵的关键时期，高宗对岳飞既有足够的信赖，又充满无限的期待。

05 第四次北伐出征

在金国军队大举进攻南宋之时，为了更好地调动岳飞积极抗金，南宋朝廷于绍兴十年六月初一，将岳飞的官位晋升为正任少保。从此以后，人们都不再称呼岳飞的名和字以及别的官职，而只喜欢称他为"岳少保"。

就在岳飞晋升为正任少保的同一天，原以少师一职充任淮东宣抚处置使的韩世忠被南宋朝廷晋升为太保，原以少傅而充任淮西宣抚使的张俊，被南宋朝廷晋升为少师。从晋升的级差来看，岳飞与韩世忠、张俊是完全相同的。

此时，身为南宋大将的岳飞，既是湖北路和京西路的宣抚使，又是河

岳飞：
一曲高歌"满江红"

南路和河北路的招讨使。他所管辖的军区虽然地域广阔，但还只是南宋军事防务的局部。而身负统筹全局重任的高宗以及秦桧，却不是有心救亡图存、报仇雪耻的人，他们不可能做出足以克敌制胜的战略决策和部署。因此，当刘锜在顺昌抗击金兵之际，岳飞派遣张宪和姚政率领部队前去支援。当得知金军这次南犯的目的是把新近交割给南宋的河南、陕西之地重新夺回时，岳飞率领岳家军全部兵马由鄂州北上迎敌。然而，在岳飞的心目中，对南宋朝廷究竟有没有全盘战略决策，一直抱有很大的忧虑。岳飞之所以屡次请求到临安府去向高宗面陈机宜，就是为了推进全局抗金大业。

自从岳飞独自承担长江中游这一防区的军事职责以来，他的一些抗敌规划大多与战争全局有关。早在绍兴四年，岳飞就主动乞求出兵，收复郢、随、襄、邓等六州郡；绍兴六年，岳飞又一次主动北向进军，直抵伊、洛、商、虢诸地，继而又进军于陈、蔡地区，就是把他的这种战略思想付诸实践；而在绍兴七年，当知道南宋朝廷要把刘光世军并合归他节制时，岳飞感到异常兴奋。这是因为，岳飞预感到他的战略思想可以实现。至于他所制定的联结河朔的战略方针，更是与宋金两国整个战局密切相关。这一次，当岳飞又从鄂州出兵北上之际，他所考虑的重点就是如何配合现实情况，把联结河朔的战略方针切实运用落实，使之能发挥更强大的作用。

岳飞接到高宗命其出兵的御札后，即刻启动反攻计划，把岳家军十万大军分成奇兵、正兵和守兵三个部分，实施协同作战方略。这也是岳家军继第一次、第二次、第三次北伐后，开启第四次北伐的征程。

岳飞所说的"奇兵"，就是深入敌后的游击军。京东路一支由李宝和孙彦指挥。岳飞又另派两支部队渡河北上，一支由梁兴、赵云和李进统领；另一支由董荣、牛显和张峪统领。

岳飞所说的"正兵"，就是挺进前方的正规军。在西方，武赳率郝义等将士带领轻兵击破虢州，与陕州"忠义军兵"首领吴琦、商州知州邵隆

第十一章
郾城抗敌，大军直逼开封

诸军唇齿相依，联成一体。他们切断完颜宗弼和完颜杲两支金军的直接联系，护卫岳飞主力军的后背。在东部，岳飞亲自统率重兵向辽阔的京西路平原地区疾进。最早出动的，是惯打头阵的同提举一行事务、前军统制张宪，还有游奕军统制姚政所部，他们奉命紧急驰援刘锜。

岳飞所说的"守兵"，就是后方守军，包括全体水军在内。岳家军甚至还接管了直到江南西路江州和江南东路池州的江防，拱卫着湖北、江西以至江东三路的安全。

随后，岳飞又亲笔上奏，请求高宗及时立储。岳飞认为，在进行军事攻击的同时，更须预防金国利用宋钦宗进行政治讹诈，因此请求高宗及时设立皇储。高宗感到正在用人的节骨眼儿上，不能给岳飞难堪，必须最大限度地笼络好岳飞。于是，高宗在手诏中对岳飞的赤胆忠心褒奖了一番。

绍兴十年六月，南宋朝廷任命岳飞担任少保兼河南府路、陕西、河东、河北路招讨使，率领岳家军进行第四次北伐。出征时，岳飞对战胜金军充满了必胜的信心，他甚至为自己建功立业后到庐山归隐做了打算。为此，岳飞写了一首诗来表达自己的心情：

湓浦庐山几度秋，长江万折向东流。
男儿立志扶王室，圣主专师灭虏酋。
功业要刊燕石上，归休终伴赤松游。
丁宁寄语东林老，莲社从今着力修。

岳飞：
一曲高歌"满江红"

06 顺利袭取蔡州城

　　岳飞接连收到高宗的亲笔御札后，采取了一系列有针对性的举措。岳飞把联结河朔的任务交付梁兴、董荣和孟邦杰等人，要他们尽快暗渡黄河，去联系河朔各地忠义社的人物，把他们集结起来，与李宝、孙彦等发动起来的抗金群众互相配合，去攻袭被金军占领的河东、河北和山东的某些州县。同时，又命王贵、牛皋、董先、杨再兴等岳家军的主要部将，一起从鄂州分路出发，向北进军。

　　实际上，岳飞的进军计划已经大大超出了南宋朝廷指定给他的任务范围。按照他的安排，岳家军不仅要进军陈、蔡，而且要经由陈、蔡进攻夺取旧都汴京，并由汴京北渡黄河，去收复河朔的大片失地。

　　而此时，设在临安府的南宋朝廷，对是战、是守还是屈服投降仍一直拿不定主意。尤其是宋高宗，一直想再度寻找一个停止战斗、屈己降敌的办法。所以，到六月中旬，南宋朝廷派遣朝臣到韩世忠、张俊和岳飞的军营中商议军事，所带去的书面诏旨虽然说了一些奋勇击敌的话，而口传的密旨意思完全相反。

　　被派往岳飞军营中商议军事的是李若虚，他带给岳飞的御札主要包括四层意思：第一，允许岳飞可以相机处理的只是属于乘机御敌之事，不包括防御战以外的对敌进攻；第二，关于防御战的一些筹划措置，要先用急函奏报给高宗、秦桧知晓；第三，根据高宗、秦桧对当前战争形势所做的判断，岳飞的主力部队应持重不动，而只以少数人马去与敌人周旋；第四，在盛夏之月，来自北方的金军最畏酷暑，此对宋军固为有利，但若把战争

第十一章
郾城抗敌，大军直逼开封

坚持下去，则一到秋高马肥季节，金军的锐气便又不可阻挡了，所以还是尽快把战事结束为宜。

除了将御札交给岳飞外，李若虚还向岳飞传达了高宗、秦桧的一个机密旨意："兵不可轻动，宜且班师。"

岳飞终于明白了，虽然高宗的御札催得那么急，让岳飞驰援顺昌，抵御金兵，却不是高宗的真实想法。而李若虚口传的密旨，才是高宗的真实意图。

此时，岳家军各部已经分别进发。多少年来，岳飞厉兵秣马，时刻等待着出师北伐。而机会来了，岳飞当然不肯接受"兵不可轻动"这一密旨。于是，岳飞依然按照原来制订的作战计划行事。而事实上，李若虚本人也完全赞同岳飞的意见，便以支持的口气说："事势既已发展到当前地步，当然只能有进无退，那就照旧进军罢。矫诏之罪，当由我承当。"就这样，岳家军在岳飞的统领下，继续按照原定计划进军。

顺昌大战开始时，高宗非常惊慌。他生怕刘锜所部被歼，导致完颜宗弼南侵一发而不可收拾，所以一直催促岳飞增援顺昌。但不久，由于刘锜所部的拼命抵抗，一举击溃了金军，顺昌局势迅速改观。此时的高宗又后悔了，后悔的原因是他不愿让岳飞借此机会出兵北伐，影响南宋向金国请求议和的大局。因此，高宗又让李若虚暗传密旨，令岳飞"重兵持守，轻兵择利""候到光、蔡，措置有绪，轻骑前来奏事"。高宗规定光州和蔡州为岳飞进军的极限，而河朔地区、黄河以南的东京开封府、西京河南府（今河南省洛阳市）和南京应天府等地，都做好了放弃的准备。在高宗看来，能夺取一个蔡州，就足以为两年前的屈膝求和遮羞。

根据金军进攻部署情况，岳家军主力的第一步战略目标是扫荡开封府的外围。绍兴十年六月初，张宪和姚政率前军与游奕军直抵光州，向东北的顺昌府方向突进。但由于顺昌府已于六月十二日解围，张宪便挥兵挺进西北，击破金军，一举袭取了蔡州城，为岳家军的第四次北伐奉献了一个完美的奠基礼。攻取蔡州后，为了巩固北伐成果，岳飞委派大将马羽镇守蔡州。

六月十三日，牛皋的左军在京西路打败金军后，队伍直指汝州。随后，牛皋又攻克了他的故乡鲁山等县，并挥师东进，与岳家军胜利会合。

六月二十三日，岳飞手下的统领孙显在蔡州和淮宁府之间，大破金国裴满千夫长的部伍。这实际上是孙显对淮宁府（今河南省淮阳县）做的军事试探。

绍兴十年闰六月，岳家军经过集结调度和精心准备后，又发起新一轮更猛烈的攻势。

07 拔取三府连奏凯

绍兴十年闰六月十九日，岳飞派遣同提举一行事务、前军统制张宪首先出击，向颍昌府发起攻势。张宪指挥傅选等将领，在离颍昌府城四十多里的地方迎战金国将领韩常所部。韩常字元吉，燕京人，金国著名将领。他善于骑射，"射必入铁"。但韩常所部遇到傅选等岳家军将领时，很快就被杀得溃不成军，仓皇败退。张宪乘胜追击，于闰六月二十日一举夺取了颍昌府城。

张宪按照岳飞的要求，指令踏白军统制董先和游奕军统制姚政等诸将驻屯在颍昌府城，自己又会同牛皋、徐庆等将领率部东进，去进攻淮宁府。

同年闰六月二十四日，张宪、牛皋等将领所部在淮宁府城外十五里的地方，与金军骑兵三千多人进行了一场激烈的交战。岳家军英勇奋战，一举击破金军。张宪、牛皋等岳家军将领率部分兵作战，对金军进行追击。

第十一章
郾城抗敌，大军直逼开封

在距离淮宁府城仅有几里路的地方，遇到了淮宁府守军与来自开封府的援军的共同抵抗。张宪率领全军分头作战，各自出击。经过一场激战，张宪所部迅速粉碎了金军的顽抗，并乘胜攻克了淮宁府城。岳家军除俘虏了金军将领王太保等人，还缴获了一批战马。

岳家军一举收复淮宁府后，岳飞派部将刘永寿做权知淮宁府，并派部将史贵做刘永寿的副将，一同屯驻淮宁府。之后，接连打败金军的张宪又奉岳飞之命，向颍昌府方向转移，准备集结更大的力量去攻取开封府。

同年闰六月二十五日，岳家军踏白军统制董先获悉金军自颍昌府长葛县（今河南省长葛市）来犯，就同游奕军统制姚政一起出城抵御金军。在城北的七里店，金酋镇国大王、韩常、邪也孛董等金军将领统率六千多名骑兵，摆开阵仗迎击岳家军。此时，韩常以为得到了开封府金军的增援，就可以顺利地从岳家军的手里夺回颍昌府城，但他的如意算盘打错了。岳家军将领董先和姚政所部分头奋勇击敌，经过约一个时辰的激战，金兵被岳家军击溃。随后，董先和姚政又率部追杀了三十多里才鸣金收兵，颍昌府依然掌控在岳家军的手中。

金军拱护开封府有三个战略要地，其中的颍昌府和淮宁府在顷刻之间就被岳家军拔除了，只剩下一个南京应天府。应天府原属京东西路，是张俊所部的作战区。尽管开封府的门户已经打开，但岳飞没有直接攻击开封府，而是继续执行扫除外围敌人的计划。此时，岳飞最大的期盼就是张俊和刘锜两军共同北上，形成合力，与完颜宗弼所率领的金国侵略军进行战略决战。

攻克颍昌府和淮宁府后，张宪率军向开封府以南地区进军，王贵率军向开封府以西地区进军。

王贵派遣手下将官杨成等人率兵前往郑州，向郑州城发起攻击。金军万夫长漫独化带领五千多名骑兵出城迎战。在杨成一马当先的激励下，

岳飞：一曲高歌"满江红"

岳家军奋勇掩杀敌人，一鼓作气攻克郑州。同年闰六月二十九日，岳飞手下的准备将刘政率兵突入开封府附近的中牟县（今河南省中牟县），夜袭了金军万夫长漫独化的营寨。岳家军不仅杀死了很多金军，还缴获了三百五十多匹战马，一百多头骡、驴及大量的衣物器甲。在这次交战中，漫独化神秘地失踪了。

此时，岳家军中的副统制郝晸又统领兵马直指西京，打败了金国河南知府李成所部兵马数千人，并将李成所部一直追杀到西京河南府城下。李成惊惶失措，不敢再与郝晸所部交战，连夜弃城逃走，岳家军顺利地收复了西京河南府。随后，岳飞命李兴和苏坚共守西京河南府。

自此，岳家军高歌猛进，席卷京西，兵临黄河，胜利地完成了扫清开封府外围的作战计划。

当高宗得知李若虚没有完成阻止岳飞出师北伐的任务后，非常生气，但又难于处分其矫诏之罪。高宗明白，此时在李若虚背后的岳飞，是一个执掌重兵的统帅，稍有措置失当，后果不堪设想。高宗还没有忘记"淮西兵变"教训，时时刻刻都害怕那一幕重演。

李若虚还朝后，对南宋朝廷奏报说："金军很快就会被打败了，现在我非常忧虑的是，南宋军队的诸多大将不能协同作战。"

李若虚的奏报，没有引起高宗的重视。一直以来，宋军诸大将都各自为战，没有协同作战的传统，更没有会合几路大军与金军展开大规模会战的战略思维。东部战场的韩世忠军，西部战场的吴璘、杨政等，都是努力作战的大将，但他们与金军处于胶着状态，不可能直接配合岳家军作战。而中部战场的张俊和刘锜两部，也没有与岳家军协同作战的想法。

因此，在抗击金军的中部战场，岳飞所率领的岳家军只能孤军作战。

第十一章
郾城抗敌，大军直逼开封

08 郾城战空前大捷

从绍兴十年闰六月中旬起，在北伐作战中取得节节胜利的岳家军，都受到所到之处民众的热烈欢迎，并得到了当地民众的大力支持。由此，河朔诸地的忠义之士也积极活动起来，用不同的方式抗击金军。

绍兴十年闰六月末，岳飞派中军统制王贵率领兵马去攻打郑州，派中军副统制郝晸等人统率军马去攻打洛阳。七月初一，驻扎在洛阳的金军组织数千人马向岳家军驻扎的方向进发。在探得这一情况后，郝晸立即派遣将官张应、韩清等率领骑兵迎头截击金军，双方进行了激烈交战。经过一番厮杀，金军渐渐支持不住，又败回到洛阳城。这时，郝晸率领全部人马乘胜追击，直逼洛阳城下。守城的李成所部看到郝晸率领岳家军到来，当夜就弃城而逃。七月十二日，岳家军整装进入洛阳城，被北宋朝廷定为西京的洛阳城就这样被收复了。

绍兴十年闰六月二十日，岳家军一举收复了颍昌府城及颍昌府东南端的郾城县。岳飞随即将岳家军指挥部设在郾城县，并打算在这里长期驻扎，作为出师北伐的基地。此时，在淮南东路迎击金军的张俊和王德的部队，已经从亳州撤回庐州，岳家军处于孤军无援的境地。完颜宗弼得到这一情报后，随即集中兵力攻打驻扎在郾城县的岳家军。

此时，岳飞已将重兵派离颍昌府城，几乎所有的部将都率兵分路去与金军作战，留在郾城的军队数量极其有限。完颜宗弼立即决定，采用擒贼先擒王的策略，不惜一切代价先把岳家军的指挥部消灭掉。于是，完颜宗弼率领龙虎大王、盖天大王、韩常等将领和一万五千多名精锐骑兵，直取

岳飞：
一曲高歌"满江红"

郾城（今河南省漯河市境内），袭击岳家军的大本营。

当金军到达郾城县北二十多里的地方时，岳飞立即派遣他的亲卫军和游奕马军前去迎击。双方鏖战了数十回合，到处都是被杀死的金军尸体。岳家军将领杨再兴奋勇当先，单骑闯入敌阵只身斩杀金军数百人，自己也受了几十处刀伤。双方激战到天色昏黑时，金军终于支撑不住，撤退而去。

绍兴十年七月初十，岳飞亲率岳家军在郾城北五里店与金军交战。交战中，岳家军看到敌阵内有一人物，其衣甲外面还罩了一件紫袍，便认定他必是金军中的一名首领，就把他作为攻击的主要目标。于是，岳家军大量人马并力向前，很快就把这个披紫袍的人物砍死，金军溃退。岳家军乘势追击了二十多里，方才凯旋。后来才知道，那个被先行砍死的人物，竟然是金军大将阿李朵孛堇。

完颜宗弼所部在郾城惨败后，不甘心就此认输，又纠合十余万大军，企图避开岳飞，伺机歼灭一支岳家军来泄愤。完颜宗弼所部大军进驻郾城和颍昌府之间的临颍县，妄图切断郾城岳飞与颍昌府王贵之间的联系，寻机攻击岳家军。

岳飞探知完颜宗弼大军集结在临颍县后，下令让张宪统率大军自淮宁府来郾城会师，准备与金军主力决战。部署完毕，岳飞对儿子岳云说："完颜宗弼的贼兵屡次失败，但其兵马仍有十余万众。此人的斗志极其顽强，贼心不死，总能屡败屡战，妄想败中取胜。因此，我料定他定会避开我军主力，攻击兵力相对薄弱的颍昌府，以此来泄愤。王贵在颍昌的驻军不多，你可率领八百名背嵬军绕道疾驰，增援颍昌府。"岳飞所说的背嵬军就是亲卫军。岳云领命后，当即点齐八百亲卫军绕道驰援颍昌。

七月十三日，张宪奉命率领大军赶到了郾城与岳飞会师，然后率领前军、亲卫军、游奕军等雄厚兵力，向临颍县挺进，决意和完颜宗弼所部的金军主力展开决战。

杨再兴等人行进到临颖县南的小商桥时,与完颜宗弼统率的金军大队人马突然遭遇。尽管众寡悬殊,杨再兴仍毫无惧色,率三百骑兵奋不顾身地与敌人进行殊死激战。最后,杨再兴和三百将士虽然全部牺牲,却杀死金军两千余人,其中还包括万夫长撒八、千夫长、百夫长、五十夫长等一百余人。

此时,完颜宗弼再无勇气同张宪的大军较量,便留下八千金兵守临颖县,自己带领主力军转攻颖昌府。

七月十八日,张宪又分别派遣统制官徐庆、李山、寇成、傅选所部,在临颖县的东北与金军五千骑兵进行激战,击败金军后,又追击十五里,砍得金军横尸遍野,缴获战马一百余匹、器甲无数。

郾城一战,岳家军在岳飞的亲自指挥下顽强血战,以少胜多,以灵活多变的战术大破完颜宗弼十余万大军,使得完颜宗弼心胆俱裂。

09 逼近开封待决战

绍兴十年,岳家军在郾城打败完颜宗弼所率领的金军主力。郾城之战,是岳家军在第四次北伐中所取得的空前大捷。为此,南宋朝廷在奖励岳家军的谕诏中说:

敕岳飞:自羯胡入寇,今十五年。我师临阵何啻百万,曾未闻远以孤军,当兹巨孽,抗犬羊并集之众,于平原旷野之中,如今日之用命者也。盖卿忠义贯于神明,威惠孚于士卒;暨尔在行之旅,咸怀克敌之心,陷阵摧坚,计不反顾。鏖斗屡合,丑类败奔。念兹锋镝之交,重有伤夷之苦。俾尔至此,

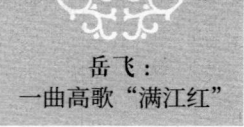

时予之辜！惟虏势之已穷，而吾军之方振，尚效功名之志，亟闻殄灭之期。载想忠勤，弥深嘉叹。降关子钱二十万贯，犒赏战士。故兹奖谕，想宜知悉。

高宗还亲笔手诏嘉奖岳飞，诏文内容是：

览卿奏，八日之战，虏以精骑冲坚，自谓奇计。卿遣背嵬、游奕迎破贼锋，戕其酋领，实为隽功。然大敌在近，卿以一军，独与决战，忠义所备，神明助之，再三嘉叹，不忘于怀。比已遣杨沂中全军自宿、泗前去，韩世忠亦出兵东向。卿料敌素无遗策，进退缓急之间，可随机审处，仍与刘锜相约同之。屡已喻卿，不从中御，军前凡有所需，一一奏来。

在第四次北伐的一系列战役中，岳家军的所有将士都表现了有进无退的精神，个个奋勇争先，每个人所发挥的战斗力量都抵得过金军的几个人、几十人甚至上百人。经过连续交战，在金军的阵营中流传着对岳家军这样的评价："撼山易，撼岳家军难！"

但仅凭岳家军的力量来抗击几路南侵的金军，是完全不现实的。在岳家军顺利北向进军之日，在金军已有准备从河南撤退的迹象之时，岳飞及时向南宋朝廷奏请"速赐指挥，令诸路之兵火速并进"。

金军在岳家军以及北方抗金忠义之士的痛击下，锐气丧尽，军心涣散。此时，金军都元帅完颜宗弼虽然企图在北方强行征兵，却难以再抓到兵夫，他因此哀叹地说："我自北方起兵以来，从来没有遇到过如此落魄的境地！"

更让完颜宗弼感到悲哀的是，龙虎大王完颜突合速的亲信、纥石烈千夫长，还有张仔、杨进等金军将领都秘密联络岳飞，主动率部向岳家军投诚。纥石烈千夫长更改用汉姓名高勇。以勇悍著称的昭武大将军韩常在顺昌战败后，曾被完颜宗弼以柳条鞭笞九十下。而在颍昌之战后，

第十一章
郾城抗敌，大军直逼开封

完颜宗弼的女婿、统军使夏金吾被杀，使韩常不敢回军开封府。韩常屯军在颍昌府北的长葛县，派密使向岳飞请降。岳飞派贾兴给予回报，表示愿意接受韩常来降。

岳飞为大河南北频传的捷报所鼓舞，便对岳家军的部属说："今次杀金人，直捣黄龙府，当与诸君痛饮！"

岳飞曾经忧虑各支大军不能协同作战，而影响了抗金的战局。但如今，抗金大业似乎已经胜券在握，岳飞便发誓"必欲光复旧物，犁庭扫穴，以大快人心"。

郾城、临颍、颍昌大捷后，岳家军经过短暂的休整，就开始向开封府进兵。绍兴十年七月十八日，驻临颍县的同提举一行事务张宪同徐庆、李山、傅选、寇成等诸统制率领几个军队的兵力，一同往东北方向进发。路上遭遇金军骑兵六千人，张宪命众统制以马军冲锋，很快就击溃金军，追杀十五里，杀得金军横尸遍野，缴获战马一百多匹。王贵也自颍昌府发兵。年已五十四岁的牛皋率领左军在进军路上打败金军，立下战功。

此时，完颜宗弼统率十万大军驻扎于开封府城西南约四十五里的朱仙镇，以此来负隅顽抗。不料，岳家军前哨的五百背嵬铁骑抵达，双方第一次交锋，金军全军崩溃。金军的士气全靠进攻来维系，而在遭受盐城的失败后，军队士气衰落，已经沦落到不堪一击的地步。

在强大的岳家军面前，完颜宗弼所率领的金军似乎只剩下一条路，就是放弃开封府，尽早准备渡过黄河向北撤离。实际上，完颜宗弼也确实有了向北撤退的想法。

而恰恰在这个时候，开封府的一个书生对完颜宗弼说："四皇子不要走，岳飞就要退兵了。"

完颜宗弼随即回答说："朱仙镇一战，岳飞以五百骑破了我的十万大军。如今，开封城内的百姓日夜盼望岳飞的大军到来，开封城肯定是守不住的。"

岳飞：
一曲高歌"满江红"

　　那位书生看了看完颜宗弼说："自古以来，未有权臣在朝内而大将能在外边立功的。岳飞自身尚且难保，定难成功！"

　　完颜宗弼听了，顿时醒悟过来，便驻军在开封城内，从而放弃了撤军北归的打算。岳家军的第四次北伐就此发生了逆转。

第十二章

被诏班师，功业废于一旦

岳飞：
一曲高歌"满江红"

01 金牌急令催班师

岳飞率领岳家军乘势逼近开封府，与金军的一场空前大决战即将展开，岳飞率部的第四次北伐也来到了一个关键节点。显然，岳飞是在继续按照出征前的原定计划进军，而不是按照李若虚所传达的"兵不可轻动，宜且班师"这个皇帝的密旨行事。

岳飞对李若虚说，淮上、西至川陕的各路宋军，如果都能部署稳妥，他所率领的岳家军就可以毫无顾虑地勇往直前，入侵的金军不久就会被打败投降。但如果靠岳家军孤军深入，而其他部队不做增援，则战争前途就值得忧虑。

就在张俊及下属部将王德攻占顺昌和亳州后，却按照高宗、秦桧"兵不可轻动，宜且班师"的密旨，于绍兴十年闰六月的最后一天班师返回庐州。其实，如果张俊、王德的部队能在宿、亳二州驻守而不是返回庐州，就可以牵制大量的金军，与鏖战于京西地区的岳家军构成呼应之势。但他们的突然撤走，使岳家军陷入了孤军深入、无宋军应援的境地。张俊的这次撤军，对抗金大局给予了致命的打击。

绍兴十年七月初四，岳飞在郾城向南宋朝廷发出请求增援的奏章。奏章呼吁"伏望速赐指挥，令诸路之兵火速并进"。但是，高宗、秦桧对于正在由宿、亳地区撤退途中的张俊、王德所部，却任由继续撤退，没有采取任何应急措施。

事实上，高宗、秦桧之所以命张俊、王德所部从宿、亳撤离，就是让岳家军陷入孤军无援的境地，以便给岳飞施加压力。

第十二章
被诏班师，功业废于一旦

此时，完颜宗弼所率领的金军自郾城、颍昌吃了败仗后，士气极其低落。完颜宗弼私下叹息说："数十年来，从未遇到过岳飞这样厉害的对手，看起来，只要岳飞不死，我等万难抵挡，打到最后，金国非给他灭了不可。"另一个以机智多谋著称的金兵元帅乌陵思谋也同样是垂头丧气，甚至对自己的部将说："不要轻举妄动，等岳家军来攻时大家一起投降吧！"

正当岳飞为决战开封府进行精心筹划时，竭力阻止岳飞顺利实施北伐战略的秦桧，暗中唆使担任殿中侍御史也是秦桧党羽的罗汝楫上奏高宗，请求下令让岳飞退兵。罗汝楫在奏折中说："我朝偏安，兵微将少，民困国乏，岳飞若是提军深入敌境，那是很危险的！假若一败涂地，丧师辱国，到了那个时候，皇上拿什么来维持战争的局面呢？眼下，只有岳飞全军班师，保持兵威，我朝才有资本与金国和谈啊！因此，臣希望陛下降诏给岳飞，命他立即班师。"

高宗看了罗汝楫的奏折，不禁为之一惊，急忙向身边的宰相秦桧讨问道："相国以为如何？"

秦桧马上回答说："臣的意见也与殿中侍御史一样，认为岳飞孤军不可逗留，请皇上速命岳飞班师。"

高宗即刻应承说："相国所言，正合朕意。"于是，高宗便亲自下诏命岳飞班师。

此时，岳飞正要进兵朱仙镇，为攻克开封府、收复旧京打基础。没料到，高宗忽然降诏，命岳飞及所部兵马班师。岳飞接到高宗的御札后，大为吃惊，气愤至极。他随即上奏高宗，恳请高宗收回班师成命。岳飞的奏札这样写道：

金虏重兵尽聚东京，屡经败衄，锐气沮丧，内外震骇。闻之谍者，虏欲弃其辎重，疾走渡河。况今豪杰向风，士卒用命，天时人事，强弱已见。功及垂成，时不再来，机难轻失！臣日夜料之熟矣！唯陛下图之。

然而，岳飞的奏请根本不被高宗和宰臣秦桧所接受，战和的决定权不在岳飞手里，而在南宋朝廷。但岳飞为了实现北伐抗金大业，还是希望高宗能够大彻大悟，支持他攻克开封继续北伐。

绍兴十年七月二十日，当岳飞大军的先头部队到达朱仙镇时，岳飞一天之内就接连收到了南宋朝廷的十二道金字牌班师诏书。当时，南宋朝廷最快速的马递是金字牌，在一尺多长的朱漆木牌上写着"御前文字，不得入铺"八个金字。金字牌用驿马接力传送，不得入递铺稍事停留。凡皇帝发下急件，都用金字牌传递，日行五百多里。臣僚发给朝廷急件，另用急递，日行四百多里。

岳飞接到的十二道金字牌诏书，无一例外都是措辞严峻、不容改变的急令："飞孤军不可久留，令班师赴阙奏事！"

02 无奈撤回鄂州城

绍兴十年七月末，在岳家军的第四次北伐进入关键时期时，南宋朝廷一天内连发十二道金字牌诏书，急令岳飞"班师赴阙奏事"。

"班师赴阙奏事"这几个字，给岳飞带来了如泰山一般沉重的压力。岳飞知道，在接到十二道金字牌诏书后，如果还不如期班师，那就等于是违抗朝命，高宗、秦桧就可以以惩治违抗朝命之罪为由，调动张俊、王德、杨沂中等人的部队征剿岳飞，甚至联合金军对岳飞和岳家军形成两面夹击。

接到南宋朝廷的金字牌诏书后，处境极其尴尬的岳飞无奈之下邀请岳家军的主要部将共商对策。参加议事的岳家军部将一致认为，目前面临的问题只能在班师与不班师之间选取其一，那就只好遵命班师，免得惹恼南宋朝廷。岳飞在岳家军部将的建议下，经过慎重的考虑，最终于绍兴十年

第十二章
被诏班师,功业废于一旦

七月十七日做出"忍痛班师"的决定。

班师决定做出后,岳飞简直是义愤填膺,肝胆欲裂。他因此感到了一种从来不曾经有过的痛楚、灰心和绝望,以顿足捶胸的态度对岳家军的部将说:"十年之功,废于一旦!所得州郡,一朝全休!社稷江山,难以中兴,乾坤世界,无由再复!"

很快,岳飞就稍稍冷静下来。冷静下来的岳飞立即写了一道奏札给南宋朝廷。岳飞在奏札中说:"岳家军已经在遵照诏旨措置班师。"同时,岳飞又在奏札中有些遗憾地表示:"在已经收复了颍昌、郑州、洛阳等如此重要的一些城镇后,不充分利用这一时机,令诸路之兵火速并进,给予敌人以歼灭性的打击,而却对已经开赴前线迎击敌人的宋军,一路接续一路地令其择利班师、措置班师。这种坐失良机、自毁长城的做法,实在令人痛惜!"

高宗的金字牌诏书发出后,金军开始集中兵力对付岳家军。此时,岳飞做出的判断是,假如金军得知岳家军做出了措置班师的决定,一定会组织骑兵快马加鞭,奔赴开封府一带的战略要地,切断岳家军的归路。为了避免发生这种局势的可能,岳飞在安排组织撤军时,故意虚张声势:岳家军要大量购买布帛,大量制造战牌,继续与金军鏖战。而后,岳家军趁着金军还没有探明真实情况之时,于绍兴十年七月二十一日迅速从颍昌府撤退到郾城县境的裴城(今河南省漯河市西)一带。紧接着,与设在郾城的岳家军指挥部会合,一同迅速转移到蔡州。

早在同年七月中旬,在岳家军还没做出撤退决定时,岳家军驻守淮宁府(今河南省淮阳市)的刘永寿、史贵二人因不敢担当守御之责,在并无敌兵来攻的情况下,就放弃淮宁府,与驻扎在郾城的岳家军主力会合。岳飞除了依军法惩处了二人的擅自弃城之罪外,又改派统制官赵秉渊去做淮宁府的知府。赵秉渊在七月二十三日刚刚进入淮宁府城,岳家军就已经撤退到蔡州。岳家军在刚刚抵达蔡州时，就获悉金军去围攻淮宁府城，于是，岳飞马上抽调了部分人马，由统制官李山和史贵率领，去解淮宁之围，从而暂时保住了淮宁府。岳家军其余各部则向鄂州方向撤退。

在岳家军班师回撤后，岳飞属下的梁兴、李宝等人在河朔（黄河以北）地区，继续组织忠义民兵从事抗金斗争。梁兴等人渡过黄河，占领了怀州、卫州，逼得完颜宗弼不得不派兵到滑州去策应那里的金军。在大名府的开德境内，梁兴等人所策动的忠义民兵，截获了金军送往山东路的金帛和送往河北路的马匹。李宝率领的一支忠义民兵，从黄河顺流而下，在广济军遇到了金军运送军需物资的船，一举夺取了很多银、绢、米等。绍兴十年十月中旬，李宝等人又继续顺流而下，在将要到达徐州时又与金军的兵船相遇，船上所载兵马是去驻屯徐州的。当金军还没有觉察到李宝部队的船只时，李宝即下令攻击。金军猝不及防，连武器都没来得及操持就束手就擒，有七十余人被活捉。李宝将这批俘虏送往韩世忠的军营中，得到韩世忠的丰厚犒劳。

岳飞在北伐中所实施的联结河朔战略，起到了重大的抗金作用。

03 临安府郁愤请辞

岳飞结束第四次北伐无奈班师后，原本壮怀激烈、奋发昂扬的雄心壮志，瞬间化为泡影。此时，岳飞联想到三年前向高宗面陈北伐大计，得到高宗的高度赞同和信任，甚至许诺将宋军的七成兵马交给他指挥，不免有些伤感。

在岳飞受命出征时，岳家军将士曾与家属相约：不破金军，誓不团圆！而如今，在岳家军兵临开封的关键时刻，却被高宗下令班师，功亏一篑，

第十二章
被诏班师，功业废于一旦

岳飞发自内心地感叹说："臣十年之力，废于一旦！非臣不称职，权臣秦桧实误陛下也！"

岳飞撤离陈、蔡地区后，完颜宗弼所率领的金军得知岳家军撤军班师的消息，顿时喜出望外。金军立即整顿兵马，重新向岳家军已经攻取的州郡发起了反攻。

完颜宗弼派遣孔彦舟为先锋，率先回军开封府，并以此为基地分兵袭取各个州郡。

岳家军撤退时，在已经攻取的各个州郡都留有少量的部队，以掩护当地百姓南迁，同时接应河朔地区梁兴等人所率领的忠义民兵的撤退。就这样，岳家军班师撤离后，在第四次北伐中被岳家军所攻克的那些州郡，又都相继被金军占领，再一次出现了得而复失的局面。这样的结果无疑让岳飞更加心痛。

岳飞大军班师后撤鄂州，使整个宋金战局发生了巨大逆转。

绍兴十年八月中旬，因杨沂中所部惧怕金军而溃退，让金军趁机攻取宿州（今安徽省宿州市），并展开了一场惨无人道的报复性杀戮，金军几乎杀光了宿州全城百姓。

爆发于绍兴十年的宋金大战，从顺昌之战开始，到宿州失陷告终。其间，高宗和秦桧保守畏敌的战略指挥，为金军重新占领河南之地帮了大忙，使宋军屡次大捷的辉煌战果丧失殆尽。

岳家军撤回到鄂州后，岳飞带领两千亲兵由顺昌渡过淮水，前往临安府，向高宗禀报岳家军北伐的具体情况。

岳飞在前往临安府的途中，闻知金兵再次侵占了河南之地，悲愤不已地说："社稷江山，难以中兴！乾坤世界，无由再复！"至此，岳飞北伐的希望彻底破灭。

绍兴十年八月，岳飞抵达临安府。他见到高宗后，表现得极其郁愤，

岳飞：
一曲高歌"满江红"

开门见山地请求辞职。他说："臣已遵旨班师而回，特此，恳请陛下解除臣的一切军职，一并辞掉少保的官衔，就此解甲归田，做个普通百姓，清闲度日。"

高宗没想到岳飞会直接当着他的面请辞，有些吃惊地说："朕正在倚重少保，为什么突然请辞呢？朕万万不准的！"

岳飞痛切地说道："金贼擅自撕毁盟约，入寇我朝，践踏河南之地，残酷抢掠，肆意杀戮，荼毒百姓，人神共愤。如今，金贼再次卷土重来，寇扰中原，岳飞身统大军，却不能效死疆场，歼灭敌寇，区区之志，没能完成一二。就是因为臣凡事顾念自身，贪于爵禄所致！臣每念及此，痛彻心肺，万念俱灰，虽万死不足以赎罪！因此，臣恳请辞职，赋闲家居，以释天下百姓之怒！"

高宗听了，知道岳飞明为陈说自己有罪，实则是在指责朝廷强令他班师撤军不当，显得非常尴尬，便勉强露出一丝笑意说："当初命你班师，出自朕的旨意，不关你的事！"说到这里，高宗突然话锋一转地说："据枢密院奏报，颍昌大捷，少保爱子岳云功居第一，你怎么没有据实上报呢？"

岳飞回答说："臣子岳云身为朝廷将官，食受朝廷的俸禄，理当效死疆场，区区微末功劳，不值一提。"

高宗说："朕知道你清廉律己，严明治军，更谦逊避功，可是，功勋卓著者得不到封赏，怎么能彰显朝廷的公正呢？现在朕已命枢密院查实：岳云身为大帅之子，却从不骄狂，而且勇冠三军，每次临阵冲锋，都身先士卒，斩将搴旗，厥功最多！因此，朕特将岳云升为左武大夫、忠州防御使。"

岳飞说："陛下宠爱臣子岳云，臣不胜感激，但他尚且年轻，奖赏过优，会宠坏他的，恳望陛下收回成命，不要封赏岳云了。"

高宗又说："你是朕最为倚重的大将，如今，外寇燃起的战火尚未熄灭，国家正在用人之际，你怎么可以有告老还乡的请求呢？朕知道你有意归隐

第十二章
被诏班师，功业废于一旦

山林，不问俗事，但是，你作为朕的臣子，还须以朝廷大局为重啊！你的辞请，朕断然不准！"

岳飞见高宗坚决不准自己辞职，态度果决，不容置辩，知道自己再说也是无益，无奈之下，只得辞别下殿，返回鄂州军营去了。

04 受诏命驰援淮西

绍兴十年七月末，宋金两军的战事基本结束，以宋军全部从交战地区撤退而告终。顺昌府通判汪若海在分析南宋朝廷在这次战争中的失策之处时指出："刘锜在顺昌府迎击金军时，所统兵力为两万人，但只用五千人出战，就一举战胜了入侵的金军。南宋军队诸位大将所统兵力甚众，如果乘刘锜战胜金军、士气百倍之际，派遣淮西之兵张俊所部截断金军的南侵路线，派遣俾京西之兵岳家军过河阳、渡孟津，派遣淮东之兵韩世忠所部过淮阳、渡彭城（今江苏省徐州市），派遣俾陕西之兵吴璘、郭浩所部下长安（今陕西省西安市）、渡蒲坂（今山西省永济市），形成诸路并进之势，则河朔之民必然共同归顺于宋军，不战就可擒获完颜宗弼。但是，南宋的诸路大军没有形成诸路并进之势，因此导致失败。"

汪若海所归纳的南宋朝廷失策之处是非常准确的。后来的事实证明，岳家军的英勇善战和张俊的怯懦畏战，早已被金军分析得十分清楚。因此，绍兴十年夏秋期间的这次战争刚刚结束没多久，完颜宗弼就到燕京觐见了金熙宗完颜亶，随即又重返开封，在那里点检粮草、调集兵马，做再一次大举南侵的准备。完颜宗弼所谋划的用兵原则，就是先拣弱的打，坚决避开岳飞负责防御的区域，而只进攻两淮，尤其把张俊负责防御的淮西地区作为最先攻击的目标。

岳飞：一曲高歌"满江红"

绍兴十年十二月下旬，金军正式开始由开封附近地区向南移动。绍兴十一年（1141年）正月中旬，完颜宗弼、韩常等金军将领率领大军渡过肥水，攻占了寿春。

此时，淮西宣抚使张俊正率部停留在临安府，而在淮西地区，张俊仅仅布置了一个骑兵侦察队，由他的部将姚端主持防御事务。金军向淮西出发后，这支侦察队立即驰马报警，一路尘土飞扬，淮甸居民无不大受惊扰。

得知金军来袭，南宋朝廷一方面急命张俊经由建康率领全军渡江迎击，另一方面急令驻扎在太平州的淮北宣抚判官刘锜率军渡江去防守庐州。

此前，张俊驻屯在庐州的部队仅有两千余人，由统制官关师古节制。金军南侵的消息传来，庐州的官吏、军民惊恐万分，四散逃避。刘锜抵达庐州后，绕城巡视一周，也认为无法守御，便与关师古一同率众南撤。刘锜率部行至巢县东南一个名叫东关的地方时，见那里依水据山，地势险要，就驻扎下来，做截击金军的准备。绍兴十一年二月初三，也就是刘锜所部刚刚退到东关时，庐州城就被金军占领，金兵在城内外大肆杀戮，还不断派兵到无为军（今安徽省无为县）和和州境内大肆劫掠。

当南宋朝廷得知金军已经抵达庐州界内后，便发给岳飞一道御札，要他星夜前去江州，乘机照应，以便使金军腹背受敌。

南宋朝廷给岳飞发出御札时，岳飞已于二月初三、初四两日，连续发出两道奏章给南宋朝廷。第一道奏章建议在金军大军入侵之时，由岳家军去捣敌人之虚，再度长驱中原，袭取汴京和洛阳。第二道奏章是岳飞考虑眼下最紧迫的任务是遏制敌人迅猛南下的来势，便改变前议，又提出另一个建议说："今虏在淮西，臣若捣虚，势必得利。万一以为寇方在近，未暇远图，即乞且亲至蕲、黄相度，以议攻、却。且虏知荆鄂宿师，必自九江进援，今若出此，贵得不拘，使敌罔测。"

绍兴十一年二月初九，岳飞接到南宋朝廷令其出兵江州的御札。他经

第十二章
被诏班师，功业废于一旦

过再三考虑，感觉去江州不如去蕲、黄二州，便向全军发出号令，于二月十一日前往蕲、黄、舒三州界内，驰援淮西，与张俊所部形成呼应之势，并把这一决定奏报给南宋朝廷。算起来，这已经是岳家军第三次驰援淮西。

当南宋王朝十天后看到岳飞这道奏章时，高宗给岳飞发出御札加以奖许说："得卿九日奏，已择定十一日起发往蕲、黄、舒州界。闻卿见苦寒嗽，乃能勉为朕行，国尔忘身，谁如卿者。览奏再三，嘉叹无斁。"

此时，张俊和王德率部刚刚进入和州城内，并谎称收复了和州。而事实上，和州城内本无金军的一兵一卒。张俊和王德所部用同样的办法，"收复"了含山县、巢县、全椒县和昭关等地，并向南宋朝廷报功。

05 濠州失守遭诽谤

绍兴十一年二月十七日，南下入侵的金军突然撤退到巢县以北的柘皋镇，布置好十余万骑兵以待与宋军交战。二月十八日，刘锜所部、张俊和王德所部、殿帅杨沂中所部会合在柘皋镇，与金军展开激战。在杨沂中所部遭到挫败后，王德随即上阵，一举战胜金军，迫使金军从柘皋镇撤回到镇北的紫金山。张俊乘胜向庐州进军，于二月二十日占领了金军兵力十分薄弱的庐州城。不久，杨沂中和刘锜都相继率部抵达庐州城内。

当柘皋镇捷报送达南宋朝廷时，朝廷的第一反应不是鼓励前线的将士乘胜前进，而是下了一道诏书告诫前线的将士说："尚思困兽之斗，务保全功。"意思就是让他们适可而止，不要对金军逼迫太甚，致使金军进行反扑。这道诏令，既颁发给张俊、杨沂中、刘锜等诸将，也颁给了韩世忠和岳飞。

这样的一道诏令，又一次让岳飞对抗金的前景感到了担忧。

岳飞：
一曲高歌"满江红"

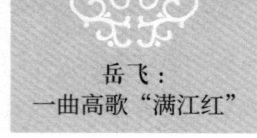

在柘皋镇吃了败仗的金军，将攻取的目标放在了濠州。得知消息，濠州的守城官吏立即派人到张俊军前告急求援。

为了攻占濠州，金军耍了一个花招，只将一支人数不多的人马渡淮北去，而把大多数人马埋伏在濠州四郊，同时又扬言，金军部队都从濠州地区撤离了。此时，金军有意释放了几名从和州、庐州等地捕捉的俘虏，让他们传达金军已经撤离的信息。果然，这些俘虏被金军制造的假象所蒙蔽，出来后就急忙跑到张俊的军营里，告知金军已经全部渡过淮水，向北撤退。

张俊得知这样的消息后，很想独享这次战胜敌人的大功，于绍兴十一年三月初五告知刘锜，要他先退军回太平州去，假称自己与杨沂中去淮上炫耀一下兵威。

而就在刘锜率部离开庐州的第二天，金军就开始围攻濠州。张俊和杨沂中预感形势不妙，就急派驰骑去追截刘锜，要他一同会师去救援濠州。三天后，当这三支部队刚刚抵达距离濠州尚有六十里的黄连埠时，就得到了濠州城已被金军攻陷的探报。

杨沂中急于想把被金军占领的濠州夺回来，就率兵攻到城池下。这时，埋伏在北门外的金军迅速出击，一举将杨沂中所部击溃。张俊获悉杨沂中兵败，立即出兵救援，才使得金军不再继续追击。此战，杨沂中所部的步兵死伤非常惨重。三天后，韩世忠以淮东宣抚司的数百艘舟船运载他的部队溯淮而上，立誓言要把濠州夺回。而在两军交战之前，韩世忠得到一个情报，说金军已到淮水下游的赤龙洲去采伐树木，打算在那里设置障碍，使韩家军的舟船回归不得。韩世忠担心全军覆没，就命所带舟船速回，实际也是临阵脱逃。

杨沂中的部队被金军打败后，马不停蹄地向南奔跑，于同年三月十二日从宣化渡江返回临安府。张俊所部则于三月十四日渡江返回建康。刘锜所部在和州稍事休整后，于三月十八日从采石返回太平州。在此期间，韩

第十二章
被诏班师,功业废于一旦

世忠的舟师也回到了楚州。

岳飞率领岳家军在驰援淮西的过程中,先是在抵达舒州奏报南宋朝廷,告知他和他的部队在舒州待命。高宗随即发来御札,命他前往庐州。岳飞又即刻起兵,前往庐州。而当岳飞到达庐州时,宋军已在濠州吃了败仗,杨沂中、张俊、刘锜的军队都已撤离淮西。岳飞感到岳家军无法独自留在庐州,就率军向舒州回撤。

在行军途中,岳飞总是无法相信宋军在淮西吃了败仗,气愤的心情再也难以克制,一句近乎责骂皇帝的话便脱口而出:"国家的局面如此不堪,皇上糊涂,居然任用这些饭桶来破敌,简直是胡闹!"这句话,正是岳飞郁结半年有余的心声。岳飞发泄了对皇帝的不满后,仍怒气冲冲地说:"像张俊、韩世忠这些破烂部队,平日里只知道耀武扬威,趾高气扬,哪里有摧锋破敌的真本领?尤其是张俊那些破烂部队,号称精兵八万,其实不堪一击。而像韩世忠那些破烂部队,号称精兵数万,草包一堆罢了。"

诸将见岳飞震怒,一个个默不作声,不敢说话。

淮西之战,宋军先胜后败,作为总指挥的张俊负有不可推卸的责任。他一向喜欢揽功归己,诿过于人。张俊在回朝后,反而诬陷刘锜作战不力、岳飞逗留不进。而高宗和秦桧又偏袒于张俊,不维护岳飞、刘锜。此时,秦桧的党羽更是一哄而起,以张俊的诬陷之词大做文章,朝野上下顿时飞短流长,对岳飞极尽毁谤、中伤之能事。

06 兵权被蓄意罢黜

绍兴十一年三月,南宋朝廷借柘皋之战大捷、淮西之战失败论功行赏之机,一举罢免了岳飞等宋军大将的兵权。

岳飞：
一曲高歌"满江红"

宋朝自太祖赵匡胤开国以来，对武将的猜忌和防范一直是宋朝"恪守不渝的国策"。早在赵鼎、张浚担任左、右相时，就谋划收夺大将兵权。在赵鼎、张浚看来，倘若不及时把武将的兵权加以削弱，他们就会发展到飞扬跋扈的地步，给南宋朝廷的执政造成极大的危胁。

淮西之战兵败后，高宗和秦桧启动罢免大将兵权之策，除了巩固朝廷的政权因素外，还有一个最重要的原因，就是岳飞、韩世忠等将领对宋金议和一直加以阻拦，成为高宗、秦桧恨得咬牙切齿的人。如果不把这几员大将的权力加以削减、队伍的实力加以削弱，南宋与金国议和的事就不会顺利得以实施。

在秦桧处心积虑琢磨如何罢免岳飞等宋军大将时，他的死党、直学士院范同献计说："三路宣抚使皆久握重兵，难以制驭，索性就借口于这次柘皋之捷，论功行赏，把三大将都调入朝内，改任枢密使和副使，明升其官，暗夺其权，岂不甚妙？"范同的建议，正合秦桧的心意，高宗也完全赞同。于是，南宋朝廷立即下诏，命岳飞、韩世忠和张俊三员大将来临安府奏事。

由于韩世忠与张俊的驻地距离临安府较近，他们都很快就到了临安府。而岳飞驻军的鄂州，距离较远，见诏较迟，自然不可能与韩、张同时抵达。岳飞不到，全盘罢免策划就不能宣布。于是，秦桧每天都装出要设宴欢迎三大将的架势，却总因岳飞未到而一次接连一次地把宴会推迟。这样比原定时间推迟了六七天后，岳飞终于抵达了临安府。

高宗于绍兴十一年四月十一日召见了岳飞、韩世忠和张俊三员大将。当天晚上，南宋朝廷宣布了第一道诏令，将韩世忠、张俊改任官枢密使，岳飞则改任官枢密副使。两天后，南宋朝廷又宣布了第二道诏令，将三大将的宣抚司一齐废去，让每个宣抚司中原有的统制官都各统所部，自为一军，军衔上一律加"御前"二字，由南宋朝廷直接统辖。

岳飞、韩世忠和张俊三员大将全都俯首听命，交出了兵权，并就任了

第十二章
被诏班师,功业废于一旦

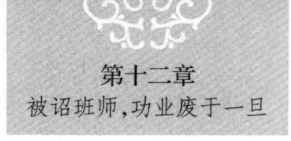

新职,没有发生任何问题。曾经因收夺兵权问题而与王庶发生过争执的张俊,这次因为在对金议和问题上与秦桧达成一致,变得尤为卑顺。

在没有惹起任何事端的情况下,就顺利地收夺了三员大将的兵权,高宗和秦桧感到十分得意。为了将罢免一事变得更加稳妥,高宗又乘机对新上任的枢密使、枢密副使进行安抚说:

朕昔付卿等以一路宣抚之权尚小,今付卿等以枢府本兵之权甚大。卿等宜共为一心,勿分彼此,则兵力全而莫之能御,顾如兀术,何足扫除乎!

不久,高宗又向原属岳飞、韩世忠、张俊三位大将的诸军发出了一道诏谕,对他们进行安抚。高宗在诏谕中说:

朕昨命虎臣,各当闻寄,虽相望列戍,已大畅于军声;而专统一隅,顾犹分于兵力。爰思更制,庶集全功。延登秉钺之元勋,并任本兵之大计。凡尔有众,朕亲统临。肆其偏裨,咸得专达。尚虑令行之始,或堕素习之规,其当励于乃心,以务肃于所部。简阅无废其旧,精锐有加于初。异绩殊庸,人苟自懋;高爵重禄,朕岂遐遗。尚摅忠义之诚,共赴功名之会。咨尔任事,咸服训言。

高宗和秦桧收夺岳飞等三员大将的兵权,取消了三个宣抚司,实际上是在摧毁南宋的国防力量,借以向金国表示南宋朝廷有坚定的议和决心和诚意。

成功罢免三员大将的兵权后,担任礼部侍郎的郑刚中便乘机向秦桧进言说,不要因这一事件的得手而过分高兴。郑刚中说:"利害得失,常对倚而不废;遇事更变,则激发而复起。就其利不忘其害,见其得愈忧其失,而后可以大有为。"他劝说秦桧应当时刻思患防范。

岳飞与韩世忠、张俊三员大将被解除兵权后，他们反应各不相同。张俊怡然自得，比往常更为洒脱。而岳飞、韩世忠二人的表现就明显是在内心极为愤懑的情况下，表面上故示悠闲。岳飞脱去了军服，换上一身文职官员的衣装，披襟雍容，故作幽闲之状。每次与人闲谈，他都屡屡表示羡慕山林闲居之适，对于国事则表示只想摆脱，不愿再闻也不愿再问了。

岳飞和韩世忠的一些举止行动，都表明他们的心中仍充满着愤愤不平之气，让秦桧时时刻刻都在提防他们，也记恨他们。

07 为正义得罪张俊

秦桧感到岳飞和韩世忠对被罢免兵权一直耿耿于怀，便产生了报复心理，甚至想找机会置二位大将于死地。

在高宗和秦桧极力谋求与金国议和的过程中，宋军三员大将唯独张俊在极力曲意逢迎，而岳飞和韩世忠始终极力反对。韩世忠连续上奏朝廷，坚决反对和议，而且还对秦桧严厉指斥。岳飞也多次表态反对议和，言辞激烈程度更在韩世忠之上。于是，秦桧对岳飞和韩世忠二将痛恨至极。岳飞、韩世忠虽然已被解除兵权，却仍不足以消除秦桧的心头之恨。

淮西战役后，高宗和秦桧又开启了新一轮与金国谋求议和的序幕。秦桧感到，此时，必须把岳家军和韩家军彻底摧毁，才能确保议和。

对于南宋朝廷来说，解除大将的兵权是一桩极不寻常的大事，一旦处理不妥，就会引发动乱。一位大将突然被解除兵权，他所统领的军队中的众兵将一时摸不着头脑，从而产生这样或那样的揣测，以至于出现不同程度的动乱。秦桧深知这一点，便采取各种措施，来瓦解、分裂岳家军和韩家军。

第十二章
被诏班师,功业废于一旦

秦桧首先向资格最老的韩世忠及其原来统率的部队开刀。秦桧所要采用的手段,是利用三员大将之间原有的嫌隙,使其互相诬陷和残害。秦桧以高宗的名义指派岳飞和张俊前往楚州韩家军的驻屯之地,把韩世忠的旧部一律从楚州调到长江南岸的镇江府。名义上是去安抚韩世忠的旧部,实际上是去摧毁韩家军。秦桧以高宗的名义告知岳飞和张俊,一旦觉察到韩家军有动摇生事之类的情况,可由二位将军全权处理,彻底解决问题。

显然,当韩家军被岳飞和张俊彻底解决后,秦桧又会指派张俊到鄂州岳家军的驻屯之地,指使张俊采取同样的办法把岳家军彻底摧毁。

对于被秦桧指派到楚州措置战守、阅视韩世忠旧部的用意,张俊心知肚明。

张俊怀着肢解韩家军的鬼胎处处疑神疑鬼。岳飞住在楚州城里,但张俊却不敢住在城内,而是在城外夜宿,一旦有风吹草动也便于逃命。

为了表达对高宗和秦桧的一片忠心,张俊立即提议将韩世忠的亲卫军拆散,分别编插到别的部队中去。

对此,岳飞立即提出反对意见说:"不可以这样做。因为,目前我们国家内真能领兵作战的人,只有咱们三人,若图恢复,也只有依靠咱们,万一再要用兵作战,皇上再令韩枢密出而主管军队,我们将有何面目与之相见呢?"张俊被问得张口结舌,无言以对。

其实,张俊和韩世忠一直是级别相近的同僚,平时的私交也不错,两家还结成了儿女亲家。但张俊受秦桧的蛊惑,正暗暗做着铲除韩世忠和岳飞之后、由自己独掌天下之兵的美梦,因此根本听不进去岳飞的话。

岳飞与张俊到达楚州的第二天,原任韩家军中军统制的王胜率领一支全副武装的队伍,到楚州城外与张俊会面。张俊看到这支全副武装的队伍后,不免有些担心地问王胜:"你们这班将士,来与我相见,为何都要全副武装呢?"

岳飞：
一曲高歌"满江红"

王胜立即回答说："枢密使是来检阅韩家军兵马的，所以我们不敢不以军人装束相见。"

张俊要王胜率部必须脱掉军装后，才能正式会面。虽然王胜照办了，但张俊却非常不满意。

当张俊与岳飞按照军籍名册点视了韩家军的全部人马后，岳飞这才确知，这支雄踞淮东十余年的韩家军，总共只有三万人马。就是这样一支部队，不但使金军不敢轻易进犯，而且还有余力驰援山东，连连获胜，让岳飞对此感到了由衷的钦佩，他赞叹韩世忠是一名非凡的将军。

有一天，岳飞与张俊登上楚州城墙巡视时，看到城墙有倒塌之处，张俊便提议应当把城墙修好，以便守御。岳飞不同意张俊的提议，说道："我们受国家的厚恩，应当共同努力，恢复中原。今若修筑楚州城池，专为防守退保之计，将如何去激励我们的将士？"

张俊听了这番话，十分不悦，便冷言冷语地攻击岳飞，目的在于激怒岳飞。见岳飞态度平和，没有发怒，张俊简直是怒不可遏，随即迁怒于身边的两名韩家军士兵，给两名士兵强加一个罪名下令斩首。这时，岳飞恳切地劝说张俊放过这两名士兵，张俊根本不听。在众人面前让岳飞丢了面子，张俊很是扬扬得意。

08 全力搭救韩世忠

在南宋朝廷派遣岳飞和张俊去瓦解韩家军过程中，岳飞主持公道，暗中向韩世忠告知内情，从而搭救了韩世忠。

韩世忠生于宋哲宗元祐四年（1089年），字良臣，年长岳飞十四岁，与岳飞、张俊、刘光世并称为南宋朝廷的"中兴四将"。

第十二章
被诏班师,功业废于一旦

绍兴十一年五月,在岳飞与张俊离开临安府前往楚州措置战守之前,秦桧曾在政事堂当面向岳飞和张俊布置使命,示意岳飞"以罗织之说,伪托以上意",意在让岳飞网罗韩世忠的罪名,然后加以处置,而且还说这是高宗的意图。

然而,耿直的岳飞察知秦桧的险恶用心后,内心十分憎恶,当即就严词回绝了秦桧的话,说道:"世忠归朝,则楚州之军,即朝廷之军也。公相命飞以自卫,果何为者?若使飞捃摭同列之私,尤非所望于公相者。"受到岳飞的当面责备后,秦桧恼怒得脸色铁青。

当岳飞得知韩世忠的亲校耿著含冤入狱后,极其愤慨地说:"我和韩世忠一同为朝廷做事,份属同僚,却使他以无辜之身蒙受罪责,那样,就是我对不住韩世忠。"

于是,岳飞当即写了一封信,派人连夜飞马送给了韩世忠。岳飞在信中,详细地将秦桧谋划陷害于他的事告诉了他,并建议他立即去找宋高宗,揭露秦桧的阴谋,以保全自己。

韩世忠看到岳飞的信后大吃一惊,立即求见宋高宗。见到宋高宗后,韩世忠伏地磕头,痛哭流涕地说:"我韩世忠自始至终都对皇上忠勇,这许多年来统兵破敌,于朝廷多有功勋。如今,我将要被奸人迫害,性命难保,特来向皇上作别。"

高宗见韩世忠如此举动,内心很是不解。他想,削弱韩家军一事是他与秦桧密谋的,韩世忠怎么能知道呢?高宗忙佯装不知内情地问:"朕知道你十分忠勇,功勋卓著,你满脸委屈,痛哭流涕,到底是怎么了?"

韩世忠哭着回答说:"臣知道皇上英明,但朝堂下面的一些奸人嫉妒臣的功勋,嫉妒皇上对臣的宠信,在下面恣意妄为,勾连奸党,制造冤狱,意图陷害臣,使我冤死于九泉之下,因此,臣不敢不来告知陛下,请求皇上为臣主持公道!"说着,韩世忠从怀里取出了一面旗帜。高宗看了一眼

岳飞：
一曲高歌"满江红"

后，非常感慨地说："朕记得，这是朕九年之前亲笔书写的'忠勇'字旗，是为了嘉奖你平定苗刘叛贼的功勋。"

韩世忠眼含泪水说："不错，臣也清清楚楚地记得。九年前，苗傅、刘正彦举兵叛乱，相国张浚在平江调集兵马准备平叛，可是，诸将畏缩不前。唯有臣得知皇上有难，不顾妻子梁氏与儿子韩亮被苗傅逆贼扣留作为人质的危险，星夜统率兵马前往，攻击叛军。当时，叛军兵势锋锐，各军都退却了。正是臣身先士卒，跳下战马，挺戈上前冒死与敌搏战，杀败了叛军。随后，臣率兵进入城内救驾。臣清清楚楚地记得那天的情形，皇上步行到宫门前拉住臣的手，痛哭着说：'中军官吴湛协助苗傅叛乱最积极，现在还留在我身边，能先杀了他吗？'臣立即去见吴湛，拔剑诛杀了他。随后，臣率兵从信州追击苗傅叛军到渔梁驿，还是臣当先挥戈冲入了叛军阵中，击破敌军，擒获了苗傅。"

高宗听了韩世忠的叙述，流着泪说："韩枢密不要再说了，九年前的往事，朕历历在目，都清楚地记得呢！你的救驾大功，朕从来没有忘却的！朕绝不容许任何人迫害你，到底是谁要害你呢？你且回去休息，朕自有主持！"

于是，高宗单独召来秦桧说："韩世忠到朕面前哭诉，说你唆使胡纺诬陷他的部将耿著，意在勾连迫害于他。相国做事怎么这么不小心？"

秦桧咬牙切齿地说："一定是那个可恨的岳飞给韩世忠通风报信的。"

高宗道："岳飞可杀，但一定要罗织罪名，以堵天下百姓的悠悠之口，断然不可大意，一切都要小心行事。至于韩世忠，他是'苗刘之变'救驾的大功臣，当年若没有他统兵平叛，朕还真的要被叛军所害了。回头给他个闲职，让他退隐去吧。"

秦桧原本的计划是先杀韩世忠，再杀岳飞。毕竟岳飞在天下人心目中威名最盛，抗金业绩最大，也最能打仗，所部都是精兵，一旦处置不力，

第十二章
被诏班师，功业废于一旦

恐怕就会引发兵变。但如今，高宗下令不得株连韩世忠，他心中颇有不甘，便想要说服高宗。正当秦桧即将开口时，高宗早已发觉了他的意图，便出言阻止说："相国不要再说了，放过韩世忠吧！"

秦桧只得遵命而行。于是，耿著这件原本意在株连韩世忠的冤狱，不得不半途而废。秦桧在咬牙切齿痛恨岳飞之余，将耿著刺配到边远地区了事。

09 岳飞愤慨提辞呈

由于岳飞泄露机密，全力搭救韩世忠，让高宗和秦桧先处置韩世忠的谋划落空。于是，高宗和秦桧又决定必须处置岳飞。处置的理由是岳飞在楚州措置战守时，所作所为完全拂逆了南宋朝廷的旨意。于是，在高宗的指使和纵容下，秦桧与张俊联合起来，将黑手直接伸向了岳飞。

与张俊一起，以措置战守之名去楚州陷害韩世忠，让岳飞既感到非常失望，更感到非常愤怒。失望的是朝廷措置乖张，愤怒的是张俊的处置荒唐，尤其张俊还是韩世忠的亲家。对这一切，岳飞深感朝廷的腐败无能和张俊的小人卑鄙。于是，他发誓，今生今世都不与张俊一起共事。

绍兴十一年七月初，岳飞回到临安府后，就愤慨地提出辞呈，请求宋高宗罢免自己的枢密副使一职，另选他人接任。岳飞在辞呈中说："臣性识疏暗，昧于事机，立功无毫发之微，论罪有丘山之积。"辞呈中还说："岂惟旷职之可虞，抑亦妨贤之是惧，冀保全于终始，宜远引于山林。"

在许多人看来，岳飞请求辞去枢密副使一职，是政治上不成熟的表现。其实，岳飞并非不懂政治。他明知宋高宗和秦桧等决意与金议和，却仍然一而再、再而三地上奏反对；他明知自己身为武将在外手握重兵不当干预

岳飞：
一曲高歌"满江红"

朝廷内务，却毅然建言立储；他明知张俊楚州措置防守乃是宋高宗和秦桧等的授意，仍坚决反对；他明知秦桧等构陷韩世忠部将耿著，意在株连韩世忠，却果断地写信告知韩世忠，救他于危难之中，不惜得罪秦桧等。这些，并非岳飞不谙政治，而是他忧国忘身、精忠报国精神的彰显。正是这些正直的作为和言行，让邪恶势力更加嫉恨于他。

对于岳飞的辞职请求，宋高宗表面上是不予批准的。高宗这个人，治国上虽然谈不上精通，但在耍弄帝王权术方面绝对是一个高手。他在不接受岳飞辞职的诏书中说："朕以二、三大帅各当一隅，不足以展其才，故命登于枢机之府，以极吾委任之意。"高宗还说："今卿授任甫及旬浃，乃求去位，行府之命，措置之责，乃辞不能。举措如此，朕所未喻。夫有其时，有其位，有其权，而谓不可以有为，人固弗之信也。"

单从诏书的意思上来看，高宗是真心实意地希望岳飞施展才能，抗金破敌，有所作为。尽管岳飞不与朝廷配合，皇恩仍是愈加优待。而事实上，高宗的诏书，只不过是一纸冠冕堂皇的文字游戏，毫无实际意义。虽然高宗没有答应岳飞的请辞，但从此之后，宋高宗再也没有下令让岳飞去行使措置战守之责，前沿的所有军务事宜，全由张俊设在镇江府的枢密行府包揽，岳飞和韩世忠一样，留在朝廷挂个虚名，而没有实际的职责和地位。

此时，岳飞得知金国再次向南宋朝廷表达愿意议和的消息后，本身所具有的倔强、忠直的个性再度让他感到精忠报国的责任。因此，岳飞在明知高宗早已决定乞求议和、没有挽回余地的情况下，依然以一颗耿耿忠心上奏朝廷，直谏高宗抵制议和。岳飞在奏札中说："金寇无缘无故地重提和议，一定是要探听我朝的虚实。"他还说："现在，金军统帅完颜宗弼见我军班师回撤，已经没有任何惧怕了，凭什么会来相约和谈呢？这不是伪装欺诈吗？依臣所见，与金寇约谈是有害，不约谈则是有利。"

看到岳飞的奏疏后，秦桧见机落井下石地说："岳飞怎么说出这样难

第十二章
被诏班师,功业废于一旦

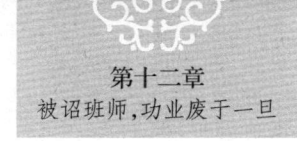

听的话来?关于议和之事,只是朝廷在秘密筹划,朝廷内外大概都还不知道呢!岳飞之言,就是蛊惑人心,给朝廷添乱。"

秦桧的话,虽然让高宗对岳飞更加忌恨,但对于岳飞的这次奏疏,高宗最后还是采取了不予理睬的态度,目的是息事宁人。

但不久,高宗在岳飞的职务上采取了相应的制裁措施。绍兴十一年八月初八,高宗下诏,批准岳飞在七月初提出的辞职奏请,解除了岳飞枢密副使的职务。但高宗还是网开一面,保留了岳飞的少保一职,还保留了武胜、定国军两镇节度使、充万寿观使的闲职。

高宗在岳飞的罢官《制词》中说,岳飞的错失令他很失望,但他仍然宽大为怀,想到岳飞的功勋,遮掩他的过失,所以保功臣之名。

与岳飞同时被解职的还有岳云。岳云被解除了带御器械一职,改任提举醴泉观,但保留了他左武大夫、忠州防御使的闲职官阶,与父亲岳飞一同退闲。

第十三章

惨遭赐死,酿成千古奇冤

岳飞：
一曲高歌"满江红"

01　乞求议和再启动

绍兴十一年八月初，完颜宗弼吸取军事进攻南宋遭受重创的教训，调整策略，改用诱和的办法使南宋朝廷屈服。于是，完颜宗弼把扣押在金军军营中的南宋使臣莫将、韩恕二人释放，让他们回归南宋朝廷，为南宋朝廷带去一封书信，传递议和之意。

高宗、秦桧看到完颜宗弼写来的书信后，竟然惊喜万分，立即任命刘光远、曹勋二人为使臣，带着一封同意议和的书信来到完颜宗弼的军前。书信的主要内容是：

莫将等回，特承惠书，祗荷记存，不胜感激。构昨蒙上国皇帝推不世之恩，日夜思惟，不知所以图报，故遣使奉表，以修事大之礼。至于奏禀干请，乃是尽诚，不敢有隐，从与未从，谨以听命。不谓上国遽起大兵，直渡浊河，远踰淮浦。下国恐惧，莫知所措。夫贪生畏死，乃人之常情，将士临危，致失常度，虽加诛戮有不能禁也。

今闻兴问罪之师，先事以告，仰见爱念至厚，未忍弃绝。下国君臣，既畏且感。专遣光州观察使、武功县开国子、食邑五百户刘光远，成州团练使、武功县开国子曹勋往布情愫。望太保、左丞相、侍中、都元帅、领省国公特为敷奏，曲加宽宥，许遣使人，请命阙下。生灵之幸，下国之愿，非所敢望也。惟祈留神加察，幸甚！

绍兴十一年十月初四，南宋朝廷使臣刘光远和曹勋将南宋朝廷请求议和的书信送达完颜宗弼的军营。十月初十，完颜宗弼又给高宗写了第二封

第十三章
惨遭赐死,酿成千古奇冤

信,让刘光远、曹勋带回南宋朝廷。书信的内容,一是谴责高宗回信中的措辞之不当;二是指明刘光远、曹勋二人的官位太低,不配作为谈判人选。

此时,对于南宋朝廷来说,金国已经成为上国,对于金国统治者的予取予求,南宋朝廷不敢不遵命。完颜宗弼在这次的来信当中,明确告诉高宗、秦桧,金国再给南宋朝廷一次悔过自新、乞求议和的机会,但必须改派有名望、能做主的高阶武官来充当谈判代表,刘光远、曹勋这类中级官僚是不够级别的。

完颜宗弼的这封回信,竟然让高宗喜出望外,明确感觉到金国确实有议和的意图。于是,南宋朝廷在绍兴十一年十月中旬,派遣官位较高的魏良臣和王公亮二人,以禀议使的名义带着高宗的书信到完颜宗弼的军营,恳求完颜宗弼先按兵不动,议和的事宜全听完颜宗弼的安排。高宗所写书信的主要内容是:

刘光远、曹勋等回,特承惠示书翰,不胜欣感。窃自念昨蒙上国皇帝割赐河南之地,德厚恩深,莫可伦拟;而愚识浅虑,处事乖错,自贻罪戾,虽悔何及。

今者太保、左丞相、侍中、都元帅、领省国会奉命征讨,敝邑恐惧,不知所图,乃蒙仁慈先遣莫将、韩恕明以见告;今又按甲顿兵,发回刘光远、曹勋,惠书之外,将以币帛。仰念宽贷未忍弃绝之意,益深惭荷。今再遣左正议大夫、尚书吏部侍郎、文安郡开国侯、食邑一千户魏良臣,保信军承宣使、知阁门事、兼客省四方馆事、武功县开国伯、食邑七百户王公亮充禀议使、副。

伏蒙训谕,令"敷陈画一",窃惟上令下从,乃分之常,岂敢辄有指述,重蹈僭越之罪!专令良臣等听取钧诲,顾力可遵禀者,敢不罄竭以答再造!仰祈钧慈特赐敷奏:乞先敛士兵,许敝邑遣使拜表阙下,恭听圣训。

在这封回信里，高宗卖国乞求议和的嘴脸暴露无遗。接到高宗的书信后，完颜宗弼与南宋朝廷使臣魏良臣、王公亮进行了口头谈判，在魏良臣、王公亮再三叩头、苦苦哀求之下，完颜宗弼勉强同意了南宋朝廷的乞和条件。

绍兴十一年十一月初七，完颜宗弼第三次致书高宗，并派遣萧毅、邢具瞻出使南宋朝廷，谈判议和条款。完颜宗弼在致书中，有"其间有不可尽言者，一一口授，惟阁下详之"一句话，内容显然是一些不可告人的隐秘之事。据《建炎以来系年要录》记载，口授内容可能包括：双方以淮水为界；宋朝纳岁币银和帛各二十五万两、匹；宋方割唐、邓二州；金国放还宋高宗生母韦氏；不许以无罪去首相，保证秦桧当终身宰相；必杀岳飞等。

高宗接到完颜宗弼的第三封信件后，立刻全盘接受了完颜宗弼所提条件，并写了一篇表示接受议和条件的誓表，派遣何铸和曹勋作为使者，将誓表奉送给完颜宗弼。

从时间上看，岳飞被害应该是高宗为促使议和成功而采取的重大措施，也是高宗和秦桧对金国表示诚意的重要行动。

02 议和带来杀身祸

绍兴十一年七月，岳飞与张俊结束楚州的措置战守任务，刚刚返回临安后，就遭到了右谏议大夫万俟卨的弹劾。万俟卨在弹劾奏章中说：

臣伏见枢密副使岳飞，爵高禄厚，志满意得，平昔功名之念，日以颓惰。今春敌寇大入，疆场骚然，陛下趣飞出师，以为犄角，玺书络绎，使者相继于道，而乃稽违诏旨，不以时发，久之一至舒、蕲，匆卒复还。所

第十三章
惨遭赐死，酿成千古奇冤

幸诸师兵力自能却贼，不然，则其败挠国事，可胜言哉！

比与同列按兵淮上，公对将佐谓山阳不可守，沮丧士气，动摇民心，远近闻之，无不失望。

伏望免飞副枢职事，出之于外，以伸邦宪。

高宗看到万俟卨的弹劾奏章后，感到奏章所说的全是事实，就向秦桧说道："山阳要地，屏蔽淮东。无山阳则通、泰不能固，贼来径趋苏、常，岂不摇动？其事甚明。比遣张俊、岳飞往彼措置战守，二人登城行视，飞于众中倡言：'楚不可守，城安用修。'盖将士戍山阳厌，久欲弃而之他，飞意在附下以要誉，故其言如此，朕何赖焉？"高宗说的山阳，就是楚州。

秦桧抓住时机，随声附和地说："岳飞对人之言乃至于是，中外之人或未知也。"秦桧的意思是说，岳飞的话真是太过分了，但许多人未必知道，有必要让更多的人知道。

看到高宗未对岳飞采取措施，秦桧又于八月初，指使御史中丞何铸和殿中侍御史罗汝楫相继上疏弹劾岳飞，内容仍然是重复万俟卨奏章中的那些话，催促朝廷对岳飞"速赐处分，俾就闲祠，以为不忠之戒"。

于是，为了阻止岳飞上疏反对议和，高宗于八月初八下诏，免除了岳飞的枢密副使之职，虽保留少保一职，但却要他以"武胜、定国军节度使、充万寿观使"等闲职身份隐退于二线，去"俾就闲祠"。

与此同时，岳飞的亲信和幕僚共十一人都被派遣到江、湖、闽、广的州郡去充当"添差"人员，就是当不管事的编外人员，而且都被勒令立即前去。岳飞任枢密副使后，他的这些亲信和幕僚与他过从甚密，一直在追随岳飞。南宋朝廷发派他们为地方官员而且勒令立即前去，强行遣散，目的就是防止他们再为岳飞出谋划策。

岳飞被罢官赋闲后，虽然对高宗的皇帝宝座已毫无威胁，对南宋朝廷的乞求议和事宜也无力干预，但树欲静而风不止，高宗和秦桧共同罗织的陷害岳飞的毒网，正一步步向他袭来。

在秦桧唆使下，谏官弹劾岳飞的罪责主要有四项：一是"不避嫌疑，而妄贪非常之功；不量彼己，而几败国之大事"；二是"自登枢管，郁郁不乐，日谋引去，以就安闲，每对士大夫但言山林之适""不思报称""亦忧国爱君者所不忍为也"；三是淮西之役，"坚拒明诏，不肯出师""略至龙舒（舒州别名）而不进""以玩合肥之寇"；四是"衔命出使，则妄执偏见，欲弃山阳而守江""以楚为不可守""沮丧士气，动摇民心"。

对此，有人劝说岳飞与这些谏官进行"廷辩"，可岳飞却说："吾所无愧者，此心耳，何必辩？"

事实上，谏官对岳飞的弹劾事项有许多是被歪曲的，甚至到了颠倒黑白的程度。

绍兴十一年秋冬之际，完颜宗弼提出以杀岳飞作为和议的条件，秦桧自然是唯命是从，认为完全可以置岳飞于死地了。但决定岳飞命运的关键人物是高宗。

应该说，岳飞是战功赫赫的将帅，又是南宋朝廷非常有声望的高官。按照宋太祖赵匡胤秘密誓约的规定："不杀大臣及言事官，违者不祥。"建炎元年，高宗杀害了上疏言事的陈东和欧阳澈，结果极大地提高了牺牲者的声誉，而使他自己背负难以洗刷的恶名。之后，高宗一直引以为训，不敢轻易对身边大臣开杀戒。秦桧虽然对胡铨恨之入骨，必欲杀之而后快。然而，宋高宗始终没有杀害官卑职小而被贬黜流放的胡铨。

但对高宗来说，与金国议和的事情太大、太重要了。尽管岳飞的生命也受宋太祖誓约的保护，但高宗为了与金国实现议和，加之对岳飞有着太大的忌恨，所以才在秦桧的怂恿下，决定杀害岳飞。在淮西会战时，高宗就动了杀害岳飞的心，一面褒奖岳飞，一面已与秦桧进行诛杀岳飞的谋划。

第十三章
惨遭赐死，酿成千古奇冤

罢岳飞的兵权就是诛杀岳飞的第一步。

而最想杀害岳飞的人是秦桧。秦桧与岳飞在是和是战的问题上是绝对势不两立的。在秦桧的心目中，岳飞始终是他心目中最大的政敌。为此，秦桧是下定决心要杀岳飞的。

03 无中生有遭诬陷

岳家军中有个名叫王俊的前军副统制，是一个惯于反复变节、喜欢出卖同僚之人。张俊探知岳家军中有这样一个无赖小人可供利用，便派人去与王俊勾结，唆使并帮助王俊搞了一份洋洋洒洒一千七百多字的《告首状》，说张宪得知岳飞罢官赋闲后，召见王俊，图谋裹胁鄂州大军前去襄阳府，以威逼朝廷将军权交还岳飞。

《告首状》的主要内容，就是诬告岳飞最倚重的部将张宪，要领兵到襄阳府去造反。《告首状》表面上是在告张宪，而真实的目的是株连岳飞。这一行径，完全是诬陷韩世忠阴谋的一个翻版。无疑，岳飞已经成为秦桧这个邪恶势力团伙的构陷对象。这个构陷阴谋，第一步是告岳家军中的一个人物，然后再让此人诬陷岳飞谋逆，最终达到诛杀岳飞的目的。

但岳家军不但规模最大、实力最强，而且将士素质也是最高的，要找寻几个败类出来参与阴谋，的确有些不容易。然而，秦桧对此也早有预谋。经过秦桧和张俊几个月的努力，岳家军中的前军副统制王俊与统制姚政、傅选和庞荣共同成为秦桧的撒手锏。

王俊绰号"王雕儿"，是靠告发他人谋反而发迹的。他最初充任东平府雄威禁兵，因告发军兵呼千谋反，补本营副都头。靖康元年，王俊随从范琼在开封与金军作战，中箭折落两齿，授成忠郎。绍兴五年，王俊参加

岳飞：
一曲高歌"满江红"

剿灭杨幺军，后并入岳家军。王俊任前军副统制，为前军统制张宪之副手，因没有战功，很多年得不到升迁，因此，王俊对张宪和岳飞一直怀恨在心。当张俊拉拢他诬告张宪，从而达到牵连岳飞的目的时，王俊马上暴露了丑恶嘴脸。

其实，王俊的《告首状》非常荒唐，但就是这份极其荒唐的《告首状》，成为诬陷岳飞入狱的一根导火索，直接造成了千古奇冤。

《告首状》只是胡编了一些捕风捉影的对话，其中说八月二十二日夜里二更，鄂州驻扎御前诸军副都统制张宪，让人召王俊到自己的府衙。王俊进入张宪内宅，看见张宪与和尚泽一在烛下对面坐着说话，泽一见王俊来了，也不打招呼，自己退下了。然后，张宪对王俊说岳飞将要被放黜到衢、婺州，只怕以后还有祸事，而自己很早就追随岳飞，朝廷一定会疑忌自己。这次，朝廷命各将官轮流到镇江枢密行府参见枢密使张俊，自己一去就肯定回不来了。而且，岳飞处有人来传话，让自己救他。张宪还说打算伪造一纸朝廷公文，将鄂州兵马移动到襄阳府屯驻。那时，朝廷知道后，一定会派岳飞来弹压抚谕。若是朝廷不肯让岳飞来，张宪就举兵占据襄阳府。此外，张宪还让王俊探察军中将领，哪些人不服就进行剿杀。张宪宣称，若王俊统军来攻，就写封信让金军相助自己。王俊还说自己与游奕军统制姚政沟通过，姚政愿整军相助张宪弹压各军。王俊还说，自己被张宪结连起事，不敢有负于国家，本打算到镇江枢密行府参见时当面报告给枢密使张俊，又担心都统制王贵另有举动，到时候张宪起事背叛，自己临时力所不及，会陷于不义的。王俊已于初七当面报告给了都统制王贵，初八上交《告首状》，承诺若一事一件有丝毫不实，自己愿受军法处置。

实际上，王俊的状词尽管绘声绘色详述诸人对话，而且还以自己的性命担保其真实性，但其破绽百出，多处有悖常理，而且自相矛盾，根本经不起推敲，显系满纸编造的谎言，意在诬告无疑。

绍兴十一年九月初一，张宪从鄂州出发，前往在镇江府的枢密行府，受命拜见枢密使张俊。张宪到达镇江府后，立即遭到了张俊的逮捕。此时，逼供心切的张俊命自己的亲信王应求推勘此案，并亲自审讯张宪，将张宪打得死去活来。而面对张俊的酷刑，张宪毫不屈服，始终拒不招供。

无奈之下，张俊只好命人编造了枢密行府审理推勘张宪一案的卷宗，不但判定王俊《告首状》所述一切属实，而且还胡说张宪招认他这次之所以"欲劫诸军为乱"，乃是由于岳云先写了一封信给他，唆使他这样做的。卷宗还说，岳云写给张宪的书信早已被张宪烧掉了。

秦桧收到张俊编造的卷宗后，当即奏请高宗，要求将张宪和岳飞的儿子岳云押送大理寺进行彻查，并召岳飞至大理寺一并审讯。大理寺是南宋朝廷审理官员案件的地方，也是南宋朝廷的皇家监狱。高宗看到秦桧的奏报后，没提出任何异议，立即准奏。

04 离奇被囚大理寺

高宗下诏将岳飞抓进牢狱进行彻查时，岳飞并不在临安府，而是住在江州府的私邸。南宋朝廷在岳飞的罢官制中，规定他仍奉朝请，即每月逢一、逢五日，须上朝立班。岳飞不愿继续留在临安府，便上奏申请"一在外宫观差遣"，但高宗不予批准。岳飞只好告假，回到江州私邸暂住。

在江州府，岳飞有着一个温暖和睦、儿孙满堂的家庭，幸福地享受着天伦之乐。长子岳云与巩氏成婚后，已有三个孩子。长孙岳甫四岁，长孙女岳大娘三岁，次孙岳申一岁。十六岁的岳雷也与温氏结婚，温氏生下次孙女岳二娘，已有两岁，此时，温氏可能又怀有身孕。三子岳霖十二岁，四子岳震七岁，五子岳霭三岁，还有女儿岳安娘。三十九岁的岳飞正当盛

岳飞：一曲高歌"满江红"

年，但已成为拥有两个孙子、两个孙女的祖父。与家人们在一起，岳飞感到其乐融融。

闲居江州的岳飞，越来越思念自己的故乡，思念那个叫作孝悌里的小村子。一天夜里，他辗转反侧，浮想联翩。天将拂晓之时，欣然写下一首《小重山·昨夜寒蛩不住鸣》的词：

昨夜寒蛩不住鸣，惊回千里梦，已三更。起来独自绕阶行，人悄悄，帘外月胧明。

白首为功名，旧山松竹老，阻归程。欲将心事付瑶琴，知音少，弦断有谁听？

这首词，虽然赶不上《满江红》的慷慨激昂，却也别有一番凄凉的韵味，一样动人心魄，感人肺腑，无疑又是一首意境悠远、笔法别致的好词。

正当岳飞与家人同享天伦之乐时，突然接到了南宋朝廷的诏令，命他速回临安府。

此时，岳飞已经预感到来自秦桧等邪恶势力的严重威胁，深知此行凶多吉少。但岳飞还是将保证自己平安无事的希望，寄托在高宗的正确决断上。他觉得，自己毕竟是高宗一手提拔起来的大将，曾经官居一品，功业显赫，天下人尽知。尤其在自己的罢官制词中，高宗声言要"全终始之宜""尽君臣之契"，应该说话算数。即使是秦桧等奸人制造冤狱，迫害自己，高宗也能分清真假是非，不至于放任秦桧去冤杀一位曾经的朝廷重臣。他还知道，韩世忠险遭诬陷时，就是高宗主持公道，从而逢凶化吉。

有了这样的想法，岳飞即刻上路，岳飞的长子岳云、次子岳雷也随同父亲一起前往临安府。

当岳飞父子一行到达临安府后，鄂州大军的进奏官王处仁冒着杀头的危险向岳飞报告了王俊诬告的事，并说此事是个阴谋，意在诬陷岳飞。王

第十三章
惨遭赐死，酿成千古奇冤

处仁恳切地劝说岳飞上奏自辩，洗脱冤屈。但岳飞却感慨地说："倘若老天有眼，一定不会让忠臣无辜蒙冤的，万一不幸的事情来临了，也没有什么可躲避的。"

绍兴十一年十月十三日，秦桧得知岳飞已经抵达临安后，急忙派杨沂中去请岳飞，而且要求杨沂中"要活的岳飞来"。在南宋朝廷内，杨沂中是地位仅次于岳飞、张俊、韩世忠、刘光世、吴玠五大帅的统兵大将之一，与声名鹊起的刘锜官位相当。杨沂中后来改名为杨存中，是岳飞的结义兄弟，比岳飞大一岁。而此时，也不知是什么原因，杨沂中与岳飞之间的关系已经疏远到了形同陌路的程度。

杨沂中来到岳飞在临安府的府邸后，进行了一番例行公事式的客气，然后以欺骗式的口气说："我受秦丞相之命请贤弟到朝廷，没有什么大不了的，只是想请贤弟对证一些事。"

听了杨沂中的话，岳飞心头虽然掠过了一丝不祥之感，但仍然底气十足地说："皇天后土，可以明见我岳飞的一片忠心。"于是，岳飞就跟在杨沂中的后面来到了一处庭院。而后，杨沂中就不见了。岳飞正在迷惘，见几个狱吏模样的人出来，并对他说："这里不是相公待处，后面有中丞，请相公略来照对数事。"

岳飞猛地恍然大悟，原来自己被杨沂中带到了大理寺，便大声质问道："我为国家出生入死了大半生，屡屡建立功勋，今天为什么把我带到这里来了？"

但是，已经没有人理会岳飞的话，狱吏只是催促岳飞跟他前去。岳飞走到一处，忽然看到了张宪，又在另一处看到了岳云。两人都露头赤脚，脖颈上戴着枷锁，手脚上戴着镣铐，浑身血迹斑斑，都在痛苦地呻吟着。岳飞的双眼立时也都盈满了泪水，上下牙齿紧咬着，心脏像被撕裂一般疼痛。

就这样，一代精忠报国的枭雄，被离奇地关进诏狱。

岳飞：
一曲高歌"满江红"

05 何铸审案秉公心

　　岳飞离奇入狱的消息传开后，朝野上下无不震惊。于是，不管是官场，还是民间，一些端庄正直的人立即行动起来，置高宗和秦桧的专制淫威于不顾，采取各种办法多方营救岳飞。但所有意欲搭救岳飞的人，大都与秦桧交涉或争辩，上疏给高宗进行谏阻的人却极少，这也直接导致了搭救行动没有取得实际效果。而当初韩世忠遭到陷害时，是直接找到高宗进行自救的。

　　岳飞入狱后，第一个审问岳飞的人就是当时做御史中丞的何铸。何铸曾与罗汝楫、万俟卨一起，对岳飞提出过弹劾，所以秦桧首先委派他去审问岳飞。

　　岳飞见到何铸后，勃然大怒："我为国家在战场上征战十几年，天下人皆知，更何况我一身清白，没做过丝毫愧对国家的事，你等凭什么审讯于我？"

　　这时，狱吏厉声喝道："岳飞，大理寺厅堂上由不得你放肆，叉手立正！"

　　狱吏的一声厉喝，让岳飞恍然大悟。此时，他已经不再是统率十万雄师的将帅，而是大理寺诏狱里的一名囚徒。于是，岳飞强压怒火，乖乖地叉手站立了。

　　何铸见岳飞冷静了下来，便说道："岳飞，前军副统制王俊揭发你在鄂州军中许多忤逆，罪恶昭彰，现在，你的同谋张宪、岳云都已招承了，还不快些招供，免得本中丞对你动刑！"

　　岳飞冷静地说："王俊小人，最为奸猾，向来就以诬陷他人为能事，

第十三章
惨遭赐死，酿成千古奇冤

自绍兴五年编入行营后护军，寸功未立，反而多次因其贪贿滑头而被张宪惩处，因此，他怀恨在心，意在构陷报复，所言很不足信！倘有真凭实据证实岳飞有罪，大人尽可核实，按律惩办，岳飞毫无怨言！"

何铸说："本中丞再来问你：绍兴十一年正月底到三月间初的淮西之战，金寇进袭，国家危急，你坐拥重兵，于两军未解之间，十五次被受御笔，并遣中使督兵，逗留不进，作何解释？"

岳飞说："我所部兵马悉受皇上亲自调遣，御笔手札一一保存，何中丞可细细披阅，内情便知。所谓'十五次被受御笔，并遣中使督兵，逗留不进'，纯系诬陷。整个淮西战役期间，皇上给岳飞的十五道诏书全部保留在案，真正催促岳飞出兵的只有三月十一日的诏书，而这次诏书之所以要求岳飞进兵，亦是因为之前企图独享战功的张俊要求岳飞退兵，岳飞出于谨慎，上奏请皇上定夺，而收到的御札。并且，实际上，在这封诏书发出的当天，就发生了濠州之败，在诏书到达岳飞处之前，金军已经退兵了。"

岳飞接着说："淮西之战期间，圣上的诏书我记得很清楚，多是嘉奖手谕。如果我岳飞真的逗留不进，为什么战时不见圣上切责的手诏？恰恰相反，圣上却给岳飞发了十多封嘉奖诏。事实上，整个淮西之役期间，岳飞部之所以无作为，皇上自己的诏书中已经说得很清楚了：'卿只在舒州听候朝廷指挥，此以见卿小心恭慎，不敢专辄进退，深为得体。'"

在何铸审讯期间，岳飞据理力争，对自己的指控逐一进行了辩解，让那些诬陷之词毫无立足之地。

何铸被岳飞反驳得无言以对，大堂上一片静寂。

岳飞再一次慷慨陈词地说："岳飞出身农家，早年许身军旅，誓死报效朝廷，母亲曾在我的后背刺下'精忠报国'四字，正因这'精忠报国'四字深入肌肤，岳飞时刻铭记在心，时时勉励，这十多年来，我谨小慎微，廉洁治军，自问清白，对国家、对朝廷微有功勋，大人请近前来看！"

岳飞：
一曲高歌"满江红"

说罢，面对何铸，岳飞脱掉上身的衣服，让他看母亲在自己后背上所刺的"精忠报国"四个大字。何铸看后，不禁对岳飞肃然起敬，便发自内心地感叹道："'精忠报国'铭刻在背而牢记于心，绝非做作，岳飞一案，真是有着隐情，我作为彻查岳飞诏狱的朝廷大臣，不能不慎。"

于是，何铸在审查了王俊的《告首状》以及与此案有关的全部文件之后，觉得大都诬枉不实，无法构成岳飞造反的罪状，便立即向秦桧反映，秦桧很不高兴地说："皇上的意思，就是要这样办的。"

何铸虽然对秦桧常常曲意顺从，但对于全由诬陷捏造所构成的案件，他忽然良心发现，不再推波助澜、落井投石，因而，他对秦桧说："我的意图，也绝不是要对岳飞进行维护，而是认为现在大敌当前，无缘无故地就把一员大将置之死地，这一定会伤了将士们的心。从国家的长治久安问题着想，是不应该这样做的。"

这番话，让秦桧张口结舌，无言可答。随后，何铸被秦桧派遣出使金国，改用万俟卨来审理岳飞的案件。

06 守忠节拒绝自诬

由于何铸在审讯岳飞上的不配合，被派遣出使金国而改由万俟卨主持审讯。当万俟卨接过审讯岳飞的任务后，情况发生了彻底的变化。

万俟卨是个趋炎附势而且十分阴毒的小人，人品很差。万俟卨在担任荆湖北路转运判官和提点刑狱时，岳飞就非常了解他，知道他是一个卑鄙的小人，一直很鄙视他。对此，万俟卨一直耿耿于怀，记恨在心。后来，他趁朝见宋高宗的机会，施展溜须拍马的本领，得以投靠秦桧。从此，万俟卨便与秦桧狼狈为奸，臭味相投，结成了一个邪恶势力团伙。

第十三章
惨遭赐死,酿成千古奇冤

万俟卨按照秦桧的授意,接办岳飞狱案后,感觉正是假公济私、以泄私愤的良机。于是,万俟卨便决意制造冤狱杀害岳飞。

万俟卨立即会同大理寺卿周三畏开始了对岳飞的审讯。万俟卨将王俊的诬告状摆在岳飞的面前,厉声喝问道:"朝廷对你岳飞恩深义重,委任之专,赏赐之厚,说得上旷古罕有,位列执政,官拜少保,足以光宗耀祖了。本官问你:国家对你等有何亏负,你与张宪、岳云却要谋叛?"

听到万俟卨张口便是血口喷人之言时,岳飞愤怒至极,怒目圆睁,大声喝道:"对天盟誓,岳飞从来无负于国家。你等既然执掌朝廷法纪,便当秉公审讯,辨析冤情,厘正曲直,怎么可以信口诬陷,迫害忠良呢?!即使我到了阴间地府,也要与你等不辨是非的昏官对面质证!"

万俟卨一阵冷笑道:"休拿阴曹地府来吓唬我!本官自来不信鬼神,不怕因果报应的!我来问你:你既然口口声声标榜自己铁血丹心,精忠报国,绝对不曾谋反,那么,你为何要在游览庐山东林寺之时,在墙壁上面写下'寒门何载富贵'呢?这不是蓄谋反叛,又作何解释呢?"狱吏们随声附和说:"既出此题,岂不是要造反吗?"

岳飞见万俟卨恣意诬陷,横加罗织罪状,根本无可理诉,不由得长叹一声,悲愤不已地说:"我现在才知道,既然落入秦桧国贼之手,我精忠报国的一片忠心,一切都化为泡影了!"于是,岳飞就闭上了双眼,任凭万俟卨胡言乱语,也一言不发了。

万俟卨见岳飞沉默不语,便恼怒起来,喝令狱卒对岳飞百般拷问,用尽了酷刑。然而,此时此刻的岳飞,意志坚强地咬紧牙关,强忍剧痛,连一声呻吟都没有发出来。

万俟卨发誓,必须强迫岳飞自己承认谋反之罪,以此置岳飞于死地。因此,在随后的两个半月之中,万俟卨利用各种残酷刑罚,妄图迫使岳飞招供。可是,岳飞的意志非常顽强和坚韧,对那些令神鬼色变的酷刑,一

岳飞：
一曲高歌"满江红"

直是坦然受之，毫不屈服，始终坚拒认罪。

后来，岳飞已是体无完肤，心力交瘁。无奈之下，再也无力抗争的岳飞，竟然选择了拒绝饮食，只想求得速死。

看到岳飞绝食求死，万俟卨惊慌了起来。两个半月的非人折磨，也无法使岳飞屈服，反而促使他走上了绝食抗争的道路，不免让人惧怕。于是，万俟卨向秦桧做了汇报。两个人在一起进行一番谋划后，又将岳飞的次子岳雷投入了监牢，想以此来动摇岳飞的坚强意志。

岳飞绝食三日之时，忽见儿子岳雷也被关进了自己牢中，不禁潸然泪下，伤痛至极地说："孩儿，你不曾从军，此案与你毫无关系，怎么也被关进来了？"

岳雷伏地磕头说："是万俟卨等奸贼把我关进来的。在此，我感谢苍天，使孩儿得见父亲，我虽死无憾。"说到这里，岳雷不禁痛哭起来。

万俟卨感到从岳飞的口中抓不到任何罪证，便去串通那个王俊，要他再出面提供岳飞的罪证。经万俟卨等一伙人的共同策划，岳飞的新罪状又被编造出来，而且不止一桩。

第一桩，说岳飞在初次膺受节度使的荣衔时，说自己"三十二岁上建节，自古少有。只有开国的太祖皇帝，才是在这同一个年岁上做了节度使的"，竟敢以太祖皇帝与自己相比拟。

第二桩，岳飞从郾城班师途中，某个夜晚住宿在一座寺庙中，和王贵、张宪、董先、王俊等人座谈时，发问说："天下事，竟如何？"而张宪回答说："在相公处置尔。"这明明白白是极端悖逆的对话。

第三桩，本年春间，金军入寇淮西，岳飞一方面迟疑观望，不肯遵照朝命赶往救援，一方面又探听得张俊、韩世忠的部队都吃了败仗，恶语中伤这两支人马全不中用。

第四桩，岳飞召集诸将会谈，向在座人员公开宣信："国家现今的处

第十三章
惨遭赐死,酿成千古奇冤

境不得了,而官家又不修德。""官家"就是皇帝,意在指斥皇帝,情节极其严重。

07 狱中强行遭斩首

绍兴十二年(1142年)十二月二十九日,由于岳飞、岳云、张宪诸人一直拒绝在秦桧和万俟卨联合炮制的供状上画押,使案子一直拖延着,无法结案。这样久拖未决的结果,让秦桧感到极大的不痛快。由于案子纯属凭空诬陷,见不得光,秦桧总是担心案子出现变故,惶惶不可终日。眼看就要过年了,秦桧独自在书房中焦急地徘徊,一副愁眉苦脸的样子。

就在此时,秦桧的老婆王氏走进了秦桧的书房。许多朝廷的官员都知道,王氏是一个比秦桧更加阴险狠毒的人。只见王氏来到秦桧的面前,看到秦桧一副没精打采的神态,料定他一定是为岳飞一案不能尽快了结而发愁。于是,王氏露出了奸笑,以异常狠毒的口气说:"我的丞相老爷,你可知道无毒不丈夫?千万要记住,捉虎容易放虎难啊!还有什么犹豫不决的吗?"

在王氏的提示下,秦桧即刻恍然大悟。于是,他随手写了一张纸条,上面只有不多的几个字,并派人立即将纸条送往大理寺狱中。

万俟卨接到秦桧的纸条后,马上领会了秦桧的意图。万俟卨随即行动,按照秦桧的授意,再一次提审岳飞。这一次,万俟卨不容分说,强行让岳飞在早已炮制好的供状上画押。岳飞知道这已经是他人生的最后时刻,便无限痛心地向天空仰视了一阵,最后拿过笔来,在供状上写了八个大字:"天日昭昭!天日昭昭!"

万俟卨又采取同样的办法,强行让岳云、张宪画了押。

岳飞：一曲高歌"满江红"

此后不久，岳飞就被毒死，张宪、岳云同时被斩首。时年岳飞三十九，岳云二十三，张宪年龄不详。

随后，万俟卨又炮制了对岳飞的判决书，并将日期提前做了处理。判决书的内容是：

及勘证得前少保、武胜定国军节度使、充万寿观使岳飞所犯；内：

岳飞——为因探报得金人侵犯淮南，前后一十五次受亲札指挥，令策应措置战事，而坐观胜负，逗留不进。及因董先、张宪问张俊兵马怎生的？言道："都败了回去也。"便指斥乘舆，及向张宪、董先道："张家、韩家人马，你只将一万人蹉踏了！"及因罢兵权后，又令孙革写书与张宪，令"措置别作擘画"，又令"看讫焚之"，及令张宪虚申"探得四太子大兵前来侵犯上流"。自是之后，张宪商议，待反背而据守襄阳，及把截江岸两头，尽掳官私舟船。又累次令孙革奏报不实，及制勘虚妄等罪。

除罪轻外，法寺称："《律》：'临军征讨，稽期三日者，斩。'及'指斥乘舆，情理相切要害者，斩。'系罪重。其岳飞，合依斩刑私罪上定断：合决重杖处死。"

看详：岳飞坐拥重兵，于两军未解之间，十五次被受御笔，并遣中使督兵，逗留不进；及于此时辄对张宪、董先指斥乘舆，情理切害；又说与张宪、董先，要蹉踏张俊、韩世忠人马；及移书张宪，令"措置别作擘画"，致张宪意待谋反，据守襄阳等处作过。委是情理深重。——《敕》："罪人情重法轻，奏裁。"

这份审判书中认定岳飞的罪名共有三条：

第一条：坐拥重兵，于两军未解之间，十五次被受御笔，并遣中使督兵，逗留不进。这一条罪状，指责岳飞在绍兴十一年正月底到三月间的淮西之战中，坐拥重兵，逗留不进，和战时的嘉奖手谕形成了鲜明的对比。

第十三章
惨遭赐死，酿成千古奇冤

第二条：辄对张宪、董先指斥乘舆，情理切害；又说与张宪、董先，要蹉踏张俊、韩世忠人马。这条罪状本是口说无凭，而董先被迫赴大理寺作旁证，又说岳飞无"比并"太祖的"语言"。

第三条：移书张宪，令"措置别作擘画"，致张宪意待谋反，据守襄阳等处作过。这条罪状的物证全属子虚乌有，被说成是王贵和张宪"当时焚烧了当"。并且用秦桧自己的原话来说："飞子云与张宪书虽不明，其事体莫须有。"也就是说，所谓的"移书张宪"云云，秦桧自己都承认乃是莫须有之事。

这三条罪状公开后，南宋朝廷上下无不为之震惊。在高宗的授意下，在秦桧的指挥下，在御史中丞万俟卨的具体操作下，对岳飞的冤狱之词无所不用其极，可谓令人为之胆寒。

这份判决书无疑是十分荒唐的，极尽罗织诬陷之能事。万俟卨等人千方百计搜剔而得的岳飞罪名竟如此可怜，而且毫无说服力。

08 冤案最终被昭雪

宋高宗绍兴十二年十二月二十九日，岳飞在大理寺狱中被毒死后，秦桧和万俟卨决定，将岳飞的遗体埋葬在大理寺的一个墙角下。但一个名叫隗顺的好心狱卒，知道岳飞是一个精忠报国、盖世无双的英雄，就含悲忍痛，冒着生命危险，背负岳飞的尸身偷偷地走出临安城西北的钱塘门，将他心目中的英雄埋葬于九曲丛祠附近北山山麓的平地上。埋完岳飞的遗体后，隗顺又在坟前种了两棵橘树，代替墓碑作为标记，称为"贾宜人坟"。

在岳飞被害的同一天，岳飞的家属被流放到了岭南和福建路州军。

岳飞：
一曲高歌"满江红"

岳飞被杀害后，他的许多部将和幕僚遭受了株连和迫害，那些曾为岳飞入狱喊冤搭救的官员义士，也受到了秦桧的迫害。

岳飞死后，宋金达成议和，秦桧成为终身宰相，实现了大权独揽。绍兴二十五年（1155年）十月二十二日，秦桧病死，秦桧党羽万俟卨、汤思退等人继续执政。此后，受迫害的官员大多得以平反，但唯独岳飞例外。不给岳飞平反的阻力，主要来自高宗。

为岳飞平反的曙光，出现在绍兴三十一年（1161年）十月二十八日。当时，南宋朝廷下了一道诏令："蔡京、童贯、岳飞、张宪子孙家属，令见拘管州军并放令逐便。用中书门下省请也。于是飞妻李氏与其子霖等皆得生还焉。"

南宋朝廷颁发这道诏令，是因为金国皇帝完颜亮开始对南宋发动大规模的军事行动，而且来势凶猛。当时，南宋众多臣僚上疏宋高宗，强烈提议昭雪岳飞之冤。高宗终于拗不过满朝文武的主张，发出了允许释放岳飞、张宪子孙家属的诏令。于是，岳飞被流放到岭南地区的妻子、家属又回到江州家中。

绍兴三十二年（1162年）六月初十，也就是岳飞被冤杀二十一年后，高宗禅位给他的过继儿子赵昚，庙号孝宗，是为宋孝宗。而高宗以太上皇的身份退居于德寿宫中。

高宗一向身体强健，禅位时才五十六岁，后来又当了二十五年的太上皇，直到八十一岁才寿终正寝。宋高宗盛年禅位，主要原因是为了让养子赵伯琮，即后来的宋孝宗赵昚提前接班。宋高宗属于宋太宗赵匡义的一脉，他的亲生儿子赵旉于建炎三年夭折后，按照血缘关系远近，他应该将皇位传给宋太宗的其他孙裔，毕竟符合条件的大有人在。然而，宋高宗却选择了宋太祖的裔孙赵昚为接班人。这种改弦更张的行为，势必会招来种种非议，特别是会引起宋太宗一支的不满，甚至遭到许多因循守旧之人的反对，

第十三章
惨遭赐死，酿成千古奇冤

从而引发变故。因此，宋高宗只有生前禅位，再以太上皇的身份压阵，才能确保传位计划的顺利执行，才能确保南宋政治稳定。事实证明，宋高宗以太上皇身份作为赵昚的后台震慑朝政，赵昚以非嫡长子的身份即位，朝野上下风平浪静，没有一人敢有半点异议，这在宋朝历代皇帝传位中是极其罕见的。

赵昚是一个有志于对金用兵、收复失地、报仇雪耻的人。他从幼年就被收养在宫中，对主张抗战的文武臣僚，特别是对于岳飞深表敬重，而对于秦桧则极为鄙视，曾因此遭受到秦桧的嫉妒，并在立储问题上一度吃过秦桧的亏。

对岳飞被惨遭杀害，宋孝宗是深感痛心的。因此，宋孝宗在受禅仅仅过了一个月的七月初十，以仰承太上皇帝旨意为名，下令追复岳飞的原职位，并"以礼改葬，访求其后，特与录用"。绍兴三十二年十月十六日，宋孝宗正式下诏，宣布追复岳飞的"少保、武胜定国军节度使、武昌郡开国公、食邑六千一百户、食实封二千六百户"。

其实，宋孝宗即位后就为岳飞平反，是被宋高宗默许的。宋高宗为了促成宋金议和，达到偏安一隅的目的，以莫须有的罪名杀掉了岳飞，致使亲者痛、仇者快，也造成南宋抗金陷入被动局面。想到岳飞生前所说的"金人不可信，和好不可恃"，又想到金人出尔反尔，贪得无厌，让一心谋求议和的宋高宗，在脸面上实在是有些挂不住。赵昚即位后便为岳飞昭雪，这种涉及宋高宗声誉的敏感事件，如果不是得到了宋高宗默许，一向以孝道著称的赵昚是无论如何也不敢造次的，所以赵昚在诏书中一再强调是"太上皇帝念之不忘"，自己不过是"仰承圣意"而已。应该说，宋高宗在位时，早已有心为岳飞平反，但又放不下皇帝说一不二的架子，索性及早禅位，让急需人气、急需威望、急需朝野支持的赵昚，做这个好人。

绍兴三十二年的十月十八日，岳飞的夫人李娃也恢复了楚国夫人的封号。儿子岳云也追复了左武大夫、忠州防御使，以礼祔葬于岳飞墓旁。次子岳雷已亡故，也追复了忠训郎、阁门祗候。三子岳霖则恢复了右承侍郎。同时，四子岳震、五子岳霆，以及孙子岳甫、岳申，女儿岳安娘的丈夫，都被授予了相应的官职。

宋孝宗隆兴元年（1163）七月十九日，经岳云的儿子岳甫的奏陈，南宋朝廷发还了岳飞生前在江州所置田宅房廊。

宋孝宗淳熙五年（1178年）闰六月二十二日，经岳飞第三子岳霖的奏陈，南宋朝廷将岳飞生前收到的高宗写给他的御笔、手诏等，全部发还。而这些御笔和手诏，在岳飞冤死后，都被拘没在南宋朝廷的左藏南库架阁中。

宋孝宗淳熙五年十二月十二日，南宋朝廷颁布诏令，确定岳飞谥号为武穆。

宋宁宗赵扩即位后，于嘉泰四年（1204年）六月二十日，发布文告，追封岳飞为鄂王。嘉定十四年（1221年），赵扩下诏，命人在临安府西湖的西北角，建造了岳王庙，以此来纪念岳飞，也供人们瞻仰岳飞。

宋理宗赵昀即位后，于宝庆元年（1225年）下诏说："爰取危身奉上之实，仍采克定祸乱之文，合此两言，节其一惠。昔孔明之志兴汉室，若子仪之光复唐都，虽计效以或殊，在秉心而弗异。垂之典册，何嫌今古之同符；赖及子孙，将与山河而并久。"

09 精忠千古铸忠魂

南宋以后的明清两代，缅怀岳飞的活动一直在持续，而且不断出现

第十三章
惨遭赐死,酿成千古奇冤

高潮。

明正德八年(1513年),浙江都指挥使李隆命工匠在位于杭州西湖西北角的岳王庙里,铸造了秦桧、秦桧妻子王氏和万俟卨三个铜像,三人反剪双手跪在岳飞墓前。来到岳王庙瞻仰的人想到岳飞被奸臣陷害,便难以控制悲愤的心情,情不自禁地拿秦桧等三个奸人的铜像泄愤。过了数十年,铜像已损毁得面目全非。

明万历二十二年(1594年),浙江按察副使范涞看到秦桧等三个奸人的铜像已经损毁不堪,就命人重新铸造。重新铸造时,范涞还采纳一些人的建议,增加了张俊的奸像。这样,岳王庙里就有了陷害岳飞四个奸人的铜像。

明万历三十年(1602年),范涞再次来到浙江担任提刑按察使时,发现八年前他令人铸造的陷害岳飞四奸铜像被人砸毁了,就令人重新铸造。这样,秦桧、王氏、万俟卨、张俊四奸铜像再度跪在了岳飞墓前。

明泰昌元年(1620年),朱常洛下诏,将岳飞庙改称"忠烈庙",但人们还是习惯叫岳飞庙。

明末清初时,岳飞墓前曾经一度出现了五个奸人的铁像,新增加的那个奸人,就是曾参与谋害岳飞的另一要犯罗汝楫。

清雍正年间,五奸铁像破损严重,王氏的铁头已被打落在地。浙江总督李卫命人重新铸造,又变成了四个奸人,去掉了罗汝楫。

清乾隆年间,浙江巡抚熊学鹏发现岳王庙的四奸像再遭损毁,就命人进行了重新铸造。

在人们的心目中,岳飞所独有的高尚品德和完美的人格魅力,是其他武将无法相比的。

岳飞有着非常强烈的"先国后家"的思想,他曾以"敌未灭,何以家为"为由,毅然推辞过宋高宗为他建造府第。他还说:"文臣不爱钱,武臣不惜死,

岳飞：一曲高歌"满江红"

天下太平矣。"

岳飞率领的岳家军善于以少击众，而且百战不殆。南宋军队与金军交战时，常常溃不成军，非逃即降，并非兵力上处于劣势，而是精神上缺乏勇气、缺乏斗志。岳家军训练出了一种狭路相逢勇者胜的英雄气概，在与金军交战时，往往以一当十、以十当百，即使突然遭遇强敌，也不会惊慌失措，让金军统帅完颜宗弼慨叹地说："撼山易，撼岳家军难！"

岳家军一向以军纪严明著称，对百姓秋毫无犯。将士行军，夜宿百姓家的门口，即使有百姓开门迎接，也没有敢进入的。岳飞在训练岳家军时，始终让将士们牢记："冻杀不拆屋，饿杀不打掳。"意思就是说，宁可自己冻死，也不拆百姓的房子生火取暖，宁可自己饿死，也不去抢劫百姓的粮食吃。

岳飞关心士兵也是非常有名的。士兵生病时，岳飞亲自为之调药；将士出征时，岳飞让妻子去慰问安抚家属；将士战死后，岳飞祭奠他们，并养育他们的孩子。朝廷有犒赏时，岳飞全部公平分给将士们，自己却不取分毫。

岳飞年仅二十八岁时，就被宜兴县的百姓尊崇为神，并自发为他立生祠纪念。立生祠是南宋时期的一种信仰民俗，就是为活着的人建立祠庙，加以奉祀。宜兴县的县令还亲自为岳飞的生祠题写碑文："父母生我也易，公之保我也难。"意思是说，父母生育我是一件很容易的事情，而岳飞保护我的平安却是一件非常难的事情。

岳飞在吉州、虔州平叛时，他坚拒屠城，只处死了少量的叛军首领，释放了约一万多被俘民众。当地人被岳飞的圣德所感动，家家户户都悬挂岳飞的画像，以示尊崇。

明朝时期，纪念岳飞达到了一个前所未有的高潮。岳飞精忠报国的形象，成为中华文明的一个标志性符号。

第十三章
惨遭赐死，酿成千古奇冤

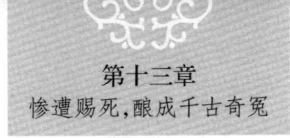

清朝时期，太祖努尔哈赤特别崇拜岳飞。乾隆皇帝对岳飞更是尊重，多次造访杭州西湖的岳飞庙，在《岳武穆论》盛赞岳飞"天下后世而仰望风烈，实可与日月争光矣！"乾隆皇帝尤其推崇岳飞的"文臣不爱钱，武臣不惜死"这两句名言，称其为"两言臣则师千古，百战兵威震一时"。

主要参考书目

[1] 刘兰芳，刘印权. 岳飞传 [M]. 沈阳：春风文艺出版社，1981.

[2] 高光. 岳飞与秦桧 [M]. 北京：昆仑出版社，2004.

[3] 王恩. 岳飞墓庙 [M]. 杭州：杭州出版社，2005.

[4] 邓广铭. 宋史十讲 [M]. 北京：中华书局，2008.

[5] 韩酉山. 秦桧研究 [M]. 北京：人民出版社，2008.

[6] 王小东. 嗜血的权杖 [M]. 北京：新世界出版社，2009.

[7] 冯建林，周俊玲. 正说岳飞 [M]. 北京：人民出版社，2012.

[8] 柏舟. 岳飞 [M]. 北京：团结出版社，2013.

[9] 邓广铭. 岳飞传 [M]. 北京：商务印书馆，2015.